ONS GELD IS STUK

D1391032

Bert & Peter Slagter

Ons geld is stuk

En waarom bitcoin de oplossing is

HOLLANDS DIEP

AMSTERDAM

2021

Eerste druk, oktober 2021
Tweede druk, november 2021

© Bert en Peter Slagter, 2021
© Hollands Diep, Amsterdam 2021
Omslagontwerp: Loudmouth, Utrecht
Ontwerp grafieken, tabellen: Tijs Koelemeijer
Typografie: Crius Group, Hulshout
Foto auteurs: © Melanie Marsman

ISBN 978 90 488 5951 1
ISBN 978 90 488 5952 8 (e-book)
NUR 400

www.hollandsdiep.nl
www.overamstel.com

OVERAMSTEL
uitgevers

Hollands Diep is een imprint van Overamstel Uitgevers bv

MIX
Papier van
verantwoorde herkomst
FSC® C104608

Inhoud

Onbegrepen innovatie   7

1. Ons geld is stuk   12
2. Zoektocht naar het beste geld   36
3. Bitcoin   65
4. De koers   102
5. Bitcoin in de praktijk   133
6. Hete hangijzers   161
7. Zwarte zwanen   201
8. Bitcoin als oplossing   220
9. En nu verder   258

Hier kun je ons volgen   273
Verdere verdieping   275
Dankwoord   281
Gebruikte bronnen   283
Woordenlijst   287

Onbegrepen innovatie

'Veel mensen doen digitaal geld automatisch af als verloren zaak door alle bedrijven die sinds de jaren negentig een vergeefse poging deden dit te bouwen. Ik hoop dat evident is dat slechts de centraal aangestuurde aard van die systemen daar de oorzaak van was. Dit is de eerste keer dat we een decentraal, niet op vertrouwen gebaseerd systeem proberen.'
– Satoshi Nakamoto, uitvinder van bitcoin

In Nederland hebben we misschien wel het beste geld van de wereld. De euro is een stabiele munt, onze banken zijn betrouwbaar en betalen gaat nergens zo makkelijk en goedkoop als hier. Pinnen, contactloos betalen, iDEAL en Tikkie.

In 2018 werden in Venezuela de boodschappen elke week zo'n 20 procent duurder. Kost een biertje vandaag 1 bolivar? Volgende week is de prijs 1,20 en over drie maanden betaal je al een tientje. In een jaar werden spullen zo'n tienduizend keer zo duur. Je kunt ook zeggen dat het geld elke week 20 procent minder waard werd; de inflatie was volgens een inschatting van het Internationaal Monetair Fonds (IMF) gemiddeld 20 procent per week. Hyperinflatie noemen we dat. Geld wordt zó snel minder waard dat mensen dagelijks hun salaris willen ontvangen, omdat je er aan het eind van de maand nog maar de helft voor kunt kopen. Miljoenen Venezolanen zijn door armoede, geweld en uitzichtloosheid op de vlucht geslagen naar buurlanden als Brazilië en Colombia. De paar gespaarde dollars verstopt zodat ze bij de grens niet zouden worden afgepakt.

Het is maar een van de talloze voorbeelden van landen waar veel mis is met het geldsysteem. In Wit-Rusland, Nigeria en Hongkong werden de bankrekeningen gesloten van demonstranten en activisten tegen het huidige regime. In China worden privileges afgenomen als je bestedingen ongewenste patronen vertonen. Iraniërs zijn vrijwel helemaal afgesloten van het internationale financiële systeem. Miljoenen mensen uit India, de Filipijnen, Pakistan en Mexico werken in het buitenland en sturen maandelijks geld naar huis tegen belachelijk hoge kosten.

Voor hen is bitcoin *nu al* een revolutie. Niemand heeft in z'n eentje de macht, iedereen mag meedoen en niemand kan censureren. Met het lightningnetwerk kunnen ze voor minder dan een cent aan transactiekosten binnen een seconde betalen of geld vanuit het buitenland naar huis sturen. Zonder dat iemand het kan tegenhouden of zelfs kan meekijken.

In Nederland hebben we geen probleem met betalingen en de overheid bevriest geen bankrekeningen van mensen met een afwijkende mening. Van een afstandje ziet het er allemaal prima uit. Maar onder de oppervlakte broeit een groot probleem. Voor een groeiende groep Nederlanders wordt het steeds lastiger om vermogen op te bouwen. Veel jongeren beginnen hun loopbaan met een flinke studieschuld. Huizen zijn onbetaalbaar en worden elk jaar duurder. Op spaargeld krijg je geen rente meer. Ze worden 'slapend arm'.

Hebben de Europese en Amerikaanse overheden en centrale banken ons geld kapotgemaakt met het overmatige ingrijpen in de financiële markten? Hebben ze zich in de hoek van de kamer geverfd door de combinatie van hoge schulden en extreem lage rente?

Theo Kocken, hoogleraar risicomanagement aan de VU AMSTERDAM, omschreef het op 6 april 2021 in *Het Financieele Dagblad* als volgt: 'Dankzij een eenzijdige inflatiedefinitie kan de ontwrichtende werking van opkoopprogramma's door centrale banken ongehinderd doorgaan. Huizenprijzen exploderen (...) en de waarde van

8

bedrijven schiet overal naar recordhoogten. Herverdeling van jong naar oud en van arm naar rijk gaat gewoon door. De oplopende staatsschulden worden ondertussen doorgeschoven naar jongere generaties.'

Zou ook in het zo welvarende Nederland een neutraal geldsysteem waarin de geldhoeveelheid vastligt een rol kunnen spelen in een toekomstbestendig financieel stelsel? In een paar alinea's zagen we bitcoin al in verschillende verschijningsvormen langskomen. Snel en goedkoop betalen. Schaars en niet bij te drukken. Neutraal en zonder politieke voorkeur. Maar wat is bitcoin nu echt?

*

Onze eigen reis begon eigenlijk al zo'n vijfentwintig jaar geleden, toen huize Slagter werd aangesloten op het internet. Dat was toen nog traag, onhandig en hartstikke duur, maar ook een geweldig interessant, onontgonnen gebied. Chatten, gamen, hacken, programmeren en ontwerpen – we waren onderdeel van de opkomst van een nieuwe technologie. Toen was nog onzichtbaar en voor de meesten niet voor te stellen hoe internet decennia later ons dagelijks leven op z'n kop zou zetten. Werken, leren, shoppen, daten, reizen: there's an app for that.

Na de middelbare school studeerden we – Bert informatica en Peter geneeskunde – maar verlieten voortijdig de universiteit omdat de inmiddels opgerichte internetstart-up veel interessanter was. In het veld, daar gebeurde het! Samen met tientallen getalenteerde collega's bouwden we complexe software en hielpen onze klanten om die in gebruik te nemen en er alles uit te halen.

In september 2008 was Bert in de vs voor een roadtrip met een camper door de woestijnen van het Zuidwesten. Het faillissement van Lehman Brothers, de onrust op de beurzen en de daaropvolgende bail-outs maakten diepe indruk op de Amerikanen. Het

9

wakkerde onze nieuwsgierigheid naar het financiële systeem aan. We bestudeerden hoe geld werkt en hoe monetair beleid de wereldeconomie beïnvloedt. We bekeken verschillende economische stromingen en handelden op financiële markten om te ervaren hoe allerlei financiële instrumenten werken. En in 2013 was daar ineens bitcoin. We hadden het eerder natuurlijk weleens zien langskomen op tweakers.net, slashdot of een andere site die door nerds regelmatig bezocht wordt. Maar in 2013 kon je er niet meer omheen. De koers ging heel even naar boven de 1000 dollar en overheden en financiële instellingen onderzochten het. Zouden ze het verbieden?

We bouwden een computer om bitcoin te minen. Dat werd al vrij snel litecoin, omdat voor bitcoin inmiddels gespecialiseerde apparatuur nodig was. We bouwden een bot die namens ons kon handelen op een bitcoinbeurs. Het waren leuke en leerzame experimenten. We raakten alles kwijt en andere zaken in het leven vroegen veel aandacht. Kinderen werden geboren en het bedrijf groeide hard. We volgden bitcoin van de zijlijn.

Daarbij speelde ook mee dat we verwachtten dat overheden bitcoin en andere cryptovaluta's wereldwijd op gecoördineerde wijze zouden verbieden. Dat men in de loop van 2017 uitdrukkelijk koos om te gaan reguleren, was een *game changer*. We hebben dat jaar LekkerCryptisch.nl opgericht, een online kennisplatform waarmee we ons richten op het snijvlak van technologie en economie. Daar zit bitcoin, maar ook *decentralized finance*, NFT's en digitaal centralebankgeld.

In de vijf jaar die volgden hebben we bitcoin talloze keren uitgelegd en van verschillende kanten belicht. Dan wordt duidelijk hoe lastig het is om de materie echt te doorgronden, en dat veel mensen daarop vastlopen. Je hebt kennis nodig van computernetwerken, cryptografie, speltheorie, statistiek, monetair beleid, macroeconomie, financiële markten, adoptie van technologie en online community's.

Bitcoin is de eerste in een nieuwe categorie en past niet goed in de bestaande modellen en theorieën. Het staat nog in de kinderschoenen en kan het nog ontzettend veel niet. Je moet dus iets compleet nieuws beoordelen op basis van wat het in de toekomst zou kunnen worden. Ga er maar aan staan. Wij garanderen niet dat bitcoin een succes wordt. Sterker nog, we zien allerlei manieren waarop het kan mislukken. Maar we zien ook manieren waarop het kan slagen en de wereld ingrijpend kan veranderen. Vergelijkbaar met de personal computer, het internet en de smartphone.

Bitcoiners roepen al snel 'bitcoin fixes this' als ze ergens een economisch of maatschappelijk probleem zien. En zoals dat bij een succesvolle meme wel vaker gaat, is het meestal sterk overdreven, maar zit er ook een kern van waarheid in. Natuurlijk lost bitcoin niet alle problemen op. Maar het is ook geen piramidespel, tulpenmanie of speelgoedmuntje. Wat het wel is? Daar gaan we in dit boek een antwoord op geven.

Op de website onsgeldisstuk.nl hebben we bij elk hoofdstuk extra materiaal verzameld, zoals links naar artikelen, blogs, papers en podcasts. Ook kunnen we daar vragen van lezers beantwoorden en ons eigen voortschrijdend inzicht delen.

Bert & Peter Slagter

1. Ons geld is stuk

'Dankzij een voortdurende inflatie kunnen regeringen zonder medeweten van anderen in het geheim een aanzienlijk deel van de rijkdom van hun burgers confisqueren. Met deze methode confisqueren ze niet alleen, ze confisqueren op arbitraire wijze; en terwijl dat proces velen verarmt, verrijkt het sommigen.'
– John Maynard Keynes, econoom en grondlegger van de keynesiaanse economie

Bitcoin is neutraal, digitaal en grenzeloos geld en dat opent een heel nieuw spectrum aan mogelijkheden. Met neutraal bedoelen we dat iedereen het kan gebruiken, de regels voor iedereen hetzelfde zijn en niemand er de macht over heeft. Maar zitten we daar dan op te wachten? Is er dan iets mis met ons huidige geld? Wij denken van wel en willen je meenemen langs vier grote problemen met het internationale geldstelsel. Deze problemen zijn nauw verbonden met het karakter van ons geld en het ontwerp van het systeem, en daardoor niet eenvoudig te op te lossen.

Brandhout

De natuur heeft sinds het leven begon de meest extreme beproevingen met succes doorstaan zonder dat een comité van academici nauwkeurige instructies gaf. Zonder centrale planning wist een eindeloos complex systeem zich aan te passen aan warme en koude perioden, natte en droge, lichte en donkere. Dat doet de natuur niet *ondanks* alle beproevingen die ze voor de kiezen krijgt, maar *dankzij*. Er is een aanhoudende stroom aan prikkels en verstoringen nodig om gezond, sterk en fit te blijven. Prikkels vertellen iets over wat er mogelijk nog komen gaat, zodat het systeem zich kan aanpassen. Denk aan je spieren die sterker worden door ze licht te beschadigen met krachttraining en aan je immuunsysteem dat indringers leert herkennen. Of aan kinderen die leren lopen met vallen en opstaan.

Voor een ander voorbeeld gaan we de natuur in. Een kleine bosbrand, vaak ontstaan door een blikseminslag, ruimt het droge, dode hout op dat zich verzameld heeft op de bodem en maakt zo ruimte voor nieuwe groei.

Bosbeheerders die ingrepen in deze cyclus en systematisch elk beginnend bosbrandje blusten, dachten daarmee de natuur een handje te helpen. Dat gebeurde ook stelselmatig in Yellowstone National Park in de Verenigde Staten. Na decennia van ijverig blussen werden in 1972 weer mondjesmaat kleine branden toegestaan, omdat nieuwe inzichten leerden dat vuur ook gunstig kan zijn voor het ecosysteem. Maar het kwaad was al geschied. Tientallen jaren aan opgehoopt brandbaar materiaal lag te wachten op het onvermijdelijke. Na een aantal natte zomers volgde in 1988 een droge. Warmte, droogte, harde wind en veel brandstof zorgden voor een verzengend vuur dat een derde deel van het park in de as legde, twintig keer meer bos dan in de vijftien jaar daarvoor bij elkaar opgeteld.

Het ingrijpen van de bosbeheerders verhinderde dat het systeem zichzelf gezond kon houden.

Als we de economie zien als een complex systeem waarin centraal ingrijpen het aanpassingsvermogen verstoort, dan heeft het net als het bos baat bij een regelmatig bosbrandje dat kapitaal, gebouwen, grondstoffen en menselijk talent weer beschikbaar maakt voor nieuwe ondernemingen. Een dipje in de economie maakt ruimte voor nieuwe groei en voorkomt dat zich zóveel 'brandbaar materiaal' ophoopt – ongezonde bedrijven, gesubsidieerde banen en verouderde beroepen – dat een bescheiden brand escaleert naar een inferno: een diepe economische depressie. Onze centrale bankiers zijn de afgelopen decennia steeds fanatieker brandjes aan het blussen met monetair beleid. De rente wordt ver omlaaggebracht, in sommige gevallen zelfs tot onder de nul, en er wordt steeds meer geld in de economie gepompt. Daardoor heeft zich een onvoorstelbare hoeveelheid brandhout verzameld in het bos van de wereldeconomie. Hoge schulden. Negatieve rente. Banken, bedrijven en overheden die eigenlijk niet meer levensvatbaar zijn. Torenhoge huizenprijzen en spaargeld dat z'n koopkracht verliest omdat de spaarrente al jaren lager is dan de inflatie.

Hoge schulden en lage rente

Alle huishoudens, bedrijven en overheden wereldwijd bij elkaar hebben voor 281 biljoen dollar aan schulden. Een biljoen is 1000 miljard. De totale schuld bedraagt dus 281.000 miljard dollar. Dat is ruim 30 procent meer dan vijf jaar geleden, toen het nog 210 biljoen was. En twintig jaar geleden was het nog maar 80 biljoen.

Voor schuldenaars is het geen overbodige luxe dat de rente de afgelopen decennia steeds lager werd. Op een staatslening met een looptijd van tien jaar betaalde de Amerikaanse overheid in 1990 nog 9 procent rente. In 2000 was dat al gedaald naar 6 procent, in 2010 was het nog maar 3 procent en in 2020 raakte de rente bijna de 0 procent. Voor een deel komt de daling van de rente door structurele veranderingen in de economie, zoals dalende bevolkingsgroei en vergrijzing, maar met name de laatste twintig jaar hebben centrale banken er flink aan bijgedragen. Lage rente en wat inflatie, dat is wat huishoudens, bedrijven en overheden met hoge schulden graag

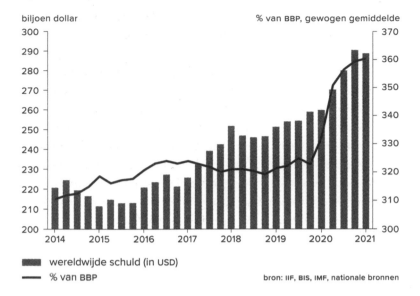

biljoen dollar | % van BBP, gewogen gemiddelde

■ wereldwijde schuld (in USD)
— % van BBP

bron: IIF, BIS, IMF, nationale bronnen

willen. Gaat de rente flink omhoog of daalt de waarde van het on-derpand? Dan kunnen ze behoorlijk in de problemen komen. Een ramp voor henzelf, maar ook voor de schuldeisers die dan naar hun geld kunnen fluiten. Elke schuld is immers ook iemands bezitting.

Goed werk van de centrale bankiers om de rente naar nul te bren-gen, denk je wellicht. We twijfelen niet aan hun oprechte streven om de economie stabiel te houden, maar hun medicijn heeft nogal wat bijwerkingen. Dat de prijzen van vastgoed en aandelen flink stijgen, bijvoorbeeld. Hoe lager de rente, hoe meer geld huizenzoekers kun-nen lenen en hoe meer ze bieden. Beursgenoteerde bedrijven lenen geld om hun eigen aandelen in te kopen zodat de koers ervan stijgt. Stijgende beurskoersen en huizenprijzen zijn prettig voor de mensen die dergelijke bezittingen hebben, maar vergroten ook de kloof met de mensen die buiten de boot vallen. Zoals de groeiende groep jonge-ren voor wie een eigen huis buiten bereik ligt. Zij betalen de stijgende huren en hogere pensioenpremies. Geld stroomt zo van arm naar rijk.

Een andere bijwerking is dat sparen niet meer loont. Als je de koopkracht van je vermogen wilt bewaren, móét je wel gaan beleggen. In aandelen of huizen bijvoorbeeld, wat de prijzen daarvan nog verder opdrijft. Tot slot doet 'gratis geld' ook iets met de discipline van partijen die geld uitgeven, in het bijzonder overheden. Ze lenen geld, betalen geen rente (of krijgen zelfs geld toe), en aan het eind lossen ze de lening af met een nieuwe lening. Waarom zou je kieskeurig en streng zijn op je uitgaven als je eigenlijk niet hoeft te kiezen? Bedrijven, instellingen en projecten die normaliter niet rendabel zouden zijn, worden zo tóch opgestart of in leven gehouden.

Maar wat moeten we met die 281 biljoen aan schuld? Dat bedrag is drieënhalf keer de omvang van de gehele wereldeconomie. De leningen aflossen wordt daarom knap lastig, alleen de rente is al een flinke hap uit wat we als wereldbevolking jaarlijks met elkaar verdienen. Merk op dat dit scheef verdeeld is: de rentebetalingen van de een zijn de inkomsten van de ander. In Nederland zitten sommige mensen aan beide kanten: ze hebben geleend voor hun huis en bezitten via hun pensioenfonds schulden van bedrijven en overheden. Maar ook hier groeit de kloof tussen de gefortuneerden die vooral rente-inkomsten genieten, en de onvermogenden die vooral schulden hebben.

De hoop was daarom altijd gevestigd op hoge economische groei. Als de wereldeconomie snel groeit en we maken geen nieuwe schulden, wordt de schuld ten opzichte van de economie relatief kleiner. Als bedrijven meer gaan verdienen en lonen stijgen, mag er ook best wat inflatie zijn en wordt het voor iedereen makkelijker om schulden af te betalen. Dat is de theorie.

De praktijk is weerbarstiger. Wereldwijd groeit de economie met zo'n 3 tot 4 procent per jaar en dat is minder dan de groei van de schulden, die al een decennium met zo'n 7 procent per jaar groeien. In Europa ligt de groei voor de meeste landen al jaren onder de 2 procent per jaar. Kunnen overheden en centrale banken dit oplossen? Is er een plan? Laten we eens wat dieper in de gereedschapskist van de beheerders van onze economie duiken.

Centrale banken

Al sinds mensenheugenis zijn er magere en vette jaren. Vroeger hielden ze nauw verband met de oogst, die op zijn beurt weer werd beïnvloed door bijvoorbeeld droge en natte perioden of insectenplagen. De laatste eeuwen zijn ze gekoppeld aan de conjunctuurcyclus van economische groei en krimp.

Een periode waarin de economie krimpt, bedrijven failliet gaan en de werkloosheid oploopt, noemen we een recessie. Een veelgebruikte definitie spreekt van een recessie bij twee opeenvolgende kwartalen van economische krimp. Sommige recessies zijn lokaal en hebben te maken met de omstandigheden in een bepaald land of bepaalde regio. Oorlogen, natuurrampen en slecht politiek of monetair beleid beïnvloeden de economie, van een milde recessie tot een jarenlange, diepe crisis.

Spraakmakender zijn de wereldwijde recessies waarin de economie van grote delen van de wereld tegelijk krimpt. Vers in het geheugen liggen de coronacrisis in 2020 en de kredietcrisis in 2008 en 2009, die grote delen van de wereld in recessie brachten.

De grootste wereldwijde crisis die we kennen is de Grote Depressie van de jaren dertig. De beurscrash van Wall Street in oktober 1929 markeerde het begin. Economieën wereldwijd raakten in een jarenlange depressie, de overtreffende trap van een recessie. De wereldeconomie kromp naar schatting met 15 procent in vier jaar tijd, een veelvoud van de krimp die de recente kredietcrisis veroorzaakte. Bedrijven gingen massaal failliet, hele industrieën kwamen tot stilstand, en de werkloosheid steeg in sommige landen tot boven de 25 procent. Voor veel mensen was het een periode van diepe ellende.

De afgelopen vijftig jaar hadden onze ministers van financiën, bestuurders van centrale banken en professoren in de economie een verrassend eensgezinde visie op deze cyclus van hoog- en laagconjunctuur (sterke en zwakke economische groei): die kunnen we beheersen. We maken de dalen minder diep en de toppen minder hoog. Minder variatie, minder uitschieters, minder stress. En dus op korte termijn meer stabiliteit.

Elk land met een eigen munt heeft een instituut dat de regels van het geld bepaalt, met als opdracht om de waarde van de munt stabiel te houden. In veel ontwikkelde landen is dat een centrale bank die deze opdracht onafhankelijk van de overheid uitvoert. Terwijl de bosbeheerder het met fysieke gereedschappen moet doen, heeft de centrale bankier heel andere instrumenten tot zijn beschikking. Het meest gebruikte middel is het instellen van de rente waartegen commerciële banken kunnen lenen bij de centrale bank. Dit bepaalt indirect de groei van de hoeveelheid geld in omloop.

Gaat het slecht met de economie, dan gaat de rente wat omlaag zodat consumenten en bedrijven goedkoper kunnen lenen en het minder aantrekkelijk wordt om te sparen. Dat stimuleert nieuwe investeringen en extra consumptie, en verhoogt zo de economische groei. Gaat het goed met de economie, dan gaat de rente wat omhoog, zodat het duurder wordt om te lenen en juist weer aantrekkelijker om te sparen. Dat voorkomt een oververhitte economie waarin bedrijven geen werknemers meer kunnen vinden, de lonen te snel stijgen en de inflatie te hoog oploopt.

In Europa en de Verenigde Staten proberen centrale bankiers de inflatie rond de 2 procent per jaar te houden door aan de renteknop te draaien. Niet te laag, uit angst voor een economie die tot stilstand komt, maar ook niet te hoog, anders verliest het publiek het vertrouwen in de eigen munt.

Toch is de uitkomst geregeld anders dan men wilde. In werkelijkheid is de economie veel complexer dan wat modellen kunnen bevatten. Regelmatig moest men de theorie bijstellen omdat het blijkbaar toch anders zat. Zo was stagflatie, tegelijk hoge inflatie en lage economische groei, volgens de gangbare theorie van de jaren zeventig onmogelijk. Tot het wel gebeurde en de economie jarenlang klem zat. Kapitaal en spaarders werden getroffen door inflatie, arbeid door werkloosheid, en de overheid door teruglopende belastinginkomsten. De rente verlagen zou inflatie verder in de hand werken. De rente verhogen zou de inflatie wel verlagen, maar ook de economie nog verder afremmen.

In de grafiek hierna zie je de verwachtingen van de toekomstige inflatie van de Europese Centrale Bank (ECB). Ze zitten er telkens flink naast, ondanks de knappe koppen en overvloed aan data. De economie is een complex systeem, net als het weer. Een klein stukje vooruitkijken lukt prima, maar vanaf een bepaalde termijn worden voorspellingen onbetrouwbaar. Een klein verschil in een aanname zorgt dan voor een heel andere uitkomst. Daar komt nog bij dat,

Europese inflatie: voorspellingen en werkelijkheid

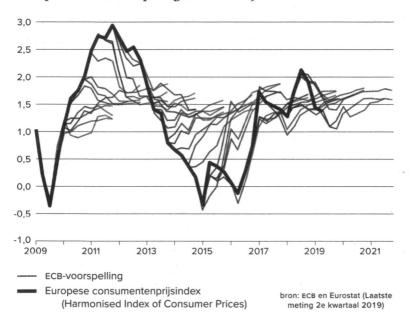

—— ECB-voorspelling

▬ Europese consumentenprijsindex
  (Harmonised Index of Consumer Prices)

bron: ECB en Eurostat (Laatste meting 2e kwartaal 2019)

anders dan bij het weer, de economische voorspellingen zelf ook invloed hebben op de uitkomst, omdat markten erop reageren.

En zo zijn we met alle goede bedoelingen aangekomen op het punt dat we torenhoge schulden hebben opgebouwd. We willen daar met economische groei en inflatie uit komen, maar dat krijgen we om allerlei redenen niet op gang. Tijd voor de centrale banken om hun gereedschapskist weer tevoorschijn te halen en aan de economie te sleutelen, zou je zeggen.

Er is alleen een probleempje: de rente kan niet verder omlaag. Zolang er nog contant geld in omloop is, is er een ondergrens van iets onder de 0 procent. Want stel dat de bank naar min 5 procent rente zou gaan, en dus elk jaar 5 procent van je geld afsnoept, dan bewaar je toch gewoon je geld thuis in een oude sok?

Dat was al een probleem in de bankencrisis in 2008 en 2009. De rente was in de Verenigde Staten al verlaagd naar net boven de 0 procent, en toch was het nog niet genoeg. Centrale banken wereldwijd begonnen toen een experiment met de nogal vage naam 'kwantitatieve verruiming'. Tegenwoordig ken je dat misschien als een 'opkoopprogramma' en is het een van de belangrijkste instrumenten in de gereedschapskist van de centrale bankier geworden.

Het werkt zo. De centrale bank koopt voor honderden miljarden euro's of dollars aan staatsobligaties en andere schulden op. Daardoor* daalt de rente voor leningen met een langere looptijd, waarmee het afsluiten van leningen door overheden en bedrijven nóg goedkoper wordt. Tussen 2008 en begin 2021 hebben de centrale banken van de vs, Europa, China en Japan samen voor bijna 25.000

---

* De rente op leningen wordt bepaald door vraag en aanbod. Lener en uitlener komen tot een afspraak over de rente op basis van de alternatieven die ze hebben. Is er geld in overvloed? Dan zul je als lener goedkoper kunnen lenen. Als de centrale bank leningen opkoopt, dan concurreert ze met anderen die geld willen uitlenen, waardoor de rente daalt.

miljard aan leningen opgekocht, waarvan 10.000 miljard sinds het begin van de coronacrisis.

Een bijwerking hiervan is dat de rente die een land of bedrijf betaalt niet altijd meer een goed beeld geeft van het risico dat de uitleners lopen, namelijk dat de lener in gebreke blijft. Zo kon Griekenland in juni 2021 voor vijf jaar geld lenen met een rente onder de 0 procent, terwijl het land op dat moment meer dan 200 procent staatsschuld had en negen jaar daarvoor op het randje van faillissement stond.

De schulden nemen in ongekend tempo toe, de rente kan niet lager en met opkoopprogramma's worden grote hoeveelheden geld in de economie gepompt. Toch komen economische groei en inflatie niet op gang. En nu?

De volgende halte is een verschuiving van monetair beleid naar begrotingsbeleid, waarbij overheden (veel) meer gaan uitgeven dan ze binnenkrijgen en ervoor zorgen dat dit geld rechtstreeks bij burgers en bedrijven terechtkomt via subsidies, investeringen en uitkeringen. In deze hoek vind je helikoptergeld en het basisinkomen. De term 'helikoptergeld' is in 1969 bedacht door econoom Milton Friedman, en staat symbool voor allerlei manieren waarop de overheid rechtstreeks geld kan uitdelen aan burgers en bedrijven om zo de economie te stimuleren.

Aanhangers van de *modern monetary theory* (MMT) zien dit als een slimmere toepassing van overheidsgeld en juichen het van harte toe. Critici waarschuwen voor toenemende ongelijkheid in de wereld, omdat alleen de sterkste munten dit kunnen zonder onmiddellijk in elkaar te storten. In zwakke landen zou het tot verlies van vertrouwen in de overheidsmunt leiden, waarbij een bankbiljet wordt gereduceerd tot een soort voedselbon, volledig ongeschikt om mee te sparen.

Commerciële banken

De centrale bank brengt bankbiljetten in omloop en bepaalt het monetaire beleid, het geheel van maatregelen om de waarde van het geld stabiel te houden. Waar in dit plaatje past het geld op je bankrekening bij een commerciële bank zoals ABN AMRO, ING of Rabobank?

Geld op een bankrekening noemen we giraal geld. Verreweg het grootste deel van het geld dat jij en ik gebruiken, valt in deze categorie. In de eurozone is er ongeveer 1,5 biljoen euro aan munten en bankbiljetten in omloop, terwijl de totale geldhoeveelheid zo'n 15 biljoen is. Ook bij betalingen verdwijnt contant geld naar de achtergrond. In 2010 werd nog bij zo'n twee derde deel van de toonbankbetalingen contant geld gebruikt. Tien jaar later was dat nog maar 20 procent.

Het beheer van giraal geld ligt in handen van commerciële banken. Zij nemen geld dat wordt ingebracht door klanten aan, verwerken transacties en creëren nieuw geld door kredieten te verstrekken. Zo vervullen ze een cruciale rol in de reële economie. Het is daarom niet zo vreemd dat overheden in de crisis van 2008 en 2009 tot het uiterste gingen om banken overeind te houden.

Als je geld op een bankrekening hebt staan, ligt er bij de bank geen zak euro's in de kluis te wachten tot jij die een keer komt ophalen. Banken hoeven slechts een fractie van hun verplichtingen, zoals de banksaldo's van hun klanten, aan te houden als liquiditeit. Dit zogeheten fractioneel bankieren is de basis van de geldschepping die bij commerciële banken plaatsvindt. Zo is ons geldstelsel verworden tot een web van kredieten. Heb je een hypotheek bij de bank? Dan heeft die geld van jou tegoed. Heb je geld op een spaarrekening gestald? Dan heb jij een vordering op de bank.

Dit gaat lang goed, totdat de bank zelf in de problemen komt. Dan ben je een van de velen die iets te vorderen hebben, en als je pech hebt kun je fluiten naar je geld. Daarom bestaat er het depositogarantiestelsel, dat in zo'n situatie de eerste 100.000 euro van elke rekeninghouder vergoedt. Dat bedrag moet worden opgehoost door de andere banken in het stelsel. Als een te grote bank omvalt, kan dat daarom ook andere banken in de problemen brengen. Zo is het faillissement van een bank een systeemrisico geworden. Met dat systeemrisico in het achterhoofd is het belangrijk om stil te staan bij de positie van commerciële banken in het systeem. Er wordt van alle kanten aan de stoelpoten van hun bestaan gezaagd. Overheden komen met steeds strengere regels waardoor hun kosten omhooggaan, terwijl consumenten gewend zijn om niet rechtstreeks te betalen voor bankdiensten. Ook krijgen ze concurrentie van nieuwe banken die geen historie hebben en alleen diensten aanbieden die winstgevend zijn, vaak via een app. Maar daar blijft het niet bij, ook grote techbedrijven, cryptovaluta's en centrale banken zelf gaan de concurrentie aan. Laten we op dat laatste eens verder inzoomen.

Een digitale versie van contant geld bestaat nog niet, maar is wel in ontwikkeling. Digitaal centralebankgeld noemen we dat, afgekort CBDC (Central Bank Digital Currency). Het is net als geld op je bankrekening elektronisch en is net als munten en bankbiljetten niet afhankelijk van het bestaan van een bedrijf, het heeft geen tegenpartijrisico. Digitaal centralebankgeld is daarom veiliger* dan geld op je bankrekening.

In de eurozone werkt men aan de digitale euro en het plan is dat je die vanaf 2026 kunt gebruiken. Als digitaal centralebankgeld eenmaal is ingevoerd, waarom zou je dan nog geld bij een commerciële bank laten staan? Wellicht alleen als je er meer rente op krijgt. Rente is dan de vergoeding voor het risico dat je loopt. Zoals je wel aanvoelt zou digitaal centralebankgeld de invloed en het verdienmodel van banken stevig onder druk kunnen zetten.

* Bij het depositogarantiestelsel krijg je weliswaar tot 100.000 euro terug, maar daar kan veel tijd overheen gaan. Daarom is ook voor kleine bedragen een CBDC aantrekkelijker.

Ook de grote techbedrijven zijn bezig met digitaal geld. In 2019 presenteerde een groep bedrijven onder leiding van Facebook plannen voor een nieuwe wereldmunt. Ze noemden die toen de libra, inmiddels heet deze munt de diem. Daar waren overheden niet direct heel enthousiast over, en de CEO van Facebook, Mark Zuckerberg, werd vrijwel meteen op het matje geroepen om uitleg te geven. Overheden en centrale banken hebben allerlei steekhoudende bezwaren tegen techbedrijven die hun eigen geldsysteem bouwen, maar ook voor commerciële banken is *big tech* een bedreiging. Want waarom heb je nog een bank nodig als je alles in de Facebook-app kunt regelen?

Tot slot bestoken bitcoin en andere gedecentraliseerde technologieën het monopolie van de banken. Honderden organisaties werken aan decentralized finance, waarbij algoritmen de rol van mensen overnemen voor financiële dienstverlening. Sparen, lenen, verzekeren, handelen en pensioenen zonder centrale partij.

Geen makkelijke positie voor commerciële banken dus. Bij een te grote stijging van de rente worden ze geconfronteerd met leningen die niet terugbetaald worden en ligt een volgende bankencrisis op de loer, ondanks de stevige maatregelen die genomen zijn om dit te voorkomen. Daarnaast wordt langzaamaan hun businessmodel aangetast. De eisen worden hoger, de regels strenger en er komt concurrentie van cryptovaluta's, techbedrijven en de centrale bank zelf. En dan zitten sommige banken ook nog met decennia oude systemen en een bont palet aan oude afspraken met klanten.

Hoe comfortabel zijn we als maatschappij bij de grote afhankelijkheid van commerciële banken voor sparen en betalen?

Financiële privileges

Tot nu toe keken we vooral door de bril van een rijk westers land met een functionerende democratie, goede bescherming van eigendom, efficiënte en toegankelijke financiële diensten en een stabiele nationale munt.

Slechts 13 procent van alle mensen wordt geboren in een land waar een relatief sterke munt wordt gehanteerd zoals de dollar, euro, Japanse yen, Britse pond, Australische dollar, Canadese dollar of Zwitserse frank. Meer dan 1 miljard mensen hebben te maken met twee- of zelfs driecijferige inflatie, en meer dan 4 miljard mensen leven onder autoritarisme, een staatsvorm gebaseerd op ondergeschiktheid tegenover de staat. Mensen die met financiële censuur en surveillance te maken hebben, wier bankrekeningen worden afgesloten vanwege een verkeerde mening, omdat ze opkomen voor minderheden of de oppositie steunen. Of ze werken in het buitenland en betalen schandalige tarieven om hun loon naar hun familie thuis te sturen.

Laten we eens met een aantal van hen meekijken aan de hand van gespreksverslagen van Alex Gladstein, de hoofdstrateeg van de Human Rights Foundation.

Ire is een Nigeriaanse ondernemer. Ze beschrijft Nigeria als smeltkroes, een plek waar verschillende culturen met elkaar zijn vermengd tot een aparte subcultuur. Drie grote etnische groepen domineren het land, maar de populatie zelf is opgesplitst in honderden verschillende stammen. Het land gaat gebukt onder grootschalige corruptie en ongelijkheid. 'Degene die macht en rijkdom heeft vergaard, houdt dat volledig bij zichzelf,' vertelt ze. 'In grote stedelijke gebieden zoals Abuja en Lagos werken bijvoorbeeld talloze advocaten in restaurants. Beneden hun professionele niveau, maar er zijn niet genoeg kansen.'

Nigeria worstelt met werkloosheid, vooral onder de jeugd. Meer dan 60 procent van de bevolking is jonger dan vijfentwintig jaar. 'Nigerianen zijn extreem ondernemend,' vult Ire aan. 'Dat moet ook wel, want je moet iets doen om te overleven. Het officiële inflatiecijfer ligt rond de 15 procent, maar voedselprijzen stijgen sneller. Ik heb in mijn tijd de Nigeriaanse naira in waarde zien dalen van 100 per dollar naar 500 per dollar.' Sparen voor de toekomst? Kansloos.

Voor **Maria** was 8 augustus 2020 een vreemde dag. Als medewerker van het stadhuis van de Wit-Russische stad Pinsk nam ze op de laatste dag van de presidentsverkiezingen de gelegenheid te baat om te stemmen. Om haar pols droeg ze een witte haarband, een klein gebaar van protest: Wit-Russen die tegen de zittende president Alexander Loekasjenko stemden, droegen wit. Maria's collega's zagen haar witte accessoire en kort daarna werd ze ontslagen. Ze verloor haar werk en haar inkomen.

Veel Wit-Russen protesteerden al een maand tegen de herverkiezing van Loekasjenko, en na zijn onvermijdbare verkiezingszege beweerden zij dat hij niet de legitieme winnaar was. Het regime heeft op de protesten gereageerd met massale arrestaties, internetonderbrekingen, en zelfs met dreigementen om de 'beveiligingshulp' van de Russen in te zetten. In Wit-Rusland houdt de staat een ijzeren greep op de economie. Ben je ontslagen om politieke redenen? Dan is de kans groot dat je geen nieuwe baan gaat vinden. Niet in je eigen stad, in elk geval.

Het verhaal van **Luis**, een Venezolaan die in 2014 zijn land is ontvlucht, biedt weer een ander perspectief op de problematiek. Volgens de Verenigde Naties is de exodus vanuit Venezuela te vergelijken met die vanuit Syrië en dingt deze daarom mee naar de niet benijdenswaardige titel van meest nijpende vluchtelingencrisis. Van de Venezolanen die hun land verlaten, komt een significant deel aan in de Verenigde Staten. Dat geldt ook voor Luis, die met het werk dat hij daar heeft gevonden zichzelf kan onderhouden en wat van zijn loon kan terugsturen naar familieleden in Venezuela. Nadat het Venezolaanse regime zelf de economie heeft geruïneerd, nemen ze nu een deel van het geld in beslag waarmee Luis zijn familie wil onderhouden. Recent ingevoerde wetten verplichten dat alle transacties die het land binnenkomen via lokale banken lopen. Die delen alle informatie daarover weer met de regering, hoe de burgers het geld gebruiken en ontvangen. Stuurt Luis geld naar huis? Dan kan het weken duren voordat het aankomt, en bijna de helft van het zuurverdiende bedrag is hij kwijt aan transactiekosten.

We gaan ten slotte naar een groep **studenten** in Hongkong. In 2019 en 2020 kwam een reeks demonstraties op gang, gericht tegen een door de Hongkongse regering voorgestelde uitleveringswet. Het tijdschrift *Time* sprak met diverse studenten die destijds bij de protesten betrokken waren. Hun echte naam geven ze niet, uit angst voor de gevolgen die het kan hebben als hun identiteit aan de protesten wordt gelinkt. Dat is ook de reden dat de studenten prepaid betaalkaarten gebruikten om ter plaatse aankopen te doen. Zouden ze dat niet doen, dan worden ze zonder opgaaf van reden van hun bankrekening buitengesloten. In China gaat men nog een stap verder. Daar wordt sociale buitensluiting gebruikt als straf op ongewenst gedrag en kleine criminaliteit. Als je in de ogen van de CCP (Chinese Communistische Partij) iets verkeerd doet of zegt, kan het zomaar betekenen dat je de toegang tot financiële diensten kwijtraakt.

In Nederland en andere delen van het Westen is sparen lastig geworden, hebben banken het niet makkelijk en wordt monetair beleid steeds extremer. Met nadelige gevolgen zoals trage economische groei, huizen en aandelen die snel duurder worden en toenemende ongelijkheid. Ons geld vertoont scheuren op systeemniveau. Maar westerlingen hebben in hun dagelijks leven weinig last van censuur, onderdrukking, uitsluiting, corruptie of extreme inflatie. Verleggen we het zicht naar andere delen van de wereld, dan zien we veel diepere scheuren, die dwars door de samenleving heen lopen en verder strekken dan geld alleen. Het geldstelsel is echter wel een belangrijk onderdeel van de problematiek. Het biedt onvoldoende privacy, houdt slecht waarde vast, is makkelijk te onteigenen, en traag en duur om te gebruiken.

Digitaal geld

Een steeds groter deel van ons leven speelt zich af in de digitale wereld. Brieven, cd's, dvd's, boeken, wegenkaarten, encyclopedieën, de foto- en videocamera en een kast vol spelletjes maakten al plaats voor apps op je telefoon. We bestellen onze spullen online. Bij voorkeur in Nederlandse webshops omdat je het dan morgen in huis hebt, maar vaak genoeg ook rechtstreeks in China of bij een leuke webwinkel in Spanje of Brazilië.

Tijdens de coronapandemie hebben we ontdekt dat voor heel veel zaken een fysieke ontmoeting niet per se nodig is. Een hypotheekgesprek, een afspraak met de notaris en een zakelijk gesprek met een klant kunnen ook best via Zoom. Jongeren ontmoeten hun vrienden in virtuele werelden zoals Fortnite, kijken daar met elkaar een film, en betalen met *vbucks* voor hun *in-game items*. Men is bezig deze virtuele werelden aan elkaar te verbinden, zodat een groot digitaal universum ontstaat waarin mensen – naast ontspannen – ook kunnen samenwerken en conferenties kunnen organiseren. Dit universum wordt ook wel de *metaverse* genoemd.

In deze digitale wereld zonder grenzen passen de nationale munten die we nu hebben niet zo goed. Je hebt altijd een hele reeks aan tussenpersonen en betaalsystemen nodig die allemaal informatie over je verzamelen. Internationale transacties zijn traag en duur, wisselkoersen zijn onhandig en er is lastig tegen het financiële systeem aan te programmeren.

Internet bracht een neutrale, wereldwijde, digitale infrastructuur die miljarden mensen met elkaar verbindt en het uitwisselen van informatie vrijwel gratis maakt. Welk digitaal geld past daarbij? Grote techbedrijven zien kansen en doen onderzoek naar eigen wereldwijde munten, denk aan de diem (voorheen libra) van Facebook. Technisch zouden zij prima in staat zijn om zo'n geldsysteem te bouwen. Westerse overheden zijn echter niet erg enthousiast. Bruno Le Maire, de Franse minister van Financiën, was duidelijk: 'De libra is niet welkom op Europees grondgebied. Wij nemen maatregelen (...) omdat onze soevereiniteit op het spel staat.' Maar ook het idee dat big tech naast al onze persoonsgegevens ook alle betaalgegevens in bezit krijgt, schrikt af.

In China kijken ze daar heel anders tegen aan. Daar kregen grote techbedrijven zoals Alibaba (vergelijkbaar met Amazon) en WeChat (vergelijkbaar met WhatsApp/Facebook) in 2014 een banklicentie. Men is in een paar jaar overgestapt van voornamelijk contant geld naar overal gratis en onmiddellijk mobiel betalen met AliPay en WeChat Pay. In 2019 verwerkte AliPay tijdens Singles Day, de drukste dag in het betaalverkeer, op de piek zo'n 544.000 betalingen per seconde, een veelvoud van wat creditcardnetwerken aankunnen.

Als aanvulling hierop zal de Chinese centrale bank in 2022, na vijf jaar ontwikkeling, de digitale renminbi lanceren. Deze digitale variant van contant geld geeft de 1,4 miljard Chinezen meer privacy dan bij de techbedrijven, en kan ook van persoon op persoon worden gebruikt op plekken zonder internetverbinding. Vermoedelijk zal China het geldsysteem ook aanbieden aan landen waar ze veel mee handelen. De digitale renminbi zou zo de dominantie van de dollar in internationale handel kunnen verkleinen.

Snelle, goedkope betalingen – voor Nederland is dit wellicht niet heel opzienbarend, maar bedenk dat het betaalsysteem van veel westerse landen minder goed functioneert dan het onze. De Amerikanen stuurden in 2020 nog miljoenen cheques rond voor coronasteun en in veel landen kost een overboeking tussen twee banken zomaar een paar dagen en een paar procent transactiekosten.

Digitaal centralebankgeld is voor veel landen een grote stap vooruit: het verlaagt de kosten en wachttijd van betalingen aanzienlijk, het maakt financiële diensten voor meer mensen toegankelijk, en het maakt het makkelijker om criminaliteit aan te pakken en belasting te heffen. Het is daarom begrijpelijk dat centrale banken wereldwijd hard werken aan hun eigen digitale munt.

En met een utopische bril op kan dit best goed uitpakken. De overheid kan in dit digitale geld stevige eigendomsrechten en ruime privacy programmeren. Voeg daar een solide monetair beleid aan toe, en je hebt prima geld dat z'n waarde vasthoudt en heel bruikbaar is in de digitale eenentwintigste eeuw.

Maar maak je die bril iets minder roze, dan verdwijnt contant geld, waardoor de rente dieper negatief kan worden, min 3 procent bijvoorbeeld. De overheid kan gemakkelijk met elke betaling meekijken: iets hogere belastingen als je ongezond voedsel koopt, wat minder privileges als je de 'verkeerde' goede doelen steunt, een lagere rente als je te weinig uitgeeft. Een uitkering kan zo worden geprogrammeerd dat je het geld alleen kunt besteden aan voedsel en kleding. En als de huidige regering dit niet doet, dan kan een volgende daar misschien heel anders tegen aankijken, en met één druk op de knop het gedrag en de eigenschappen van het geld veranderen. Wordt al iets minder aantrekkelijk, hè?

Daarom zou een *onafhankelijke* digitale munt best zinvol zijn. Een munt die zo ontworpen is dat niemand hem kan afpakken of eenzijdig de regels (achteraf) kan aanpassen. Neutraal geld dat geen mening heeft over hoe, wanneer en waar je het besteedt.

We staan op een keerpunt

Sinds 1944, toen in het Amerikaanse bergdorpje Bretton Woods de dollar werd uitgeroepen tot wereldreservemunt, hebben de Amerikanen de belangrijkste munt ter wereld in handen. Het grootste deel van de internationale handel vindt plaats in dollars en centrale banken over de hele wereld bezitten dollars als reserves, met name in de vorm van Amerikaanse staatsobligaties.

Dat geeft de Amerikanen een enorm voordeel. Ze kunnen spullen die ze importeren betalen met de munt die ze zelf kunnen drukken en daarmee zonder problemen jarenlang een handelstekort hebben. In de jaren zestig noemde de Franse minister van Financiën dit een 'exorbitant privilege'.

De positie van de dollar maakt Amerika tot de baas van de wereld. Als ze het niet eens zijn met het beleid in een ander land, dan kunnen ze dat land uitsluiten van het dollarsysteem en daarmee effectief van internationale handel. Een bekend voorbeeld is Iran, maar ook Syrië, Cuba en Venezuela hebben ermee te maken.

Maar het is niet enkel prettig als jouw munt de wereldmunt is. Voor exporterende bedrijven is het lastig om te concurreren met landen die hun munt goedkoper kunnen laten worden ten opzichte van de dollar. Productie en banen verdwijnen naar het buitenland en laten hele regio's in armoede achter.

Het onbehagen over de dollar als belangrijkste munt neemt toe, binnen en buiten de vs. De dominantie in de wereldhandel en in de reserves van andere landen brokkelt af en de macht van de vs in de wereldpolitiek wordt steeds vaker betwist. Zo is China in twintig jaar gegroeid van een tiende deel van de Amerikaanse economie naar ruim 70 procent. Geef het nog een paar jaar en ze halen de Amerikanen in. En terwijl Rusland in 2013 nog 80 procent van de handel afrekende in dollars is dat eind 2020 gedaald tot onder de 50 procent doordat ze meer euro's zijn gaan gebruiken.

Staan we nu opnieuw op een keerpunt? De Bulgaarse IMF-directeur Kristalina Georgieva suggereert van wel. Eind 2020 sprak ze over een nieuw Bretton Woods-moment: een kans om een aantal prangende problemen op te lossen, zoals lage productiviteit, trage groei, grote ongelijkheid en een sluimerende klimaatcrisis. 'We moeten dit nieuwe Bretton Woods-moment grijpen,' maande Georgieva.

Bedoelt Georgieva met een nieuw Bretton Woods alleen maar het oplossen van de prangende problemen, of ziet ze net als in 1944 ook nieuwe economische machtsverhoudingen en een nieuwe wereldreservemunt aan de horizon? Hoe dit ook zal uitpakken, steeds meer economen, centrale bankiers en regeringsleiders lijken het erover eens te zijn dat ons huidige geldstelsel aan herziening toe is. Maar over hoe die herziening eruit moet zien verschillen de meningen nog flink.

Laten we de schuldenberg eens als voorbeeld nemen. Men hoopt hieruit te komen door grote economische groei. Overheden, bedrijven en huishoudens houden dan geld over en kunnen hun schuld aflossen. Dat is nog niet gelukt; de schulden groeien al tijden sneller dan de economie.

Een andere strategie is het veroorzaken van hoge inflatie, waardoor de schulden minder waard worden. Dat is prettig voor schuldenaars, maar richt veel nevenschade aan. Een grote groep mensen ziet hun spaargeld uitgehold worden en als de lonen niet meestijgen, wordt het elke maand lastiger om de eindjes aan elkaar te knopen. Het verschil tussen arm en rijk wordt nog groter dan het al was.

De meest controversiële optie is het afschrijven en kwijtschelden van schulden. Dit is een heet hangijzer, omdat de schulden van de een de bezittingen van de ander zijn. Het zou voor de Nederlandse pensioenfondsen bijvoorbeeld onprettig zijn als ze een groot deel van de Griekse en Italiaanse staatsobligaties van hun balans moeten wegstrepen. Een Europabrede schuldsanering is ook omstreden, omdat daarmee de verkeerde toon wordt gezet: kennelijk kunnen schulden simpelweg worden weggestreept.

Er lijkt geen perfecte oplossing te zijn voor de kluwen aan problemen van ons huidige geldsysteem, geen uitweg waar iedereen blij van wordt. In elk scenario is er wel een groep de pineut: de ouderen of de jongeren, de rijken of de armen, de strenge of de ongedisciplineerde landen. Economisch historicus Jan Luiten van Zanden vergelijkt het handelen van centrale bankiers met een feestje. 'De kans is heel groot dat we te maken krijgen met een crisis. Er zijn grote onevenwichtigheden ingebracht en die houden we nu al zo lang vol. En niemand durft er wat aan te doen, want men is gewoon bang om verantwoordelijk gehouden te worden voor het einde van het feestje,' vertelt Van Zanden. 'Dus we gaan maar door met het feestje. Maar we weten dat het feestje niet eindeloos door kan gaan en dat we een steeds ernstigere hoofdpijn gaan krijgen van de afloop ervan.'

Een echte uitweg

Er is een steeds grotere groep die een andere uitweg ziet. Een uitweg die draait om keuzevrijheid, om het hebben van diverse opties in plaats van één allesoverheersend geldstelsel. Waarin eeuwenoude instituties worden gedemocratiseerd en de macht en soevereiniteit die zij opgeslokt hebben weer teruggegeven worden aan het individu. Waarin privacy en zelfbeschikking zijn ingebouwd, in plaats van later toegevoegd.

In een toekomstig systeem zien ze een essentiële rol weggelegd voor bitcoin als neutraal en onafhankelijk geld. Voor iedereen die nu geen bankrekening heeft, maar wel een mobiele telefoon. Voor spaarders die op zoek zijn naar iets wat de overheid niet bij kan drukken. Voor internationale handelspartners die een onpartijdige munt zoeken om mee af te rekenen.

Ze zien een wereld voor zich waarin ongelijkheden kleiner worden, waarin financiële censuur en onderdrukking verleden tijd zijn. Een geldstelsel zonder bosbeheerders die, onbedoeld, een ontembaar systeem naar hun hand proberen te zetten. Een waardedrager die programmeerbaar is en geschikt voor digitale en innovatieve toepassingen.

Klinkt utopisch? Dat vinden wij ook.

In dit boek lees je niet dat bitcoin de oplossing is voor alle fundamentele economische problemen die we vandaag de dag kennen. Zo simpel is het niet.

Maar we laten je wel kennismaken met een fenomeen dat mogelijk een rol gaat spelen in het hervormde monetaire stelsel waar we in sneltreinvaart op afstevenen, en of dat uiteindelijk een hoofdrol of een bijrol is weten we nog niet. Nu we op een keerpunt staan, zou het onverstandig zijn om die potentiële rol te negeren.

We noemen het bewust een fenomeen, want er zijn veel manieren om naar bitcoin te kijken. De een noemt het een technologie. De ander spreekt over een protocol of een netwerk, en weer een ander beschrijft het als nieuw soort geld. Als een publiek goed, zoals dijken en straatverlichting. Als een munteenheid, belegging of ideologie. Om een goed oordeel te kunnen vormen, moet je eigenlijk al deze perspectieven langslopen. Je beperken tot een van de perspectieven en op basis daarvan te oordelen is inmiddels een bekende valkuil.

Dat is vooral verraderlijk als je je beperkt tot een perspectief dat in jouw eigen vakgebied ligt. Als een econoom alleen naar de monetaire eigenschappen kijkt en de rest negeert, kan die makkelijk oordelen dat bitcoin niet kan werken, omdat het niet past in de bestaande theorie en modellen. Een informaticus die alleen de techniek bekijkt, kan snel concluderen dat er weinig nieuws aan is. Een politicus ziet al snel de bedreiging en mist de kansen.

We nemen je daarom mee langs alle perspectieven. Over elk ervan zou je een boek vol kunnen schrijven, zeker als je ook de technische details wilt behandelen. Wij houden het bij een degelijke introduc-

34

tie, zodat je het geheel kunt overzien zonder dat het een hele studie wordt.

Maar voordat we de wereld van bitcoin induiken, moeten we het eerst over iets anders hebben: een eeuwenoude zoektocht naar het beste geld.

2. Zoektocht naar het beste geld

'Het is maar goed dat burgers ons bank- en monetair systeem niet begrijpen, want als ze dat wél zouden doen, geloof ik dat er vóór morgenochtend een revolutie zou zijn.'
– Henry Ford, Amerikaanse industrieel en zakenman

Heb je weleens geprobeerd om 50 dollar aan contant geld vanuit Florida naar El Salvador te sturen? Dat schijnt geen pretje te zijn. Ons geldstelsel is ontworpen in de jaren veertig toen het leven nog offline en hoofdzakelijk lokaal was en Amerika op alle gebieden wereldleider. In de loop der tijd is er veel veranderd. Gelukkig is het huidige geldsysteem geen vaststaand gegeven. In de geschiedenis hebben we allerlei soorten geld gebruikt en verschillende systemen gehanteerd om het geld te beheren. Voordat we de wereld van bitcoin zelf induiken, kijken we daarom eerst naar die eeuwenoude zoektocht, en hoe een bitcoinstandaard kan terugbrengen wat we daarin verloren zijn.

Het eiland Yap

In de Stille Oceaan, ruim 1000 kilometer ten oosten van de Filipijnen, ligt het eiland Yap. Het is iets kleiner dan Texel, maar een stuk warmer. Tussen de palmbomen liggen duizenden enorme ronde stenen, soms wel 3 meter hoog. Rai worden ze genoemd. Ze lijken een beetje op grote wielen, met in het midden een gat. De Yapezen gebruikten die stenen om elkaar te betalen. Niet door de stenen uit te wisselen, die zijn daar veel te zwaar voor, maar door onder getuigenis van een aantal eilandgenoten het eigendom over te dragen.

In 1871 spoelde de Iers-Amerikaanse kapitein David O'Keefe na een schipbreuk aan op het eiland. De Yapezen lapten hem op en O'Keefe maakte kennis met het bijzondere geldsysteem. Hij probeerde de Yapezen te verleiden om voor hem te werken en kokosnoten en zeekomkommers te gaan leveren, maar de Yapezen hadden daar weinig zin in; zelfs zilver of goud kon hen niet overtuigen.

Nu moet je weten dat de stenen waarvan Rai gemaakt werden niet op het eiland Yap zelf te vinden waren. Die kwamen van een naburig eiland, Palau, zo'n 400 kilometer verderop. Dat was ook de reden dat die Rai waarde hadden: je moest ongelofelijk veel moeite doen om eraan te komen. Met een kano over zee, steen uithakken en transporteren naar je bootje, terugvaren – veel werk en veel risico.

O'Keefe nam geen genoegen met het 'nee' van de eilanders. Hij zeilde terug naar Hongkong, charterde een grote boot met bemanning en explosieven, en voer naar Palau. Hij gebruikte modern gereedschap om een paar flinke stenen uit te hakken en bracht ze naar Yap.

Tot zijn verbazing waren de meeste Yapezen niet erg enthousiast en de dorpsoudste verbood het gebruik van de stenen van O'Keefe. Er was volgens hem onvoldoende moeite voor gedaan. Alleen stenen die op de traditionele manier waren verkregen – met bloed, zweet en tranen – waren geldig.

Niet iedereen was het ermee eens en sommigen voorzagen O'Keefe van kokosnoten in ruil voor de stenen. Het was het begin van een langdurig conflict op het eiland, wat uiteindelijk resulteerde in de overstap op een andere geldsoort. De Rai-stenen waren niet zeldzaam meer en verloren daarom hun waarde.

Het beste geld

Stel je voor dat je net 50 kilo aardbeien hebt geoogst en een nieuw paar schoenen nodig hebt. Nu weet je toevallig dat de schoenmaker echt enorm van aardbeien houdt, dus dat treft. De vraag is alleen wat hij met zoveel aardbeien moet. Hoeveel aardbeien is een paar schoenen eigenlijk waard? En wat nu als je geen schoenen nodig hebt, maar wel snel van die aardbeien af wilt?

Geld biedt hier een oplossing. 'Geld is een voorwerp of symbool dat waarde heeft. Geld behoudt die waarde nu en in de toekomst. Met geld kun je sparen, betalen, ruilen of rekenen,' schrijft De Nederlandse Bank op een onderwijssite over geld. Met geld kunnen mensen met elkaar handelen zonder dat ze toevallig op precies hetzelfde moment behoefte hebben aan elkaars spullen. Anders gezegd: het maakt directe ruil van goederen overbodig.

Over de ontstaansgeschiedenis van geld bestaan uiteenlopende opvattingen. Sommige economen benaderen geld als een sociale constructie en menen dat het in eerste instantie waarde heeft omdat we dat met elkaar afgesproken hebben. Andere stellen dat het beste geld vanzelf boven komt drijven door de individuele keuzes die mensen maken om het een wel en het ander niet als geld te gebruiken.

Dat brengt ons bij de vraag waar iets aan moet voldoen om als geld te kunnen worden gebruikt. Om daar een goed beeld van te krijgen, kon je tot 2013 naar het Nederlandse Geld- en Bankmuseum, dat ironisch genoeg zijn deuren moest sluiten door financieel wanbeleid. Tegenwoordig zou je bij De Nederlandsche Bank (DNB) langs moeten. Die heeft de geldcollectie in een goed beveiligd pand naast het station Haarlem Spaarnwoude in bewaring genomen.

De verzameling bevat zilveren en gouden munten in allerlei vormen en maten. Maar ook hondentanden, stukjes stof, vleermuiskaakjes en glazen kralen. De rode draad door al die voor ons merkwaardige objecten is dat de toenmalige gebruikers er niet makkelijk aan konden komen. Zodra door toenemende handel of technologische ontwikkeling een middel niet meer schaars was, verloor het zijn functie als geld.

In de loop der eeuwen hebben we als samenleving geleerd welke eigenschappen een middel moet hebben om door te kunnen gaan voor kwalitatief hoogwaardig geld. Ideaal geld verroest of verrot niet, is makkelijk te verplaatsen, is goed in stukjes op te delen, behoudt lange tijd zijn waarde en kan niet worden nagemaakt.

Stel dat we bananen zouden willen gebruiken als geld. Je kunt ze weliswaar eenvoudig verplaatsen en opdelen in stukjes, maar in korte tijd verliest het al zijn waarde: na een week is je geld weggerot. Bovendien zul je zien dat er ineens een heleboel bananenboeren bij komen waar het geld in trossen aan de bomen hangt. Dat komt de waarde van het geld niet ten goede.

Goud heeft betere papieren. Niet voor niets is het al duizenden jaren in gebruik als waardedrager. Goud slijt niet en is waardevast, primair omdat de productie van goud niet tot in het oneindige op te schroeven is. Centrale banken hebben goud in bezit en de laatste jaren zijn ze het edelmetaal weer aan het opkopen, China en Rusland in het bijzonder. Maar goud kent ook nadelen. Goud is moeilijk op te delen in kleine stukken of over lange afstanden te verplaatsen en soms blijken er grote hoeveelheden nepgoud bij professionele partijen in de kluis te liggen.

De digitale euro die nu in de maak is, sluit nog het best aan bij het digitale tijdperk waarin we nu leven. Het is onverslijtbaar, makkelijk te verplaatsen, eenvoudig op te delen, en niet na te maken. Er ontbreekt alleen één cruciale eigenschap: vastliggende schaarste. Er kan met één druk op de knop een grote hoeveelheid nieuw geld in roulatie worden gebracht, en de geschiedenis leert dat het niet zozeer de vraag is óf dat gebeurt, maar wanneer.

De gouden standaard

Net zo belangrijk als de kwaliteit van het geld zelf is het systeem eromheen, het stelsel van standaarden, spelregels en scheidsrechters. Het systeem bevindt zich in het domein van beleid en bestuur en zorgt ervoor dat geld bruikbaar is. Laten we voor een voorbeeld van een systeem eens kijken naar de geboorte van de gouden standaard in 1816, waarin Engeland een centrale rol speelt. De val van Napoleon in 1815 markeerde het einde van drieëntwintig jaar oorlog en maakte van Engeland de grootste internationale macht. Het land liep voorop in de industriële revolutie, wat een flinke technologische voorsprong opleverde, en de wereldzeeën werden gedomineerd door de Royal Navy.

De oorlogen hadden er niettemin economisch stevig ingehakt en de overheid besloot nieuwe munten in te voeren om het geldstelsel te stabiliseren. Niet langer was de zilveren shilling de standaardmunt, maar de gouden sovereign. De nieuwe zilveren munten waren nog wel onderdeel van het geldstelsel, maar onder de bevolking minder populair. Ze waren eenvoudigweg minder fraai en kwalitatief slechter dan de gouden sovereigns. Geleidelijk verdwenen zilveren munten uit roulatie, en kwam Engeland min of meer per ongeluk op goud uit als basis voor de economie.

Door de vooraanstaande positie van Engeland ging de overstap van zilver naar goud niet onopgemerkt voorbij. In 1871 stelde het Duitse keizerrijk een gouden standaard in met de *Goldmark*. In de jaren die volgden sloten landen zich een voor een aan. De Verenigde Staten deden al vanaf 1834 mee, maar dat werd pas rond 1900 officieel gemaakt. Zo ontstond een internationale gouden standaard, een systeem dat decennialang aan de basis stond van economieën wereldwijd.

Naast gouden munten gebruikte men ook papiergeld, dat inwisselbaar was voor goud dat opgeslagen was bij een bank. In 1844 bestond de geldhoeveelheid voor ongeveer 25 procent uit gouden munten en in 1913 was dat percentage teruggelopen tot 12 procent.

Het vertrouwen in dit geldstelsel was gestoeld op de centraal beheerde goudvoorraad waarmee de uitstaande biljetten werden gedekt. Om dat geloof in stand te houden, waren spelregels nodig rond het beheer van die voorraad.

Met deze regels wilde de centrale bank de verhouding tussen de goudvoorraad en de hoeveelheid geld in handen van particulieren en bedrijven gelijk houden. De prijs van goud werd vastgezet en het moest te allen tijde mogelijk zijn om geld in te wisselen voor goud en omgekeerd. Ook werd vastgelegd aan welke eigenschappen gouden munten moesten voldoen, zoals het gewicht, grootte, dikte, en de compositie van gebruikte metalen. Tot slot werd het gebruik ervan als betaalmiddel vastgelegd in de wet.

Veel van deze spelregels waarborgen de stabiliteit van het systeem. Maar dat is niet het enige waar ze op toezien. Er zijn ook regels die bepalen wie van het geld gebruik mag maken en wie aan het systeem mag deelnemen. Regels die voorschrijven wanneer je kredietwaardig bent en hoe geld in omloop wordt gebracht. Belangrijk om te weten is dat deze spelregels niet voor iedereen hetzelfde uitpakken. Afhankelijk van je positie in het systeem, profiteer je meer of minder van de regels waarmee het wordt gerund. Zo schuilt in elk *geld*systeem ook een *verdeel*systeem. Een verdeelsysteem dat men als rechtvaardig ervaart, wordt eerder geaccepteerd.

Voor de beschrijving van een rechtvaardig geldstelsel grijpt men dikwijls terug op inzichten van sociologen en filosofen. John Rawls is een naam die in deze context vaak genoemd wordt. 'Het is grotendeels aan Rawls' invloed te danken dat het voor huidige generaties vanzelfsprekend is dat er een rationeel debat over rechtvaardigheid kan worden gevoerd,' schreven Wibren van der Burg, hoogleraar rechtswetenschap, en Roland Pierik, universitair hoofddocent rechtsfilosofie. Een van Rawls' belangrijkste werken is *A Theory of Justice* uit 1971. Daarin kijkt hij naar de verdeling van macht, kennis, geld, en meer. Hoe komt die verdeling eigenlijk tot stand? En is die verdeling wel rechtvaardig in de zin van 'billijk', 'redelijk' of 'eerlijk'?

Om een idee te krijgen bij wat Rawls daarmee bedoelde, neemt hij ons mee in een gedachte-experiment. Stel je voor dat je door een 'sluier van onwetendheid' naar de wereld kijkt. Je weet niet wie je bent, waar je woont, wat je huidskleur, geslacht of seksuele voorkeur is. Je weet niet hoeveel je verdient en wat voor ideologie of levensbeschouwing je aanhangt. Hoe zou je vanuit die 'originele positie' de samenleving inrichten?

Hij beschrijft twee grootheden die van invloed zijn op de rechtvaardigheid van het verdeelsysteem dat hieraan ontspruit: vrijheid en gelijkheid. Vrijheid betekent dat iedere deelnemer in het systeem zijn of haar eigen levensplannen kan formuleren en najagen. Iedereen moet daarvoor de beschikking hebben over zogeheten primaire sociale goederen, zoals vrijheidsrechten, gelijke toegang tot macht, inkomen en vermogen. Gelijkheid houdt in dat een aantal arbitraire factoren niet mag bepalen welke kansen je krijgt in het leven, zoals huidskleur, sociale afkomst en geslacht. In de context van de economie verwijst Rawls naar het Pareto-optimaal. Dit criterium stelt dat een verdeling efficiënt is als iedereen er noch op vooruit, noch op achteruit gaat. Met andere woorden: het ziet erop toe dat er een zekere gelijkheid van kansen blijft bestaan.

Hoe het zit met de rechtvaardigheid van ons huidige geldsysteem? Daar gaan we het – als onderdeel van de zoektocht naar het beste geld – straks over hebben. Wel alvast een spoiler: met het loslaten van de gouden standaard werd het er niet beter op.

Papieren geld

We maken eerst een uitstapje naar Frankrijk. Op 14 juli 1789 stroomde daar de emmer over. Boze burgers bestormden de Bastille en maakten het daar opgeslagen buskruit buit. Het was het begin van een bloedige opstand waarin de Franse koning en adel werden afgezet en de Eerste Franse Republiek werd gesticht.

De nieuwe regering had dringend geld nodig. De Franse staat was twee jaar eerder al bankroet gegaan en de belastinginners van de koning waren aan het begin van de revolutie verjaagd of vermoord. Ze besloot daarom om alle bezittingen van de kerk, waaronder enorme stukken grond, in beslag te nemen en die per opbod te verkopen aan wie maar wilde betalen. Met de opbrengsten moest het gapende gat in de begroting worden gedicht. Ze wilden niet meteen álle grond op de markt brengen omdat de prijs dan zou kelderen, maar hadden wel meteen veel geld nodig.

Als oplossing werd het *assignaat* bedacht. Als je land wilde kopen, moest je dat afrekenen met een assignaat, een waardepapier dat je van tevoren moest kopen. De waarde van de assignaten werd gegarandeerd omdat het te verkopen land als onderpand diende. In 1789 werd voor 400 miljoen franc aan assignaten verkocht aan het volk, een bescheiden bedrag in vergelijking met de waarde van de grond.

De revolutie was nog in volle gang, en in de jaren die volgden was meer geld nodig. De regering besloot om nog veel meer assignaten uit te geven en het volk te verplichten om de assignaten als geld te accepteren bij onderlinge transacties. In 1792 stond de teller op 2700 miljoen franc en een jaar later op 5000 miljoen. Dat was al meer dan de totale waarde van het land dat als onderpand diende, waardoor het volk inmiddels niet erg enthousiast meer was over de assignaten. Niet iedereen met een assignaat zou er immers land voor kunnen krijgen. Een verbod op handel in edelmetalen en de doodstraf op het niet accepteren van assignaten moesten het systeem in stand houden.

In 1796 was de schuld opgelopen tot een verbazingwekkende 45.000 miljoen franc, een veelvoud van de waarde van het land dat als dekking zou moeten dienen. Dat jaar werden de assignaten uit roulatie gehaald. Voor 30 franc aan assignaten kreeg je 1 franc edelmetaal terug: 3000 procent inflatie in zeven jaar tijd.

Voordat je al te streng oordeelt over het gebrek aan discipline bij de Franse regering: dit is bepaald niet uniek. Vrijwel altijd als een overheid besloot geld uit te geven zonder strikte koppeling met iets schaars, zoals zilver of goud, verloor dat geld uiteindelijk z'n waarde.

Valsmunterij: het einde van de gouden standaard

In Nederland kennen we al tijden geen gouden standaard meer. Je kunt je euro's niet omwisselen voor een vaste hoeveelheid goud bij de ECB of een andere centrale bank. Centrale banken kunnen met één druk op de knop onbeperkt geld laten ontstaan. Natuurlijk zijn er wel begrenzingen in de vorm van afspraken en een mandaat, maar niet meer in de vorm van iets ononderhandelbaars als een koppeling met goud.

Voor veel mensen klinkt dat zo onwerkelijk dat ze het nauwelijks kunnen bevatten. Het overkwam ook journalist Reinjan Prakke, die bij DNB mee mocht kijken hoe staatsobligaties ter waarde van 25 miljoen euro werden opgekocht. 'Ja, dus dat geld waarmee we dat betalen, dat bestaat nog niet,' vertelt een portfoliomanager van DNB. 'Dat halen we uit een rekening die oneindig is, zeg maar...'

Het loslaten van de koppeling tussen nationale munten en goud was een proces dat ruim een halve eeuw duurde en in 1971 pas definitief eindigde.

Tot aan het begin van de Eerste Wereldoorlog in 1914 hadden veel westerse landen, waaronder Nederland, een goudenmuntenstandaard. De basis daarvan is een gouden munt die evenveel waard is als het goud dat erin verwerkt zit. Bankbiljetten waren volledig gedekt door goud en inwisselbaar voor goud. 'Iedereen kon met een baar goud naar de Munt om daar gouden tientjes te laten slaan, iedereen kon met gouden tientjes naar de Munt om die te laten omsmelten.' legt Wim Boonstra, bijzonder hoogleraar economische en monetaire politiek, uit in zijn boek *Geld*.

Aangevoerd door Engeland lieten veel landen deze koppeling

tijdens de Eerste Wereldoorlog stilletjes los door meer bankbiljetten uit te geven dan er aan dekking was. Men deed een beroep op patriottisme om die biljetten niet in te wisselen voor goud. Na de Eerste Wereldoorlog probeerde men de gouden standaard in ere te herstellen. De meeste landen stapten over op een goudkernstandaard, waarbij de munten zelf niet meer (volledig) van goud waren, maar inwisselbaar waren tegen een vaste wisselkoers die een stuk lager lag dan voor de oorlog.

In de zomer van 1931 werd voor het eerst met dit systeem gebroken door de Britse regering, die het pond losmaakte van het onderliggende goud. Dat voorbeeld werd gevolgd door Scandinavische landen en andere delen van het Britse Rijk. In april van 1933 volgde de Verenigde Staten, toen de pas aangetreden president Franklin D. Roosevelt besloot de dollar te ontkoppelen van goud. Aan het begin van 1936 waren er nog drie landen die de gouden standaard overeind hielden: Nederland, Frankrijk, en Zwitserland. Dat hielden ze tot de herfst vol. Op 25 september brak Frankrijk met goud, en toen een dag later ook Zwitserland volgde, stond Nederland er alleen voor.

Eind september richtte toenmalig minister-president Colijn zich daarom tot het Nederlandse volk. 'Nu het ene goudland na het andere de gouden standaard heeft moeten prijsgeven, nu van de twee laatst overgebleven de sterkste van de twee de vlag strijkt, waarom zou nu de laatst overgeblevene het wel kunnen houden?' sprak Colijn. 'Het was hard van de erepositie afstand te moeten doen en het besluit is der Regeering dan ook onnoemelijk zwaar gevallen.'

Deze capitulatie van Nederland was ingefluisterd door Leonardus Trip, toenmalig president van DNB. Die deed dat overigens met pijn in het hart. Voor Trip was het moreel verwerpelijk om van de gouden standaard af te stappen. Nederland zou dan immers zijn woord breken, en dat was onacceptabel. Bovendien zou hij met afgrijzen kijken naar het achterliggende doel, namelijk het verzwakken van de eigen munt. 'Wij zijn geen muntvervalsers,' luidde het argument dat Trip altijd inbracht tegen devaluatie.

Monetair econoom Edin Mujagić heeft in zijn boek *Boeiend en geboeid* de lessen uit de moderne monetaire geschiedenis van Nederland vastgelegd. Trip vond ontkoppeling van de gouden standaard in de eerste plaats verfoeilijk, omdat het de verdeling van inkomen en vermogen oneerlijk zou beïnvloeden. Voor hem stond de koppeling van de gulden aan goud voor stabiliteit, gelijkheid, en rechtvaardigheid. Aan de gulden tornen en het spaargeld van de Nederlandse burger in waarde laten dalen? Niet onder Trips bewind. Colijn en Trip vonden elkaar ook op een ander front. Ze zagen allebei dat de gouden standaard een disciplinerende invloed had op het beleid van overheden. De koppeling aan het schaarse edelmetaal zorgde ervoor dat de regering moest oppassen met rood staan. Zou ze daarmee te lichtvoetig omspringen, dan zou de belastingbetaler ervoor moeten opdraaien, en dat is niet goed voor je kansen om herkozen te worden. Of de overheid zichzelf na ontkoppeling in toom zou houden? Daar hadden beide heren weinig vertrouwen in. En in het onverwachte geval dat het Den Haag zou lukken, zou de verworven vrijheid wel ergens anders worden misbruikt.

Het afstappen van de gouden standaard zag Trip als 'een experiment van conjunctuurbeïnvloeding waarmee een nieuw element van onzekerheid en ontwrichting zal ontstaan', schrijft Mujagić. Volgens veel economen zorgde Trips halsstarrig vasthouden aan goud in Nederland voor een langere en diepere economische depressie. Voor de lange termijn bleek Trip evenwel over een vooruitziende blik te beschikken.

Bretton Woods: een nieuwe koppeling met goud

Het loslaten van de koppeling tussen nationale munten en goud in de jaren dertig verliep rommelig. Een belangrijke oorzaak was dat landen verschillende ideeën hadden over het terugbrengen van de gouden standaard.

In de Eerste Wereldoorlog hadden veel landen hun geldhoeveelheid sterk vergroot om de oorlog te financieren. Daardoor was er meer geld in omloop dan er goud in de kluis lag. Na de oorlog brachten landen op verschillende manieren opnieuw een koppeling tussen geld en goud aan. Frankrijk waardeerde de munt af door een nieuwe wisselkoers in te stellen, gebaseerd op de nieuwe verhouding tussen geld en goud. Engeland ging terug naar de wisselkoers van voor de oorlog. Dit gaf Frankrijk een groot voordeel ten opzichte van Engeland. Voor de Britten waren spullen uit Frankrijk goedkoper dan uit het eigen land. Ze kochten massaal van de Fransen, waardoor goud in grote hoeveelheden het land uit stroomde. Tot Engeland in 1931 de goudkoppeling wel moest loslaten.

Het ene na het andere land volgde in een ongeregelde domino aan ontkoppelingen en afwaarderingen. Dit werd mede mogelijk gemaakt door het ontbreken van goede internationale coördinatie. Om een dergelijk hoofdstuk in de toekomst te voorkomen werkten twee economen onafhankelijk van elkaar aan het ontwerp van een nieuw financieel systeem.

John Maynard Keynes stelde namens het Verenigd Koninkrijk voor om een nieuwe wereldwijde rekeneenheid te introduceren, de *bancor*, die door het nieuw op te richten IMF zou worden beheerd. Een internationale centrale bank zou zorgdragen voor het verrekenen van handelsoverschotten en -tekorten.

Harry Dexter White stelde namens de Verenigde Staten voor om de dollar als nieuwe wereldreservemunt in te stellen. De dollar zou de rol van goud overnemen doordat andere munten er via een vaste wisselkoers aan gekoppeld waren. Zo moest een nieuwe devaluatieoorlog worden voorkomen.

In de loop van de Tweede Wereldoorlog werd duidelijk dat de Amerikanen de leidende rol van de Britten hadden overgenomen op economisch, politiek en militair gebied. Zij namen daarom de leiding in een gezamenlijk voorstel en baseerden dat op het plan van White. In de zomer van 1944 kwamen duizend aanwezigen uit vierenveertig landen in het Amerikaanse dorpje Bretton Woods bij elkaar om het voorstel te bespreken. Het vooruitzicht van zo'n grote groep gasten werd de manager van Hotel Mount Washington te veel. Hij sloot zich vlak voordat de eerste gasten arriveerden op met een grote hoeveelheid sterke drank, in de hoop dat de naderende chaos aan hem voorbij zou gaan. Zijn vervanger wilde met de inzet van Duitse krijgsgevangenen het hotel in orde krijgen. Dat bleek verloren moeite. Er waren te weinig slaapkamers, te weinig stoelen in de vergaderzalen, en uit de kraan kwam geen water, maar bruine drab. Onder deze omstandigheden gingen ruim veertig landen met elkaar in overleg om de spelregels te schrijven van een nieuw internationaal geldstelsel.

De hoofdlijnen van het voorstel lagen dan wel vast, de details waren niet minder belangrijk. Denk aan de waarde van alle betrokken valuta's en welke mate van vrijheid landen kregen om daar zelf over te beslissen. Het IMF werd opgericht om in te grijpen bij een acute financiële crisis, en de Wereldbank werd gesticht om investeringen in onderontwikkelde landen te financieren. Een heet hangijzer betrof de quota, de hoogte van de bijdrage die ieder land moest betalen voor zijn lidmaatschap van het IMF. Dat zou invloed hebben op het bedrag dat landen bij het fonds konden lenen, maar ook op de positie in het bestuur en de omvang van het stemrecht.

Een harde Europese voorwaarde was dat de dollar inwisselbaar zou blijven voor goud tegen de vastgestelde koers van 35 dollar per ounce (31,1 gram). De vs gingen akkoord en zo ontstond een nieuw wereldwijd geldsysteem gebaseerd op vaste wisselkoersen dat via de dollar opnieuw was gekoppeld aan goud. Hiermee nam de Amerikaanse dollar het stokje over van het Britse pond als wereldreservemunt.

Door de status als reservemunt was er enorme vraag naar dollars, waardoor de Amerikanen die royaal bleven drukken. Dat de dollars konden worden ingewisseld voor goud leek geen belemmering. Want wie kwam er nu zijn goud opeisen?

In 1945 lag er zo'n 22.000 ton goud in Amerikaanse kluizen. Begin jaren zeventig was daar nog zo'n 8000 ton van over. Landen begonnen uit voorzorg hun dollarreserves om te ruilen voor goud. En als er één schaap over de dam is, volgen er meer. Niemand wilde degene zijn die aan het loket te horen krijgt dat hij net iets te laat is. Ook bij DNB was dit alarmsignaal binnengekomen. Toenmalig DNB-president Jelle Zijlstra wilde een bedrag van 250 miljoen dollar omruilen voor edelmetaal. Toen Nederland dat goud opvroeg, kwam de Amerikaanse goudvoorraad onder een bepaald minimum en werd men zeer ongerust. Er kwam daarom geen goud naar Amsterdam, maar een zware delegatie van het Amerikaanse ministerie van Financiën, onder wie onderminister Paul Volcker en centrale bankier Dewey Daane. 'You are rocking the boat,' zei Volcker tegen Zijlstra, en hij riep de bankpresident op om af te zien van het plan om goud terug te halen. 'Als die boot heftig schommelt ten gevolge van het aanbieden van 250 miljoen dollar, dan is die boot al verongelukt,' antwoordde Zijlstra scherp.

Om verdere daling van de Amerikaanse goudvoorraad tegen te gaan, konden ze drie dingen doen: de dollar devalueren ten opzichte van de goudprijs, diep snijden in de eigen overheidsuitgaven en schulden afbetalen, of de dollar ontkoppelen van goud. Met de eerste maatregel zou de rol van de dollar als wereldreservemunt onder vuur komen te liggen. De tweede maatregel was politiek impopulair en praktisch onuitvoerbaar, omdat de inkomsten en uitgaven al jaren structureel uit balans waren. In de ogen van Volcker restte het onvermijdelijke. Zijn advies kwam bij president Nixon op het bureau, die op 15 augustus 1971 de band tussen de dollar en goud verbrak en de waarde ervan devalueerde.

Zo verbrak men tussen 1914 en 1971 in stappen de verbinding tussen nationale munten en goud. In 1971 sneuvelde het laatste mechanisme dat overheden belette om structureel meer geld uit te geven dan er binnenkwam. Het markeerde de start van een periode met beleid gericht op meer overheidssturing en een grotere overheid. Er brak een tijdperk aan waarin centrale banken en overheden vrij waren om te doen wat ze wilden. Ze kregen vrij spel.

Leven op de pof

Volgens menigeen is de aankondiging van Nixon een belangrijke, misschien wel dé belangrijkste in de moderne economische geschiedenis. Het idee kwam weliswaar van Volcker, maar omdat Nixon de eindverantwoordelijkheid droeg, staat het moment bekend als de 'Nixon shock'. Een schok, omdat geen van de andere leden van het internationale monetaire systeem was geraadpleegd. Voor hen kwam het als donderslag bij heldere hemel.

Opiniemagazine *Jalta* sprak in 2015 met Volcker en vroeg de geestelijk vader van de ontkoppeling naar zijn gedachten erover. 'In mijn ogen was het voor de Verenigde Staten onmogelijk geworden om de koppeling tussen de dollar en het goud in stand te houden. Hadden we dat wel geprobeerd, dan waren we na enige tijd door ons goud heen,' legde Volcker uit, waarmee hij bevestigde dat de beslissing moest voorkomen dat de eigen kluizen leeg zouden raken.

Wat hij daarna vertelde, raakt de kern van het gevolg van de beslissing om de goudkoppeling los te laten. 'Ik ben teleurgesteld in wat zich daarna afgespeeld heeft. We hebben geen hervormingen doorgevoerd, verschillende landen besloten in reactie de koers van hun munt te laten zweven tegenover de dollar. Dat had ik niet verwacht. De Amerikaanse regering gebruikte de loskoppeling van het goud om zeer stimulerend begrotingsbeleid te voeren. Dat is iets wat je als overheid niet moet doen na een devaluatie van je munt. Dus het gevolg, de aanhoudende en in de jaren zeventig zeer hoge inflatie, begrotingstekorten en toenemende staatsschulden, dat was allemaal iets waar ik zeker niet op hoopte.'

Hoewel de economische omstandigheden en het beleid van centrale banken inmiddels heel anders zijn, is de aard van ons geld sinds de jaren zeventig niet wezenlijk veranderd. Geld dat niet bestaat uit zilver of goud, of inwisselbaar is voor een vaste hoeveelheid edelmetaal. Het heeft waarde zolang iedereen erop vertrouwt dat men ermee kan betalen. Het helpt daarbij dat de overheid het tot wettig betaalmiddel uitroept en haar belastingen erin wil ontvangen. De Amerikaanse econoom Paul Krugman schreef hier in 2018 over in *The New York Times*: 'Fiatgeld heeft waarde omdat mensen met geweren zeggen dat het zo is.'

Krugman geeft hiermee een beeldende definitie van het begrip 'fiatgeld': geld dat enkel waarde heeft omdat de overheid dat middels wet- en regelgeving bepaalt. De overheid is nu niet meer gebonden door de schaarste van zilver of goud bij het in omloop brengen van nieuw geld. Alleen nog de eigen discipline moet voorkomen dat er een situatie ontstaat van hoge inflatie, zoals met de Franse assignaten, waardoor het geld zijn waarde verliest.

Economen, centrale bankiers en ministers van financiën tonen een groot vertrouwen in hun vermogen om de economie zo te plannen en te besturen dat ze met hun ingrepen de economie versterken en de welvaart vergroten. De economie aanjagen doen ze door ervoor te zorgen dat overheden, bedrijven en consumenten goedkoop kunnen lenen. En dat hebben ze dan ook ruimhartig gedaan. Inmiddels is de wereldwijde schuld opgelopen tot 281 biljoen dollar. Dat is meer dan drieënhalf keer zo groot als de omvang van de wereldeconomie.

Opvallend is dat veel van die schulden zijn ontstaan na 1971. Zo is in de Verenigde Staten de staatsschuld enorm geklommen, van circa 35 procent van het bruto binnenlands product naar boven de 120 procent in 2021. Ook de schulden van consumenten en bedrijven zijn flink opgelopen. Samen met de Amerikaanse overheid zijn ze anno 2021 goed voor 84 biljoen dollar, bijna 4700 procent meer dan in 1971.

Dat we sinds 1971 massaal op de pof zijn gaan leven, is ook Volcker niet ontgaan. In reflectie hierop trekt hij een aangrijpende conclusie: 'Sinds 1971 zijn enkele decennia verstreken en ik denk dat we nu wel mogen concluderen dat de afwezigheid van een internationaal, op regels gebaseerd monetair stelsel geen groot succes is

Overheidsschuld van de Verenigde Staten

biljoen dollar

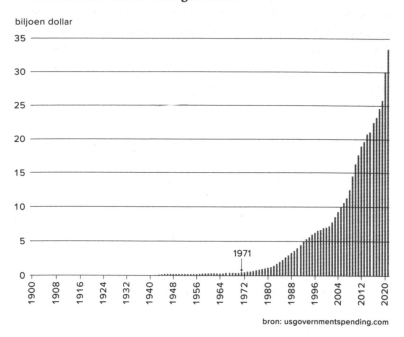

bron: usgovernmentspending.com

geweest. Financiële crises komen na 1971 net zo vaak voor als ervoor en zijn destructiever voor onze economieën. De huidige crisis laat zien dat we hervormingen nodig hebben op internationaal vlak.'

Uit gegevens van het IMF blijkt dat de wereld sinds 1970 meer dan vierhonderddertig keer te maken heeft gehad met een banken-, valuta- of staatsschuldencrisis. Ook hier is opvallend dat het grootste aantal plaatsvond in de laatste drie decennia en dat de frequentie afneemt naarmate we verder terug in de tijd gaan. IMF-onderzoekers noteren ook dat er geen financiële crises plaatsvonden in het Bretton Woods-tijdperk, en dat ze, zoals Volcker ook al opmerkte, sinds het definitieve afscheid van de rol van goud hardnekkiger zijn geworden.

Het 'experiment van conjunctuurbeïnvloeding', zoals de profetische woorden van Trip luidden, is nog steeds in volle gang. Volgens DNB-directeur Klaas Knot is de rol van de centrale bankier te zorgen voor stabiliteit: 'Ervoor zorgen dat de economie misschien wat minder hoge pieken meemaakt, zodat de dalen ook minder diep zijn.' Dat lijkt een goed plan. Maar het weghalen van prikkels uit een complex systeem als de economie is niet zonder risico's.

De economie is geen wasmachine

Je herinnert je de bosbeheerders uit hoofdstuk 1 nog wel. Zij dachten de natuur een handje te helpen door systematisch elke beginnende bosbrand te blussen. In 1935 werden ze daartoe verplicht. De regel was dat elk vuur de volgende ochtend voor tien uur uit moest zijn. Dat was veel werk, want elk jaar waren er vele tientallen branden, hoofdzakelijk door blikseminslag.

Na het inferno dat in 1988 onherroepelijk volgde, werd het herstel van het park nauwlettend gevolgd. Binnen korte tijd kwam vrijwel elke plantensoort terug. Sommige dennenappels bleken zelfs vuur nodig te hebben om hun zaad vrij te geven. Een opvallende ontdekking was dat maar een klein aantal dieren in het vuur was omgekomen. Eén onderzoeker merkte later op dat hij bizons die in de vuurlijn stonden ontspannen opzij zag stappen. Alsof het al duizenden jaren zo gaat.

De moderne mens wil z'n omgeving temmen, op zoek naar stabiliteit en voorspelbaarheid. Alle gevaren en risico's uitsluiten en zo min mogelijk variatie in het systeem toestaan. Niets mag nog aan het toeval worden overgelaten.

De thermostaat altijd op 21 graden, elke dag op dezelfde tijd eten en altijd dezelfde route van werk naar huis. Het klinkt aardig, maar het maakt je fragiel. Je ruilt heel veel kleine gevaren en kleine risico's die je best kunt hebben in voor zeldzame maar grote gevaren, die mogelijk catastrofaal zijn. Het maakt je kwetsbaar voor het onverwachte en het toevallige.

Veel mensen hebben het idee dat een baan in loondienst een stuk veiliger is dan het onvoorspelbare leven van een taxichauffeur. Maar dat is schijn. De risico's zijn slechts verborgen tot de dag dat een onverwacht telefoontje van personeelszaken een eind maakt aan het dienstverband. Daartegenover staan bijvoorbeeld taxichauffeurs, loodgieters, timmerlieden, tandartsen en kappers, met een inkomen dat aan volatiliteit onderhevig is. Het inkomen wisselt voortdurend en geeft daarmee informatie, waardoor ze zich kunnen aanpassen. Ze kunnen kansen pakken en geluk hebben, zoals een taxirit naar Parijs. Ze kunnen blijven werken als het pensioen tegenvalt.

De Libanees-Amerikaanse denker Nassim Taleb betoogt in zijn boek *Antifragiel* dat het structureel onderdrukken van prikkels, het dempen van pieken en dalen waar DNB-directeur Knot het over had, ook de economie fragiel heeft gemaakt.

Faillissementen en ontslagen werden, waar het kon, voorkomen door recessies met zware maatregelen te lijf te gaan. Duizenden miljarden dollars aan obligaties werden opgekocht door de centrale banken en de rente werd omlaaggebracht om de economie aan te jagen.

Deze interventies verhinderen dat mensen met vaardigheden die eigenlijk niet goed meer passen bij deze tijd werkloos worden en een nieuw vak leren. Ze verhinderen dat bedrijven die eigenlijk niet meer kunnen meekomen failliet gaan en hun bronnen weer vrijgeven aan andere ondernemers.

'De economie lijkt meer op een kat dan op een wasmachine,' schreef Taleb in 2012 in *The Wall Street Journal*. 'Het is geen machine met een controlelampje en een paar knoppen om hem te bedienen, maar net als een levend wezen een complex systeem waarin talloze onderdelen met elkaar en de omgeving interacteren. Als je ingrijpt, verstoor je evenwichten en verlies je informatie. Je zicht vertroebelt en onder de oppervlakte ontstaan grote problemen die, als ze eenmaal zichtbaar worden, niet makkelijk meer te herstellen zijn.'

Niemand spaart voor potten pindakaas

Aan het eind van de negentiende eeuw heerste er in Vietnam een rattenplaag. Het Franse regime dat daar destijds de dienst uitmaakte, mobiliseerde de lokale bevolking door een beloning uit te loven voor elke gedode rat. Om te voorkomen dat men met bakken vol dode ratten door de straten zou lopen, was de beloning te innen door het inleveren van de staart. Al snel kwamen de Vietnamezen met duizenden rattenstaarten aanzetten. Het leek een groot succes. Totdat de ambtenaren overal ratten zagen lopen zonder staart. De rattenvangers spaarden de levens van de ratten, zodat die voor nageslacht konden zorgen met meer waardevolle staarten.

De wet van Goodhart stelt dat als een maatstaf tot doel wordt gemaakt, die maatstaf al snel niet meer effectief is. Als je in een spijkerfabriek stuurt op het *aantal* spijkers, krijg je heel veel piepkleine spijkertjes. Stuur je op het *gewicht* van de spijkers, dan krijg je een paar enorme spijkers.

De belangrijkste maatstaf in onze economie is misschien wel inflatie. Voor overheden is het belangrijk omdat uitkeringen, huren en lonen ermee geïndexeerd worden. En centrale banken meten ermee hoe goed ze hun taak uitvoeren: 'Het is de taak van de Europese Centrale Bank om de prijzen in het eurogebied stabiel te houden, zodat u morgen evenveel voor uw geld kunt kopen als vandaag.'

Inflatie is het fenomeen dat spullen steeds duurder worden. Dat je met een bepaalde hoeveelheid geld steeds minder kunt kopen. Anders gezegd: dat je geld steeds minder waard wordt. De ECB hanteert de norm dat de inflatie gemiddeld 2 procent blijft. De afgelopen tien jaar lag dat percentage ruim onder de 2 procent, namelijk rond de 1,1 procent.

De wet van Goodhart waarschuwt ons ervoor dat de sterke focus op inflatie als maatstaf misschien wat ongewenste bijwerkingen heeft. Bijvoorbeeld dat we volgens de officiële definitie een keurige inflatie hebben, maar dat buiten de ratten zich ongehinderd kunnen vermenigvuldigen.

Waar je 'inflatie' leest, moet je in werkelijkheid denken aan de jaar-op-jaar-verandering van de zogeheten consumentenprijsindex (CPI). Dat is een elk jaar opnieuw vastgesteld mandje met producten en diensten die representatief zijn voor wat consumenten kopen. Worden de prijzen van die consumptiegoederen duurder? Dan spreekt men over inflatie. Worden ze goedkoper? Dan hebben we te maken met deflatie.

Het probleem met deze definitie van inflatie is dat het een gemiddelde is voor een populatie waarbinnen enorme verschillen zijn. Een rivier van gemiddeld een halve meter diep kan toch verraderlijk zijn; je kunt er namelijk wel in verdrinken. Zo vertelt ook de CPI een verraderlijk verhaal. Het mandje waar je voor spaart heeft immers een andere inhoud dan het mandje waar je nu je geld aan besteedt. De inflatie die voor jou relevant is, behelst de prijsstijging van het mandje met producten en diensten die jij in de toekomst wilt kopen. Wat er in dat mandje zit, hangt af van je inkomen, vermogen, toekomstplannen en levensfase.

In het mandje van een thuiswonende twintigjarige jongeman zitten wellicht videogames, concertkaartjes en avondjes stappen met vrienden. Dat verandert op het moment dat hij zijn grote liefde ontmoet en een gezin wil stichten. Dan zitten er in dat mandje een huis, een bruiloft en vakanties. En het mandje van een gepensioneerde ziet er weer heel anders uit.

Laten we alles wat er in een mandje kan zitten eens verdelen over drie categorieën.

In de eerste categorie heerst een inflatie van onder de o procent, deflatie dus. Hierin zit alles wat steeds goedkoper wordt door digitalisering. Er is overvloed van omdat het fysieke deel een steeds kleinere rol speelt. Denk aan muziek, films, boeken, communicatie, fotografie, navigatie en spelletjes.

De almaar groeiende techsector dematerialiseert. Geen fysiek boek meer, maar een e-book. Geen boekwinkel, maar Amazon. Spotify, Netflix, WhatsApp, Google Maps en Wikipedia zijn andere voorbeelden. Dat gaat met nog veel meer zaken gebeuren, zoals evenementen, bijeenkomsten, notariswerk en financiële diensten. Zelfs spullen worden teruggebracht tot informatie: aan de hand van een blauwdruk maakt je 3D-printer er thuis een product van!

In de tweede categorie, met een inflatie rond de 2 procent, zit alles wat steeds efficiënter kan worden geproduceerd door robotisering, schaalvergroting en globalisering. Massaproductie van kleding, voedsel en huisraad bijvoorbeeld, maar ook niet-specialistische diensten zoals de kapper, schoonmaak of onderhoud. Ook overheidsdiensten en sociale huisvesting vallen in deze categorie.

In de derde categorie, met een inflatie vanaf 5 procent tot wel boven de 20 procent, zit alles wat schaars is. Dan hebben we het over huizen, kunst, goede wijn, juwelen, maatkleding en exclusieve auto's en boten. Denk ook aan specialistische diensten van een chirurg, architect of jurist. Of aan studeren aan een topuniversiteit en het bezit van assets die in een passief inkomen voorzien, zoals vastgoed, aandelen of obligaties.

De stijging van de CPI komt weliswaar in de buurt van de door centrale banken beoogde 2 procent, maar dat is wat anders dan de *werkelijke* inflatie die mensen voor de kiezen krijgen. Die heeft ook betrekking op wat mensen *willen* kopen. Op je dromen en wensen. Op je vermogen. Op datgene waar je voor spaart. Een huis, een schilderij aan de muur of een boot in de haven. Voor de studie van de kinderen. Voor een bezitting die gedurende je oude dag elke maand inkomsten oplevert.

De potten pindakaas kun je nog wel betalen, maar vermogen opbouwen? Dat is slechts weggelegd voor een steeds kleiner wordende groep mensen.

Langzaam armer

De eerste centrale banken die een inflatiedoelstelling formuleerden deden dat aan het begin van de jaren negentig. Toen de centrale bank van Engeland in 1992 een inflatiedoel van 2,5 procent instelde, had ze net een paar jaar met een inflatie tussen de 5 en 8 procent achter de rug. De ECB definieerde in oktober 1998 prijsstabiliteit als een inflatie van minder dan 2 procent, wat later onder haar president Draghi een doel werd. In de loop der jaren verschoof de aandacht van zorgen dat inflatie niet te hoog is naar zorgen dat die niet te laag is. Het doel werd in 2003 subtiel aangepast naar 'dicht bij, maar onder de 2 procent'. In de VS gaat men sinds september 2020 nog verder en wil men dat de inflatie gemiddeld uitkomt op 2 procent. Dat betekent dat de inflatie best boven de 2 procent uit mag komen, als daarmee een periode van lagere inflatie wordt gecompenseerd. In Europa hanteert men sinds de zomer van 2021 een soortgelijk uitgangspunt.

Omdat de consumentenprijsinflatie de afgelopen jaren is achtergebleven, hebben centrale bankiers wereldwijd alle registers opengetrokken. 'Die nieuwe interpretatie geeft een fantastisch alibi om maar te blijven verruimen,' zegt Nout Wellink, een van de zes voormalig centrale bankiers die in 2019 waarschuwden voor het gevaarlijke ECB-beleid. 'Als voormalig centrale bankiers en als Europese burgers kijken we met toenemende bezorgdheid naar de aanhoudende crisismodus van de ECB.'

Volgens centrale bankiers en economen die de keynesiaanse bestuurslijn volgen, fungeert een beetje inflatie als smeerolie voor de economie. Het stimuleert mensen om hun geld te laten rollen, omdat wat je wilt kopen volgend jaar duurder is dan nu. Deflatie zien ze als zorgwekkend en schadelijk. Als de prijzen dalen, zo is de gedachte, dan zullen mensen hun bestedingen uitstellen, gaan bedrijven failliet en worden werknemers werkloos. De economie komt tot stilstand.

Maar misschien is de belangrijkste reden dat men graag inflatie wil de hoogte van de schulden. Als het prijspeil stijgt en de inkomens stijgen mee, dan wordt het makkelijker om de rente op je schuld te voldoen en de schuld af te betalen. Je schuld wordt minder waard ten opzichte van je inkomen. Als je al een tijdje een huis bezit, dan was dit fenomeen je waarschijnlijk al opgevallen. Het maandbedrag aan rente en aflossing blijft gelijk, maar in de loop der jaren stijgt je salaris, waardoor je woonlasten steeds makkelijker te betalen worden. In tegenstelling tot voor iemand die huurt, omdat de huur jaarlijks verhoogd wordt.

'We hebben een relatief lage inflatie. Probleem van de ECB is dat die inflatiecijfers nog hoger moeten worden. Dat sluit eigenlijk helemaal niet aan op jouw belevingswereld als burger,' vertelt hoogleraar monetaire economie Lex Hoogduin. 'Waarom moeten die prijzen verder omhoog? Alles is al duur genoeg. Maar het is een argument dat alleen maar geldt in situaties waarin schulden kennelijk heel erg hoog zijn. Dat is het echte probleem, dat die schulden zo hoog zijn.'

Een complicatie bij het streven naar hogere inflatie is dat er grote deflatoire krachten in het spel zijn. Vergrijzing speelt een rol omdat oudere mensen minder consumeren dan jonge gezinnen. Maar de grootste invloed hebben technologische ontwikkelingen en globalisering, waardoor spullen steeds goedkoper worden terwijl de kwaliteit toeneemt. Het is daarom niet vreemd dat centrale bankiers alles uit de kast moeten trekken om een beetje inflatie op de borden te krijgen.

Jeff Booth bepleit in zijn boek *The Price of Tomorrow* dat we die deflatoire krachten niet moeten bestrijden met steeds extremer monetair beleid, maar moeten omarmen. Hij somt een reeks aan ontwikkelingen op waardoor de komende decennia alles nog veel goedkoper kan worden. Grondstoffen, productie, landbouw, transport en zelfs onderwijs en zorg zullen profiteren van robotica, kunstmatige intelligentie, nieuwe productieprocessen en vrijwel gratis energie. 'Deflatie is de sleutel tot een overvloedige toekomst', zo luidt de ondertitel van het boek.

Zo blijkt de realiteit complexer dan het inflatiecijfer suggereert. Slechte deflatie komt voort uit een sombere toekomstverwachting, waardoor mensen hun bestedingen en investeringen uitstellen. Goede deflatie is het gevolg van toegenomen productiviteit door technologische vooruitgang, betere samenwerking en efficiëntere handel. 'Als alles goedkoper wordt, bijvoorbeeld omdat het goedkoper kan worden gemaakt, wat we de laatste decennia in de IT hebben gezien, dat is heel goede deflatie, dat is welvaartswinst,' legt Lex Hoogduin uit.

We willen dus geen inflatie omdat het per definitie heilzaam is, maar omdat we niet anders kunnen door de torenhoge schulden. Dit systeem heeft inflatie nodig en de vraag is daarom of dit systeem wel past bij een toekomst vol deflatoire krachten. Het gaspedaal van onze economische motor moet dan steeds dieper worden ingetrapt om even hard te blijven rijden.

Het venijn van zo'n aanhoudend ingetrapt gaspedaal is dat de brandstof zich niet evenredig door de samenleving verspreidt. DNB-president Klaas Knot stelt weliswaar dat het beleid bijgedragen heeft aan het dempen van recessies, maar dat de vermogensongelijkheid erdoor is toegenomen. 'Voor diegenen die een huis bezitten wordt de waarde van hun bezit door de lage rente opgejaagd, terwijl zij die geen huis bezitten, een huurverhoging voor hun kiezen krijgen. En de lage rente leidt tot vermogensprijsinflatie. Dat is goed voor diegenen die aandelen en andere beleggingen hebben, zoals beleggers die woningen opkopen. Maar de lagere inkomens hebben hun vermogen meestal in hun pensioen zitten. En de lage rente is helaas niet goed voor hun pensioenaanspraken.'

Dan heeft Knot het nog niet gehad over de herverdelingseffecten van de opkoopprogramma's van centrale banken, waarmee voor biljoenen euro's aan bezittingen gekocht worden. Of zoals de internet-meme luidt: 'money printer go brrr'. Het geld uit de money printer komt in de praktijk niet bij consumenten en MKB'ers terecht, maar wordt gebruikt door financiële instellingen om te compenseren voor de steeds lagere rente. Tegen elkaar opbieden op de vastgoedmarkt.

Eigen aandelen inkopen. Steeds risicovollere schulden opkopen. Zo lijkt aan de ene kant de economie niet in beweging te krijgen, terwijl op aandelenbeurzen en financiële markten record na record wordt gevestigd.

Theo Kocken, hoogleraar risicomanagement aan de VU, vatte het samen als 'een enorme inflatiegolf die veel kwaad aanricht' en omschreef de gevolgen als 'herverdeling van jong naar oud en van arm naar rijk'.

Dat nieuw geld zich ongelijk in de economie verspreidt, is al eeuwen bekend. Al in 1730 beschreef de Iers-Franse econoom Richard Cantillon dat partijen die het nieuwe geld als eersten ontvangen investeringen kunnen doen tegen prijzen die nog niet zijn afgestemd op de instroom van het nieuwe geld. Zij die niet actief zijn in bevoordeelde industrieën worden later geconfronteerd met hogere prijzen en, als gevolg daarvan, lagere reële inkomens.

Het Cantillon-effect was geboren: de eerste ontvangers van nieuw geld profiteren ten nadele van de achterblijvers. Omdat de relatieve verarming pas na lange tijd zichtbaar wordt, is 'geld bijdrukken' een maatregel die vaak op bijval kan rekenen van politici. Een 'populaire' ingreep, maar voor de doorsnee burger een dooie mus.

De hoge schulden en de zucht naar permanente inflatie zorgen voor toenemende verschillen tussen groepen in de samenleving. Vermogen vloeit van jong naar oud, en van arm naar rijk, met inflatie als goed verborgen belasting.

Een bitcoinstandaard?

Door de eeuwen heen zijn er allerlei soorten geld geweest en een grote variatie aan systemen. Het geld verschilde in de mate waarin het waardevast, verplaatsbaar en opdeelbaar was. De systemen hadden elk hun eigen spelregels en gevolgen voor arm en rijk, jong en oud, heden en toekomst.

Naarmate landen in de wereld meer verbonden raakten en internationale handel toenam, werd het ook belangrijker om de nationale geldsystemen met elkaar te verbinden. Eerst door een gouden standaard, sinds 1944 door een goudwisselstandaard en sinds 1971 door de dollar en de daaraan verbonden financiële, politieke en militaire instituties.

Er zijn ook verschillende economische stromingen die een opvatting hebben over hoe de economie werkt en bestuurd kan worden. Daarbij is het belangrijk om je te realiseren dat de meest gangbare stroming door de tijd heen verandert of wordt vervangen door een volgende stroming. Wat nu economisch 'waar' en 'onwaar' is, kan over tien jaar anders zijn.

Kijk bijvoorbeeld naar de modern monetary theory (MMT), volgens Wikipedia een 'heterodoxe stroming', een stroming die contrasteert met de orthodoxe hoofdstroming. MMT'ers pleiten ervoor dat elke monetair soevereine staat meer geld uitgeeft dan er binnenkomt en het tekort oplost door meer geld te drukken, net zo lang tot iedereen werk heeft en de inflatie begint op te lopen. Tien jaar geleden was dit nog een absurd idee, inmiddels zien we steeds meer economen, politici en bestuurders elementen uit MMT voorstellen en toepassen.

Er is dus niet zoiets als 'de economie', 'het geld' of 'het systeem', alsof er één ondubbelzinnige manier is om de keuzes die mensen maken bij de productie, distributie en consumptie van goederen en diensten te duiden en te besturen. In de praktijk zijn er meerdere opvattingen over, elk met voor- en tegenstanders. Opvattingen die veranderen, worden vervangen of verdwijnen. Het maakt allemaal deel uit van de zoektocht naar het beste geld.

Spiegelen we het huidige geldsysteem aan het model van Rawls, dan zien we dat de nadruk ligt op stabiliteit, ten koste van vrijheid en gelijkheid. We zagen al hoe inflatie zorgt voor grotere ongelijkheid. Een ander perspectief is dat van kredietcreatie. Ongeveer 90 procent van ons geld wordt door commerciële banken gecreëerd middels kredieten, zoals een hypotheek of een persoonlijke lening. Handig, want met dat krediet kun je je plannen najagen. Daar staat tegenover dat je in je keuzevrijheid beperkt wordt, omdat je verplicht wordt tot werken om de lening af te lossen. Voor de stabiliteit van het systeem is dat goed nieuws, want die arbeidsplicht vergroot de kans op terugbetaling.

Het wordt minder rooskleurig als je kijkt naar de groep die het niet zo goed getroffen heeft. Niet-kredietwaardigen, noemen we hen. Als zij al een lening kunnen krijgen, moeten zij daar ironisch genoeg harder voor werken dan mensen met een schone kredietreputatie. De wederkerigheid is disproportioneel; de zwakste schouders dragen de zwaarste lasten. De groep mensen van wie de kansenvrijheid op het spel komt te staan, wordt bovendien steeds groter door de aanhoudende herverdelingseffecten. Door de manier waarop centrale banken de geldhoeveelheid verruimen, komt de prijsinflatie en relatieve verarming bij de achterblijvers terecht. Het gevolg daarvan is dat het voor hen weer lastiger wordt om een krediet af te sluiten. Zo zitten we vast in een cyclus die economische ongelijkheid vergroot.

Het huidige geldsysteem met de bijbehorende economische opvattingen en politieke en militaire structuren heeft ons gebracht waar we nu zijn. Het maakte investeringen in onderwijs, zorg en technologie mogelijk en efficiënte, internationale handel. Het bracht economische groei en welvaart. Maar zijn de bijwerkingen inmiddels niet schadelijker dan het medicijn? We hebben hoge schulden, spaargeld verliest z'n waarde, huizen worden onbetaalbaar, de financiële sector staat onder druk en geld stroomt van arm naar rijk. En dan hebben we het nog niet gehad over de afhankelijkheid van voortdurende consumptie en het naar de toekomst schuiven van vervuiling en uitstoot.

De laatste jaren klinkt de roep om een herziening van het internationale geldstelsel steeds luider. Mark Carney, de baas van de centrale bank van Engeland, sprak in 2019 over de noodzaak van een nieuw internationaal monetair en financieel systeem, waaronder een nieuwe wereldreservemunt. In 2020 riep IMF-directeur Kristalina Georgieva op tot een nieuw Bretton Woods-moment om 'a better tomorrow' te bouwen. Iets dichter bij huis pleitte Wim Boonstra, aan de Rabobank verbonden als hoofdeconoom, in 2021 voor een nieuw valuta-anker voor de wereldeconomie en noemt daarbij een valutamandje zoals de SDR als mogelijke oplossing.

Zou bitcoin wellicht onderdeel kunnen zijn van een toekomstig geldsysteem?

Het heeft eigenschappen die het een prettig geld maken. Het is onverwoestbaar, buitengewoon schaars, makkelijk te verplaatsen en de echtheid is eenvoudig te verifiëren. Als systeem ligt het dicht tegen de idealen van Rawls aan, omdat er geen centrale autoriteit is die de geldhoeveelheid beheert en de een kan bevoordelen ten opzichte van de ander. Status doet er niet toe, het maakt niet uit of je arm of rijk bent, jong of oud.

Daarnaast brengt bitcoin neutraliteit. Niemand is de baas en bitcoin heeft geen politieke voorkeur. In een periode waarin machtsverhoudingen verschuiven en een nieuw geldsysteem wordt ontworpen, kan een onafhankelijke, onpartijdige derde een voorstel voor iedereen acceptabel maken.

Tot slot kan bitcoin wat discipline terugbrengen. Daarvoor is het niet nodig dat bitcoin het enige geld in de wereld wordt. Het is voldoende dat huishoudens, bedrijven en overheden de optie hebben om bitcoin aan te houden. Dat zorgt ervoor dat overheden en centrale banken zorgvuldig met hun macht over het geld om moeten gaan. Geen gouden standaard, maar een bitcoinstandaard.

Tijd om de wereld van bitcoin in te duiken.

3. Bitcoin

'Ik denk dat internet een van de belangrijkste krachten zal zijn om de rol van de overheid te verminderen. Het enige wat ontbreekt, maar wat binnenkort zal worden ontwikkeld, is een betrouwbare e-cash.'
– Milton Friedman, Amerikaans econoom (in 1999)

We hebben toch al jaren digitaal geld, wat is er nu zo bijzonder aan bitcoin? Normaal is alles wat digitaal is eindeloos te kopiëren. Handig bij documenten en foto's, niet zo handig bij geld. De simpelste oplossing is om iemand de administratie te laten beheren van wat iedereen bezit. Maar dat legt wel erg veel macht bij één partij. Niet handig als je een neutrale, wereldwijde munt wilt. Bitcoin is digitaal geld zonder dat iemand de baas is. Hoe dat precies werkt? Daar gaan we het in dit hoofdstuk over hebben. We bespreken de verschillende onderdelen waar bitcoin uit bestaat en hoe die samenhangen. We bekijken de regels waar iedereen zich aan moet houden en de manier waarop die worden gewaarborgd.

Wat is bitcoin?

Bitcoin is digitaal geld, een technologie, een *asset class*, een netwerk en een protocol. Als je je beperkt tot een van deze manieren om naar bitcoin te kijken, dan doe je hem tekort. Dat maakt het lastig in een paar zinnen uit te leggen en lastig te begrijpen voor experts in een van deze categorieën. Laten we het eens verkennen.

Bitcoin is de naam van het netwerk, bestaande uit tienduizenden computers wereldwijd, en het protocol met de regels waaraan transacties moeten voldoen om te worden geaccepteerd.

Bitcoin is ook de naam voor de munteenheid. Er zijn 21 miljoen bitcoins, elk weer verdeeld in 100 miljoen stukjes, genaamd *satoshis* of in het kort *sats*. Die kun je kopen, verkopen, bewaren, versturen, ontvangen en op sommige plekken gebruiken om mee te betalen.

Samen vormen ze een nieuw soort geldsysteem, anders dan alle geldsystemen die we tot nu toe gezien hebben. Het is digitaal, wereldwijd en staat nog in de kinderschoenen. Die kinderschoenen moeten we toelichten. Het is nog niet klaar voor dagelijks gebruik als betaalmiddel door de grote menigte. Het is niet gebruiksvriendelijk genoeg, er is te veel frictie en gedoe. Dat is niet erg, het protocol is zo ontworpen dat het nog zeker tien jaar de tijd heeft om volwassen te worden.

Dat wil echter niet zeggen dat bitcoin niet werkt. Integendeel, het doet al twaalf jaar precies wat het moet doen. Het vormt een door niemand aan te passen kasboek waarin alleen transacties opgenomen zijn die aan de regels voldoen. En dat zonder dat er een centrale partij bij betrokken is.

Als wij het vernieuwende van bitcoin in een paar woorden zouden moeten samenvatten, dan is dat zoiets als 'digitale schaarste zonder centrale coördinatie'.

Het bijzondere van de digitale wereld is dat als je iets kopieert, de kopie identiek is aan het origineel. Denk maar aan documenten, foto's of muziek die je naar iemand verstuurt. De kopie en het origineel zijn niet van elkaar te onderscheiden. Dat is een probleem voor het overdragen van digitale eigendom van de ene persoon aan de andere. Hoe zorg je ervoor dat daarna niet beiden het bezitten?

Bitcoin is digitaal geld en daarbij speelt dezelfde vraag. Hoe zorg je ervoor dat iemand geld niet twee keer uit kan geven en het zo kan kopiëren? Op die manier zou iedereen onbeperkt geld kunnen drukken en verliest het vrijwel direct zijn waarde. Je zou deze digitale schaarste kunnen bewaken met een centrale partij die een register bijhoudt waarin staat wat van wie is, een beetje zoals een bank nu werkt. Maar dat is op allerlei manieren fragiel. Zo heeft die centrale partij veel macht. Hij kan censureren, voortrekken en de geschiedenis herschrijven. Datzelfde kan gebeuren als hackers inbreken in het register, of als juristen van een overheid een verandering afdwingen.

Satoshi Nakamoto, de uitvinder van bitcoin, combineerde op ingenieuze wijze een aantal bestaande technieken met als resultaat digitaal geld dat schaars en overdraagbaar is zonder dat een centrale partij dit coördineert. Zoals we later zullen zien, is dit de basis voor meer dan alleen geld. Ook andere digitale bezittingen kunnen op deze manier worden overgedragen. Denk hierbij aan beeld, muziek, video en tekst, en ook 3D-ontwerpen van ruimten en producten. En contracten, identiteit en aandelen in een bedrijf.

In de rest van dit hoofdstuk zullen we de verschillende bouwstenen bekijken die samen dit onvervalsbare digitale geld vormen. We merken daarbij op dat je geen van die bouwstenen zomaar kunt weglaten. We zien vaak dat mensen dat na een eerste vluchtige kennismaking wensen te doen: die blockchain is leuk, maar dat bitcoin waarde heeft is nergens voor nodig. En die miners verbruiken te veel energie, laten we die ook maar schrappen.

Bitcoin is op dit moment de enige technologie die digitale schaarste zonder centrale coördinatie heeft opgelost met de robuustheid die nodig is voor een serieuze rol in de wereldeconomie. Alle alternatieven vertrouwen in meer of mindere mate op een centrale partij die de macht heeft om de regels aan te passen, te censureren, voor te trekken en te onteigenen. Bij Facebook met diem, de ECB met de digitale euro en de talloze andere cryptovaluta's moeten we maar hopen dat het bestuur rechtvaardig, integer en neutraal blijft. Bij bitcoin is dat vastgelegd in het protocol en dat kan alleen worden aangepast als praktisch alle deelnemers daarmee akkoord gaan.

Dat betekent niet dat bitcoin op alle fronten superieur is en per definitie als enige geld moet overblijven, zoals sommige bitcoiners geloven. Maar bitcoin zou wel een rol kunnen spelen in het wereldwijde geldsysteem als neutraal alternatief voor nationale munten. Alleen al het bestaan daarvan heeft een disciplinerende werking en toont als contrastvloeistof aan waar gecentraliseerde geldsystemen de fout ingaan. Het hebben van de optie voor huishoudens, bedrijven en landen om een neutraal geldsysteem te gebruiken, geeft ze soevereiniteit.

Niemand weet precies hoe de toekomst zich ontvouwt, hoe de machtsverhoudingen verschuiven en hoe nieuwe technologie ontwricht. Maar omdat bitcoin anders is dan al het andere wat we kennen én mogelijk een significante rol kan spelen in ons toekomstige digitale financiële systeem, is het waardevol om het goed te leren kennen en het de kans te geven volwassen te worden.

Byzantijnse generaals

Het is het jaar 537 na Christus. Het Romeinse Rijk is een eeuw eerder al uit elkaar gevallen in een oostelijk en een westelijk deel. Van het westelijke deel is weinig meer over. Met het Oost-Romeinse Rijk, ook wel het Byzantijnse Rijk genoemd, gaat het voorspoedig. Vanuit hoofdstad Constantinopel regeert keizer Justinianus I en hij verovert land na land.

Het verhaal gaat dat het leger eens een vijandige stad omcirkelde. Het leger bestond uit zelfstandige eenheden, elk geleid door een generaal. Om een pijnlijke nederlaag te voorkomen moeten de generaals tot een gezamenlijk besluit komen over het tijdstip van de aanval. Alleen als minstens de helft van hen tegelijk aanvalt, zullen ze winnen.

Dat is zo makkelijk nog niet. De generaals kunnen elkaar namelijk alleen bereiken via boodschappers en die zijn niet zo betrouwbaar. Ze kunnen te laat komen of helemaal niet komen en de boodschap expres of per ongeluk aanpassen. En sommige generaals zijn verraders die niet naar iedereen hetzelfde bericht sturen. Er moet dus overeenstemming worden gevonden in een situatie waarin onderling vertrouwen ontbreekt. Consensus, noemt men dat in deze context. Wat voor mechanisme kunnen we verzinnen om de generaals tot een gezamenlijk besluit te laten komen?

Dit fictieve scenario werd in 1982 in een wetenschappelijk paper beschreven om te beredeneren hoe computersystemen betrouwbaar kunnen blijven als onderdelen ervan falen, foute informatie geven of zelfs moedwillig worden gesaboteerd. Een systeem dat in dergelijke ontwrichtende scenario's goed blijft functioneren, noemen we *byzantine fault tolerant* (BFT). Men koos voor Byzantijns, omdat dit niemand zou beledigen.

Voordat bitcoin werd uitgevonden waren er al verschillende mechanismen die het probleem van de Byzantijnse generaals oplosten, maar die vereisten allemaal dat er een beperkt aantal deelnemers was en dat er een verschil aangebracht werd tussen de leider en de volgers. Die deelnemers moesten bovendien zijn geïdentificeerd, omdat anders iemand op z'n zolderkamer net kon doen alsof hij een miljoen generaals was, een zogeheten *sybil*-aanval.

Deze voorwaarden zijn geen probleem in een gesloten systeem, zoals een kerncentrale of vliegtuig, waarin BFT-systemen helpen omgaan met fouten in sensoren en verbindingen. Maar voor een open en neutraal digitaal geldsysteem is dat niet goed genoeg. Daar is het ongewenst dat een centrale partij de deelnemers identificeert, besluit welke selecte groep deel mag nemen en wie de leiders zijn. Die centrale partij heeft dan volledige macht over het geldsysteem.

Het belangrijkste van de uitvinding van bitcoin is een nieuwe manier om consensus te bereiken met een vrijwel onbeperkt aantal deelnemers van wie een flink deel kwaadaardig mag zijn, zonder dat er een centrale partij bij betrokken is.

De geboorte van bitcoin

Het was in het diepst van de kredietcrisis. Banken vielen om als dominostenen en overheden wereldwijd moesten de ene na de andere financiële reus redden van de ondergang omdat ze te grote risico's hadden genomen. In de jaren ervoor kregen Amerikanen die het eigenlijk niet konden betalen toch een hypotheek. Toen veel huiseigenaren de rente en aflossing niet meer konden ophoesten, raakten de banken in de problemen. De bonus was voor de bankiers, de malus voor de belastingbetaler.

Op 31 oktober 2008 verscheen op een dunbevolkt uithoekje van het internet een gedegen artikel waarin een nieuw geldsysteem werd voorgesteld: de bitcoinwhitepaper, met als titel 'A Peer-to-Peer Electronic Cash System'. De auteur noemde zichzelf Satoshi Nakamoto, en we weten tot op de dag van vandaag niet of dit zijn echte naam was of een pseudoniem van een persoon of groep.

Bitcoin: A Peer-to-Peer Electronic Cash System

Satoshi Nakamoto
satoshin@gmx.com
www.bitcoin.org

Abstract. A purely peer-to-peer version of electronic cash would allow online payments to be sent directly from one party to another without going through a financial institution. Digital signatures provide part of the solution, but the main benefits are lost if a trusted third party is still required to prevent double-spending. We propose a solution to the double-spending problem using a peer-to-peer network. The network timestamps transactions by hashing them into an ongoing chain of hash-based proof-of-work, forming a record that cannot be changed without redoing the proof-of-work. The longest chain not only serves as proof of the sequence of events witnessed, but proof that it came from the largest pool of CPU power. As long as a majority of CPU power is controlled by nodes that are not cooperating to attack the network, they'll generate the longest chain and outpace attackers. The

...

In negen pagina's beschreef Satoshi gedetailleerd de werking. Het was de bedoeling dat geld direct van de ene naar de andere partij zou worden verstuurd, zonder tussenkomst van een financieel instituut. Een geldsysteem waarover niemand de baas is en dat zo ontworpen is dat het voor deelnemers aantrekkelijk is om zich aan de regels te houden. Waarin je niemand hoeft te vertrouwen, geen bankier, geen overheid, geen goudsmelterij, geen koerier, geen notaris en geen jurist. Het vertrouwen in mensen, instituten en overheden wordt vervangen door vertrouwen in de wiskunde, die voor iedereen verifieerbaar is. Niet voor niets gebruiken bitcoiners de slogan 'Don't Trust. Verify'.

De bouwstenen die hiervoor nodig waren, bestonden al een tijdje. Asymmetrische cryptografie, waar we later wat meer over uitleggen, bestaat al sinds de jaren zeventig. *Proof of work* is in de jaren negentig bedacht om e-mailspam te bestrijden. Peer-to-peer-netwerken ken je misschien van downloadprogramma's zoals Kazaa, Limewire en Bittorrent. De whitepaper beschrijft hoe de combinatie van bestaande technologieën zorgt voor een geldsysteem dat geen centrale scheidsrechter nodig heeft om zijn integriteit te bewaren. Het is de oplossing van een oud vraagstuk uit de informatica, het probleem van de Byzantijnse generaals.

Het bleef niet bij een artikel. Op 9 januari 2009 publiceerde Satoshi de software waarmee iedereen kon deelnemen aan het bitcoin-netwerk. Je kon er bitcoins mee bewaren, versturen en ontvangen. En transacties goedkeuren, ordenen en toevoegen aan de blockchain – het werk dat de miners doen.

The Times 03/Jan/2009 Chancellor on brink of second bailout for banks

Het eerste block van de blockchain was zes dagen eerder al in de broncode vastgelegd. In dit zogeheten *genesis block* nam Satoshi bovenstaande referentie op naar de Britse krant *The Times* van die dag. Misschien diende het alleen als bewijs dat het eerste block daadwerkelijk op die datum is gemaakt, maar de gekozen kop is te opmerkelijk om te negeren.

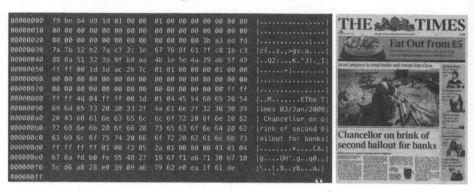

Het is in die lijn dat sommige bitcoiners pleiten voor 'unbanking the banked', een parodie op het missionaire streven van de westerse financiële sector om iedereen toegang te geven tot financiële diensten en hen zo uit de armoede te hijsen: 'banking the unbanked'. Bitcoins antithese suggereert dat het helemaal niet zo fijn is om 'banked' te zijn. Je bent dan onderdeel van een geldstelsel dat fundamenteel defect is. Beter kun je zélf de regie pakken: 'be your own bank'.

Is bitcoin bedoeld als aanklacht tegen het financiële stelsel? We zullen het nooit precies weten. In de loop van 2010 droeg Satoshi het beheer van de bitcoinbroncode over aan de gemeenschap en verdween in 2011 van het toneel.

De regels bepalen het spel

Zoals een euro is opgedeeld in 100 centen, is een bitcoin opgedeeld in 100 miljoen satoshis, of sats in het kort. We hebben het altijd over 21 miljoen bitcoins, maar eigenlijk rekent het systeem met sats.

Er zullen uiteindelijk 2.099.999.997.690.000 sats in omloop zijn, zo'n 300.000 per persoon op Aarde. Door de manier waarop sats in omloop worden gebracht, halen we nét de 21 miljoen bitcoin niet. De regels over de geldhoeveelheid zijn vastgelegd in de broncode, en die is open source en dus door iedereen in te zien en te controleren. 'En aan te passen', horen we je denken. Op zichzelf klopt dat, iedereen kan een kopie van de broncode maken en die aanpassen. Maar zodra je iets wezenlijks aanpast, zal de rest van het netwerk jouw transacties afkeuren. Vergelijk het hiermee. Natuurlijk kun je besluiten om de spelregels van het schaakspel aan te passen. Maar er is dan niemand meer die met je wil schaken.

In de speltheorie kennen we dit als een *Schelling point*, vernoemd naar econoom Thomas Schelling, die de term in 1960 introduceerde in zijn boek *The Strategy of Conflict*. Hij verwijst daarmee naar de keuze die mensen maken als ze niet met elkaar kunnen overleggen. Bijvoorbeeld: stel dat je iemand zou ontmoeten in Parijs, maar bent vergeten een tijd en plaats af te spreken. Waar ga je dan heen? De meeste mensen kiezen voor twaalf uur 's middags bij de Eiffeltoren.

De reden is dat mensen nadenken over wat andere mensen zouden doen. Je kunt best op een onmogelijke tijd op een obscure plek gaan staan wachten, maar de kans op succes is dan minimaal. Bij bitcoin speelt iets soortgelijks. Als je wilt profiteren van alles wat bitcoin te bieden heeft, zoals handelsvolume, wettelijke regels, bewaardiensten, beveiliging en apps, dan kies je voor de regels waar iedereen voor kiest.

Dat betekent niet dat het protocol van bitcoin nooit aan te passen is. Als de overgrote meerderheid het met elkaar eens is over een voorgestelde verandering, dan kan die worden doorgevoerd in de broncode, en dan zullen de deelnemers aan het netwerk de nieuwe versie van bitcoin accepteren en vanaf dat moment de nieuwe regels hanteren.

Kan dan ook het maximum van 21 miljoen bitcoins worden vergroot? Ja, in theorie kan dat, net zoals in theorie ook het aantal dagen in de week zou kunnen worden verhoogd van zeven naar elf als een overgrote meerderheid van de mensen dit wil. Maar in beide gevallen is die meerderheid erg onwaarschijnlijk, in het geval van bitcoin omdat de bestaande bitcoins dan (veel) minder waard worden.

Er worden regelmatig veranderingen doorgevoerd die voor iedereen gunstig zijn, zoals een verbetering van de privacy, schaalbaarheid, veiligheid of gebruiksvriendelijkheid. De bitcoingemeenschap heeft hier een heel zorgvuldig proces voor bedacht. We zijn immers aan het sleutelen aan een geldsysteem dat in het voorjaar van 2021 een marktkapitalisatie had van boven de 1 biljoen dollar.

Iedereen mag meedoen

Er is geen persoon, bedrijf of overheid die kan bepalen wie er mee mag doen en wie niet, of welke transacties door de beugel kunnen. Bitcoin is zo ontworpen dat alle deelnemers er belang bij hebben dat de macht niet bij één enkele partij komt te liggen en dat iedereen mag meedoen. Anders gezegd: bitcoin is tot op de vezel decentraal.

Die decentralisatie, het ontbreken van een centrale partij, maakt bitcoin niet alleen buitengewoon bestendig tegen allerlei aanvallen en storingen, maar geeft het een heel lijstje van prettige eigenschappen. Informaticus en auteur Andreas Antonopoulos verdeelde die ooit eens in deze vijf:

Bitcoin is open. Iedereen kan meedoen, mensen en machines, zonder dat je iemand om toestemming hoeft te vragen. Het is inclusief en discrimineert niet.

Bitcoin is wereldwijd. Het netwerk doorkruist landsgrenzen en valt niet onder de jurisdictie van een land. De blockchain is nergens gevestigd en heeft geen fysieke locatie. Je nationaliteit heeft geen invloed op wat je ermee kunt of wat het je kost.

Bitcoin is neutraal. Het systeem heeft geen mening over hoe, wanneer en waar je je geld besteedt. Het heeft geen politieke of religieuze voorkeur. Niemand krijgt voorrang of wordt achteraan in de rij gehouden.

Bitcoin is censuurbestendig. Een betaling is een uitdrukking van een voorkeur. Voor wat je eet, wat je mooi vindt, wat je politieke kleur of religie is. Niemand kan transacties tegenhouden of terugdraaien omdat die voorkeur onwelgevallig voor ze is.

Bitcoin is openbaar. Iedereen kan controleren dat het systeem klopt en alle regels worden gevolgd.

De Libra-hoorzitting van het Amerikaanse Congres laat zien hoe belangrijk decentralisatie is. Terwijl Facebook-baas Mark Zuckerberg het plan persoonlijk moest komen toelichten, kan rond bitcoin niemand op het matje geroepen worden. Bitcoin heeft immers geen adres waar een aangetekende brief naartoe kan, geen hoofdkantoor waar je kunt aanbellen, en geen CEO met wie je contact kunt opnemen.

Bitcoin lijkt in dit opzicht op het internet. Ook dat is een neutraal netwerk waar niemand de baas is. Als één knooppunt jouw internetverkeer tegenhoudt, dan zoekt het automatisch een andere route. Dat heeft ook een nadeel, namelijk dat ook criminelen internet kunnen gebruiken om snode plannen te smeden of kinderporno uit te wisselen. Internetprotocollen hebben daarover geen oordeel, de meeste rechters wel.

Voor bitcoin geldt hetzelfde. Iedereen mag het gebruiken en dus ook criminelen. Overigens zouden wij het afraden, mocht je criminele plannen hebben. Bitcoin is niet anoniem, en gespecialiseerde analisten (en de politie) kunnen de buit aardig volgen. Vermoedelijk hebben de meeste criminelen dat ook door, want minder dan 1 procent van alle bitcointransacties is mogelijk verbonden aan onzuivere activiteit, van belastingontduiking tot afpersing.

Blockchain

Het klinkt futuristisch: blockchain. Als illustratie wordt vaak een soort flitsende ketting van enen en nullen gebruikt. Maar eigenlijk zou een foto van een ouderwets kasboek beter passen. Daarin noteerden winkeliers alle transacties op chronologische volgorde. De optelling moest overeenkomen met het contante geld in de kassa.

Een block in een blockchain kun je zien als een bladzijde in het kasboek. Het bevat enkele duizenden transacties en is gekoppeld aan het vorige block. De blockchain is het gehele kasboek, vanaf het allereerste block van Satoshi in 2009 tot nu.

Voordat we bekijken hoe zo'n block tot stand komt, moeten we het eerst over het bitcoinnetwerk hebben. Tienduizenden computers wereldwijd draaien de bitcoinsoftware en vormen samen het bitcoinnetwerk. Een computer die met dat netwerk is verbonden, wordt een *node* genoemd. Een deel van alle nodes houdt lokaal een kopie van de gehele blockchain bij. Zij worden *full nodes* genoemd en controleren bij elk nieuw block of alle regels zijn nageleefd.

Aan een klein deel van de nodes is apparatuur gekoppeld om nieuwe transacties te verwerken in het volgende block. De eigenaars van die apparatuur noemen we *miners*, en het samenstellen van het volgende block heet *minen*. Voor de productie van zo'n block krijgt de miner een in het protocol vastgelegd aantal bitcoins als beloning.

Als iemand een betaling wil doen, dan stelt hij in zijn digitale portemonnee een transactie samen en verstuurt die naar het bitcoinnetwerk. Als de transactie geldig is, dan wordt die in de wachtruimte geplaatst voor opname in het volgende block, de *mempool*, verkorting van *memory pool*.

Nu gaan de miners aan de slag. Ieder voor zich, want de winnaar mag als beloning een aantal nieuwe bitcoins aan zichzelf overmaken, de *block subsidy*. Dit mechanisme beloont miners voor het beveiligen van het netwerk, en zorgt ervoor dat alle bitcoins op een vooraf bepaald tempo in omloop komen. De miner stelt een nieuw block samen, met daarin de transacties die hem het meest opleveren aan transactiekosten, net zoveel tot de maximale grootte van het block is bereikt is en het block vol is.

En dan komt het. De miner gaat met zijn apparatuur proberen om een cryptografische samenvatting van het block te maken die voldoet aan een bepaalde moeilijkheidsgraad, die ervoor moet zorgen dat er gemiddeld tien minuten tussen twee blocks zitten. Daartoe neemt hij de inhoud van het block als uitgangspunt, en voegt daar een willekeurig getal aan toe, de *nonce*. Deze gegevens presenteert hij vervolgens aan een *hashing*-functie, die het geheel reduceert tot een reeks letters en cijfers, een hash, die fungeert als een soort digitale vingerafdruk.

Voldoet de zo berekende hash niet aan de opgedragen moeilijkheidsgraad? Dan verandert de miner de nonce, en probeert hij het opnieuw. Dat proces gaat net zo lang door totdat er een hash gevonden wordt die wél volstaat. De eerste die daarin slaagt, verstuurt het zojuist gemaakte block snel naar alle andere deelnemers van het netwerk, zodat iedereen kan beginnen aan het volgende block. Een nieuwe bladzijde in het kasboek. Nieuwe ronde, nieuwe kansen!

De andere deelnemers aan het netwerk zullen een nieuw block alleen goedkeuren als bij de vorming ervan alle regels van het protocol zijn nageleefd. Als dat niet zo is, zullen ze het block afwijzen, zodat ze misschien zelf wel de beloning opstrijken. Dit is een voorbeeld van hoe het in ieders eigen financiële belang is om de regels eerlijk te volgen en te handhaven.

Onderdeel van een block is de hash van het vorige block. Op die manier zijn alle blocks in een keten aan elkaar verbonden. Om een ouder block aan te passen, moet je ook alle daarna komende blocks opnieuw maken met telkens weer die tien minuten aan rekenkracht, anders klopt de digitale vingerafdruk niet. Daarom noemen we het een blockchain.

Het busstation

Laten we dit toch vrij abstracte proces eens tot leven wekken met een analogie. Daarvoor gebruiken we een busstation.

Bij dit busstation is één halte, waar een lange rij met bussen staat te wachten om te vertrekken. Tussen twee bussen zit gemiddeld zo'n tien minuten. Elke keer vertrekt de voorste bus. Daar staat ook de rij met passagiers die graag een plekje willen.

Meteen als de voorste bus is vertrokken, begint de volgende chauffeur zijn bus te vullen met passagiers. Nu moet je weten dat de passagiers zelf mogen bepalen wat ze willen betalen voor de rit, en dat de chauffeur alle inkomsten zelf mag houden. Je begrijpt dat een slimme chauffeur de passagiers die het meest betalen als eerste laat instappen.

Elke bus zit vast aan de vorige bus met een stevige ketting. Dat zorgt ervoor dat als je graag een passagier uit een bus wilt halen die al een tijdje weg is, je alle bussen ertussen ook terug moet halen.

Bij het wegrijden krijgt de chauffeur van de gemeente een vaste vergoeding voor zijn rit, die de chauffeur mag optellen bij de kaartverkoop.

De bus is een block in de blockchain, de chauffeur is de miner, en de passagiers zijn transacties. Het perron is de mempool waar de transacties wachten om in een block te worden opgenomen. De kaartverkoop bestaat uit de transactiekosten en de subsidie van de gemeente uit de nieuwe bitcoins die in omloop komen.

Elke tien minuten een block

Er wordt weleens gezegd dat miners moeilijke puzzels oplossen. Dat is niet zo. Het is zelfs zo'n makkelijke puzzel dat miners hem miljarden keren per seconde kunnen proberen. Het lijkt een beetje op 'raad een getal onder de tien', maar dan met een getal van achtenzeventig cijfers.* De snelheid waarmee een miner dat raadspelletje kan spelen, wordt de *hash rate* genoemd. Hoe meer pogingen iemand per seconde kan doen, hoe krachtiger zijn concurrentiepositie ten opzichte van andere miners. Daarom wordt er ook wel met het woord 'rekenkracht' naar verwezen. Dat kan betrekking hebben op het werk van één miner, maar ook op de optelsom van alle miners bij elkaar, het hele netwerk.

Stevige competitie tussen miners is van levensbelang voor de veiligheid en betrouwbaarheid van bitcoin. Als een enkele miner de meerderheid van de rekenkracht bezit, kan die censuur plegen of transacties voorrang geven. Of zelfs blocks van anderen negeren en het netwerk onbruikbaar maken.

Hoe meer rekenkracht er voor een blockchain wordt ingezet en hoe meer verschillende partijen er meedoen, des te veiliger een blockchain is. Bij bitcoin is de rekenkracht nu zo hoog dat het praktisch onmogelijk is voor een kwaadaardige partij om in korte tijd de helft in handen te krijgen. De benodigde apparatuur is er simpelweg niet.

Het levert ook een nieuw probleem op. Hoe meer rekenkracht er wordt ingezet, des te sneller het volgende block zal worden gevonden. Daarom is in het protocol opgenomen dat de moeilijkheidsgraad van de puzzel, de *difficulty*, elke twee weken wordt aangepast aan de rekenkracht. Die periode is een benadering, want in werke-

---

* Om precies te zijn: 2^{256}, oftewel 115.792.089.237.316.195.423.570.985.008.687.907 .853.269.984.665.640.564.039.457.584.007.913.129.639.936

79

lijkheid gaat het om 2016 blocks, die elkaar gemiddeld iedere tien minuten opvolgen. Zo blijft de snelheid waarmee nieuwe bitcoins in omloop komen gelijk.

Omdat een block moet voldoen aan de moeilijkheidsgraad, is elk geldig block meteen ook het bewijs dat er een bepaalde hoeveelheid werk is verricht. Daarom noemen we het minen ook wel proof of work. Die hoeveelheid verrichte arbeid is een gemiddelde, want toeval speelt een grote rol. Soms wordt een block na een paar seconden gevonden, soms pas na dertig minuten. Maar over langere tijd wordt én de hoeveelheid werk geleverd, én is de tijd tussen twee opeenvolgende blocks ongeveer tien minuten.

Die tweewekelijkse aanpassing van de moeilijkheidsgraad, de *difficulty adjustment*, speelt ook een belangrijke rol in het monetaire beleid van bitcoin.

Als de vraag naar een grondstof of product toeneemt, dan stijgt de prijs. Het wordt daardoor voor delvers en producenten interessant om de productie op te voeren. Daardoor stijgt het aanbod en daalt de prijs weer tot grofweg de kostprijs. Bij veel grondstoffen is dat effect heel direct zichtbaar, omdat producenten de productie vrij snel kunnen opvoeren. Bij goud is het veel lastiger om de productie op te voeren, waardoor meer vraag vooral zorgt voor een hogere prijs.

In de context van bitcoin kan de productie niet opgevoerd worden, omdat het uitgifteschema vastligt in het protocol. Wel kan een miner proberen om zijn concurrentiepositie te verbeteren door zijn geleverde rekenkracht op te schroeven. Daar zijn kosten aan verbonden, want de miner moet apparatuur aanschaffen en stroom inkopen om die apparatuur tot leven te wekken. Het budget dat miners daarvoor beschikbaar hebben, staat gelijk aan de opbrengsten van het minen van een block. Met andere woorden: als de koers van bitcoin stijgt, stijgt ook het onderling te verdelen budget, en ontstaat er ruimte voor een toename van de rekenkracht.

Zonder difficulty adjustment zou de tijd tussen twee blocks steeds korter worden en zouden steeds sneller bitcoins in omloop komen, waardoor de koers weer daalt. Net als bij olie en andere niet-schaarse goederen. Door de difficulty adjustment wordt de productie van nieuwe bitcoins ongevoelig voor de koers. Als de koers stijgt, wordt het netwerk veiliger. Het aantal bitcoins dat in omloop komt, de inflatie, blijft gelijk. Hierdoor kon in de broncode nauwkeurig worden vastgelegd hoe de inflatie zich door de jaren heen ontwikkelt, ongeacht de koers, het aantal miners of het aantal gebruikers.

Onveranderlijkheid

Als je iemand een stapel bankbiljetten geeft, dan is de betaling daarmee direct afgewikkeld. De betaler kan z'n geld niet zomaar terughalen en de ontvanger heeft het geld meteen in bezit. Deze zekerheid komt voort uit de fysieke vorm van contant geld. Als ik het aan jou geef, heb ik het automatisch niet meer.

Bij digitaal geld ligt dat anders. Het zijn slechts getallen in een computer. Je kunt een transactie gemakkelijk terugdraaien, wat ook regelmatig gebeurt bij creditcardtransacties en incasso's. Ook zit er door het ontwerp van systemen vaak een tijdsperiode tussen de transactie en de uiteindelijke afwikkeling en verrekening ervan. Bij het verhandelen van aandelen kunnen daar zo twee of drie handelsdagen tussen zitten. Financiële instellingen verbergen deze afhandeling voor de gebruiker door in hun apps net te doen alsof alles meteen definitief is, en in de tussentijd het risico op zich te nemen.

Laten we eens kijken hoe dit werkt bij bitcoin. Wanneer kun je als ontvanger van een bitcoinbedrag zeker weten dat het in jouw bezit is?

Een nieuwe transactie komt na verzending eerst in de mempool. Die kun je het best zien als een wachtruimte waarin alle transacties zitten die nog opgenomen moeten worden in een block, en dus de blockchain. Omdat deze transacties nog niet verwerkt zijn, kan de ontvangende partij er nog niet op vertrouwen dat het geld daadwerkelijk van hem is. De transactie is nog niet bevestigd door het bitcoinnetwerk en heeft nul bevestigingen.

Zodra er een block aan de blockchain wordt toegevoegd met onze transactie erin, heeft de transactie één bevestiging. Miners beginnen direct aan een volgend block dat verbonden is aan het block met onze transactie. Zodra dat block gevonden is, heeft de transactie twee bevestigingen. Hoe meer blocks er na de onze komen, en dus hoe meer bevestigingen, hoe groter de zekerheid dat onze transactie onomkeerbaar is.

Heel soms gebeurt het dat meerdere miners tegelijk een block minen. Een deel van de miners gaat met het ene block verder en een deel met het andere. Er zijn dan tijdelijk twee alternatieve waarheden. In het protocol is vastgelegd dat de keten waar het meeste werk voor is gedaan de waarheid is. Miners zullen daarom altijd de langste keten kiezen om mee verder te werken. Zodra er in een van de twee alternatieven een volgend block wordt gevonden, zal iedereen daarmee verder werken en de kortere aftakking achterlaten.

Als onze transactie wel in die korte en niet in de lange aftakking zat, dan zal die terugverhuizen naar de mempool. Voor meer dan twee blocks gebeurt dit eigenlijk alleen onder bijzondere omstandigheden, bijvoorbeeld als het netwerk tijdelijk in twee stukken gesplitst is door een wereldwijde internetstoring, of als kwaadwillenden proberen transacties terug te draaien. Dat kan overigens niet zomaar, hiervoor moeten ze voor langere tijd over een flinke meerderheid van de rekenkracht beschikken.

De miners zelf hebben geen belang bij zo'n aanval, omdat dit hun eigen verdienmodel beschadigt en hun bezittingen in waarde laat kelderen, zowel de bitcoins die ze nog niet hebben verkocht als hun apparatuur. In theorie zou een kwaadwillende een groot aantal miners kunnen gijzelen en verplichten dit te doen. Door de omvang en verspreiding van miners is dit inmiddels een onwaarschijnlijk scenario geworden.

Dat is overigens een groot verschil met andere cryptovaluta's. Als die ook proof of work gebruiken, is de rekenkracht vaak zo laag dat ze eenvoudig aan te vallen zijn. De benodigde rekenkracht is dan voor heel overzichtelijke bedragen te huur. Veel cryptovaluta's gebruiken daarom een ander mechanisme dan proof of work om consensus te bereiken. Die bieden echter geen natuurkundige belemmering om grote stukken van de blockchain te herschrijven. De deelnemers die de blockchain valideren, kunnen niet zien dat er een bepaalde hoeveelheid werk is verricht, en daarmee een bepaalde hoeveelheid geld en tijd is geïnvesteerd. Dat betekent dat als de selecte groep die de blocks maakt gezamenlijk besluit om de geschiedenis te herschrijven, dit gewoon kan. Bijvoorbeeld omdat ze daar economisch belang bij hebben, of omdat ze daartoe worden gedwongen door autoriteiten.

Bitcoin is het enige neutrale, digitale, grenzeloze geld dat geschikt is voor grote betalingen tussen partijen die elkaar niet hoeven te vertrouwen.

Een metafoor die het principe van onveranderlijkheid goed uitlegt is die van een wolkenkrabber. Elk block kun je zien als een nieuwe verdieping die boven op de toren gebouwd wordt. De bovenste verdieping vervangen is veel werk maar niet onmogelijk. Maar als je een verdieping wilt verwisselen waar er al twintig boven op gebouwd zijn, dan zul je na het slopen alles opnieuw moeten bouwen. Je zult opnieuw het werk moeten doen dat er al in zat.

Je begrijpt: hoe meer blocks er boven op de jouwe gestapeld zijn, des te kleiner de kans dat die ooit nog kan worden aangepast. Veel ontvangers, zoals apps en handelsplatformen, hanteren een wachttijd van drie tot zes blocks voordat ze de transactie als definitief beschouwen.

Dat is ruim voldoende voor toevallige verstoringen. Voor een gerichte aanval, waarbij iemand jou een enorm bedrag stuurt en die transactie daarna terugdraait, zou je een groter aantal bevestigingen kunnen aanhouden. Er worden regelmatig transacties gedaan van honderden miljoenen. In dat geval kan het geen kwaad om te wachten tot je bijvoorbeeld honderd bevestigingen hebt – gemiddeld zo'n zeventien uur.

Duurt lang? In januari 2013 besloot Duitsland om de helft van zijn overzeese goudvoorraad naar het eigen grondgebied te halen. Ruim vijftigduizend baren goud moesten worden vervoerd, een totale waarde van 27 miljard dollar. Een enorme klus. Dat begon al bij de verzekering. De meeste verzekeraars keren uit in dollars en niet in goud, en dat was een te groot risico. Na het verschepen is een deel van de baren in Zwitserland omgesmolten om de juiste zuiverheid en vorm te verkrijgen. De hele operatie duurde vijf jaar en kostte 7,6 miljoen dollar.

Als het om grote bedragen gaat, dan mag de afwikkeling wat kosten. Die honderd bevestigingen wachten voor 100 miljoen dollar is een kleine moeite.

Digitale handtekeningen

Bij het opstellen van een transactie zet de verzender ervan een digitale handtekening, waarmee hij bewijst dat hij het geld daadwerkelijk kan en mag besteden.

We betreden nu het domein van cryptografie, het eeuwenoude vakgebied waarin het gaat om het versleutelen van een bericht zodat alleen degene voor wie het bestemd is het kan lezen. De laatste decennia worden deze technieken voor veel meer gebruikt dan geheime communicatie, bijvoorbeeld voor digitaal ondertekenen of bewijzen dat een bericht ongewijzigd is.

Bitcoin wordt ook wel cryptogeld genoemd, omdat cryptografie alle belangrijke eigenschappen van bitcoin bewaakt. Dat het kasboek niet kan worden aangepast, niemand ongestraft bitcoins kan maken en je alleen je eigen geld kunt uitgeven.

Voor de digitale handtekening die je zet bij het maken van een transactie gebruik je geheime sleutels. Die bevinden zich in je digitale portemonnee of *wallet*. De bitcoins zelf zitten niet in je portemonnee, maar bestaan alleen in het kasboek, de blockchain dus, opgeslagen op die tienduizenden computers wereldwijd.

Bitcoins verstuur je altijd naar een bitcoinadres, een tekenreeks van zo'n dertig karakters. Dat adres bevat de voorwaarden om de bitcoins in de toekomst te kunnen besteden. In het eenvoudigste geval staat er met welke sleutel een handtekening moet worden gezet. In het kasboek wordt bij elk bitcoinbedrag het adres genoteerd, waardoor iedereen bij een transactie kan verifiëren dat aan de bestedingsvoorwaarden is voldaan.

Bitcoin is programmeerbaar geld. Met de programmeertaal van bitcoin zijn veel meer bestedingsvoorwaarden bij een bitcoinbedrag te formuleren dan alleen dat jouw handtekening nodig is. Bijvoorbeeld dat er meerdere handtekeningen nodig zijn of dat het bedrag pas na een bepaalde tijd mag worden uitgegeven.

Hiermee kun je een strikt beveiligingsbeleid aan een bitcoinbedrag koppelen of een derde partij als scheidsrechter laten optreden bij het besteden van een bedrag. Ook wordt deze programmeertaal gebruikt om bitcoins beschikbaar te maken in het lightningnetwerk, een snel betalingsnetwerk boven op bitcoin.

Een gelaagd systeem

In zo'n beetje elk geldsysteem en elk IT-systeem werkt men met verschillende lagen. Zo worden in software vaak opslag, logica en presentatie van elkaar gescheiden. En het OSI-model verdeelt datacommunicatie zoals het ophalen van een webpagina over zeven lagen. Ook de bestaande geldsystemen kun je op verschillende manieren in lagen opdelen. Je zou de reserves van de centrale bank als onderste laag kunnen zien, contant geld en deposito's bij de centrale bank als tweede laag en giraal geld op je bankrekening als derde laag.

En misschien zijn Visa, Mastercard en PayPal wel een vierde laag daar weer bovenop.

Bij bitcoin zal dit uiteindelijk op dezelfde manier gaan werken. De onderste laag is de blockchain waaraan elke tien minuten een block wordt toegevoegd. Traag en duur voor betalingen van kopjes koffie, maar snel en goedkoop in vergelijking met het verschepen van miljarden dollars aan goud.

Het lightningnetwerk is een laag boven de blockchain, waar transacties vrijwel ogenblikkelijk en tegen een fractie van een cent worden verstuurd. Eén transactie op de basislaag vertegenwoordigt daarmee in potentie vele duizenden transacties op de lagen erboven. Lightning is inmiddels de experimentele fase ontstegen, maar heeft nog een paar jaar nodig om breed in gebruik te worden genomen.

Net als in het traditionele geldsysteem worden er ook gecentraliseerde systemen boven op bitcoin gebouwd. Denk voor het gemak maar aan banken die bitcoinrekeningen aanbieden. Gebruikers kunnen daar bitcoin kopen, verkopen en naar elkaar versturen. De banken onderling rekenen eens per dag af op de blockchain.

Voor zo'n gelaagd systeem is de capaciteit van de blockchain ruim voldoende en het is goed denkbaar dat de transactiekosten bij elkaar voldoende zullen zijn om de miners te betalen voor de beveiliging van het netwerk.

Merk op dat bij het opschalen van bitcoin via hogere lagen het budget van de miners gelijk blijft en dus ook het energieverbruik. De vergelijking die weleens wordt gemaakt tussen het energieverbruik van een transactie bij Visa en bitcoin is daarom geen goede. Als je al vergelijkt, zou je Visa en lightning moeten nemen.

De snelle opkomst van lightning heeft velen verrast en een deel van de kritische analyse is hierdoor achterhaald. De lange wachttijd, de hoge transactiekosten en de beperkte schaalbaarheid worden nu niet alleen opgelost door gecentraliseerde betaaldienstverleners, maar ook door het decentrale lightningnetwerk. Een aardig voorbeeld hoorden we na afloop van de bitcoinconferentie in Miami in juni 2021. Een van de standhouders vertelde dat ze dat weekend 13.571 lightningtransacties hadden verwerkt met een gemiddelde van 0,7 sats per transactie aan transactiekosten, oftewel 0,0005 dollar. Een paar jaar geleden was lightning nog niet meer dan een interessant plan, inmiddels is het realiteit.

We zien hier een andere kant van bitcoin, namelijk als open en wereldwijd betalingsnetwerk. 'Ik stuur wel een Tikkie' is handig, maar werkt alleen met een Nederlandse betaalrekening. In de vs zeggen ze 'ik Venmo je het geld' maar dat werkt niet voor een Brit of een Japanner. Het zijn allemaal lokale systemen. Met *instant payments* krijg je je geld meteen op je rekening, maar alleen als beide banken bij hetzelfde netwerk zijn aangesloten.

Nieuwe betaalapps gaan het lightningnetwerk gebruiken om razendsnel en spotgoedkoop wereldwijd geld te versturen. Sommige apps ondersteunen alleen bitcoin. Andere zullen zijn gekoppeld aan nationale munten. Nu nog via koppelingen met banken, in de toekomst wellicht met digitaal centralebankgeld. Verzender en ontvanger zijn vrij in de keuze van hun wallet en de daarin gebruikte munteenheid, maar in het midden zit altijd bitcoin. Van euro via bitcoin naar dollar. Of van dollar naar bitcoin.

Voor jongeren is 'grenzeloos en onmiddellijk' de standaard. Zij hebben vrienden wereldwijd die ze hebben leren kennen in virtuele werelden en via online gaming. Ze streamen geld naar de artiesten die ze volgen, vermoedelijk ergens aan de andere kant van de wereld. Voor mensen die in het buitenland werken en geld naar huis sturen is het een directe verhoging van hun levensstandaard.

Bitcoin als gelaagd geldsysteem moet zich nog bewijzen. Het is nog vroeg en er zullen nog bugs worden gevonden. Toch is het goed om ook deze kant van bitcoin te zien. Want als lightning z'n belofte waarmaakt, dan zou het best eens de belangrijkste manier kunnen zijn waarop men in de toekomst van het bitcoinsysteem gebruikmaakt. Van wisseldiensten en handelsplatformen tot banken en kassasystemen: voor alle huis-, tuin- en keukenbedragen is lightning het aangewezen netwerk. En de basislaag? Die is er voor de afrekeningen van tonnen en miljoenen of voor de mensen die voor lange tijd extreem veilig willen sparen. De kluis voor je pensioen of zelfs de volgende generatie.

In omloop

Alle 21 miljoen bitcoins worden in omloop gebracht via de miners, die bij elk block een aantal nieuwe bitcoins aan zichzelf mogen geven als beloning voor het inzetten van de rekenkracht waarmee ze het kasboek beveiligen. Na een periode van 210.000 blocks, bij benadering is dat elke vier jaar, wordt die beloning gehalveerd. Op die manier is in het protocol vastgelegd dat het aantal bitcoins eindig is. In de eerste vier jaar was het 50 bitcoin per block. Dat werd 25, daarna 12,5, en sinds mei 2020 staat de blockbeloning op 6,25 bitcoin.

Door dit schema is nu al bijna 90 procent van alle bitcoins in omloop gebracht. Het grootste deel in het begin, en daarna steeds minder. Je kunt het zien als een soort subsidie om bitcoin op te starten. Hoe vroeger en primitiever het was, des te meer risico de miner nam, en des te meer bitcoins de miner kreeg per block.

Miners krijgen niet alleen dit vaste aantal bitcoins per block, de *block subsidy*, maar ook de transactiekosten van alle transacties in het block. Samen vormen die twee de volledige beloning voor de miner, de *block reward*.

Omdat de subsidie steeds lager wordt, zal de miner alle inkomsten uiteindelijk moeten halen uit de transactiekosten. Hoewel de laatste satoshi pas in 2140 in omloop komt, is de ingebouwde tegemoetkoming vanaf 2040 al verwaarloosbaar geworden, en zou rond 2032 al zo'n beetje de helft van de beloning uit transactiekosten moeten bestaan.

Kortom, bitcoin wordt nog opgestart en krijgt daarvoor nog

subsidie, maar moet uiteindelijk op eigen benen staan. Daar heeft het nog zo'n tien tot vijftien jaar voor. Tegen die tijd moet het een wereldwijd geldsysteem zijn dat door het grote publiek gebruikt wordt. Zo niet, dan mislukt het project. De transactiekosten moeten namelijk wel hoog genoeg zijn om miners voldoende rekenkracht te laten inzetten. Dat kan omdat er tegen die tijd ofwel heel *veel* transacties plaatsvinden, ofwel heel *waardevolle* transacties.

Het meest voor de hand ligt dat het overgrote deel van de transacties uiteindelijk plaatsvindt in lagen boven op bitcoin, zoals het lightningnetwerk. Duizenden betalingen in die systemen zullen worden samengevat in een enkele transactie op de blockchain. De blockchain zelf blijft wellicht altijd traag en duur, maar de meeste gebruikers merken daar niets van. Die gebruiken een gebruiksvriendelijke app en zien vooral snelle en goedkope transacties.

Pas als het gebruik geen gedoe meer is, als je geen risico loopt om iets fout te doen, als het razendsnel en heel goedkoop is, pas dan zal het grote publiek meedoen. Satoshi Nakamoto voelde dat in 2010 al haarfijn aan. Hij schreef: 'Ik ben ervan overtuigd dat er over twintig jaar ofwel een enorm transactievolume is, ofwel geen volume.'

We hebben het altijd over 'de 21 miljoen bitcoin' die in omloop zal zijn, maar eigenlijk gaan we dat nooit helemaal halen. Zelfs als alle

Era	Periode	Bitcoin per block	Totaal in omloop	Deel in omloop
1	2009 tot 2012	50	10.500.000	50,0%
2	2012 tot 2016	25	15.750.000	75,0%
3	2016 tot 2020	12,5	18.375.000	87,5%
4	2020 tot 2024	6,25	19.687.500	93,8%
5	2024 tot 2028	3,13	20.343.750	96,9%
6	2028 tot 2032	1,56	20.671.875	98,4%
7	2032 tot 2036	0,78	20.835.938	99,2%
8	2036 tot 2040	0,39	20.917.969	99,6%

sats precies volgens schema in omloop komen, blijven we iets onder die 21 miljoen steken, om precies te zijn op 2.099.999.997.690.000 sats. Dat komt doordat het protocol geen halve sats ondersteunt, waardoor de block subsidy stopt nadat die vier jaar op 1 satoshi heeft gestaan. Die 2.099.999… sats kun je nog best afronden naar 21 miljoen bitcoin, maar hier blijft het niet bij.

De hoogte van de subsidie die miners aan zichzelf mogen uitkeren voor het maken van een block ligt vast in het protocol, nu 6,25 bitcoin per block. Technisch gezien is het *maximaal* 6,25 bitcoin per block. Meer mag niet, maar minder wel, al zal een miner niet snel geld laten liggen. Toch is dat in de historie een paar keer voorgekomen, meestal per ongeluk. In totaal gaat het om bijna 29 bitcoin. Dit zijn dus bitcoins die nooit in omloop zijn gebracht.

Zo is er nog een hele lijst aan redenen waardoor bepaalde bitcoinbedragen niet in omloop zijn gebracht of bewijsbaar niet te besteden zijn. Door een bug, door een menselijke fout of omdat iemand bewust een bepaald bedrag wilde vernietigen. Coin Metrics becijferde eind 2019 dat het om 183 bitcoin gaat. Dat is maar een fractie van de bitcoin die verloren is gegaan omdat de eigenaar z'n sleutels is kwijtgeraakt of is overleden zonder de sleutels over te dragen. Met name in de eerste jaren gebeurde dit veel, toen bitcoin nog nauwelijks waarde had. De schattingen lopen uiteen van 1,5 miljoen tot 3 miljoen bitcoin waarvoor dit zou gelden. Dat is inclusief de ruim 1 miljoen bitcoin die Satoshi Nakamoto heeft gemined.

Er wordt hard gewerkt aan technieken om gebruikers te beschermen tegen verlies. Zo zijn er dienstverleners die helpen bij het zelf bewaren van je vermogen en ondersteunen bij het doorgeven van je vermogen aan je erfgenamen. Ook wallets kunnen flink bijdragen. Ze kunnen in de bestedingsvoorwaarde van je bitcoins een herstelprocedure opnemen en je beter ondersteunen in het maken van back-ups. Merk op dat er wat dat betreft al veel is verbeterd ten opzichte van de begindagen. Destijds had je nog geen *recovery seed*, kon een wallet nog niet zien of een adres geldig was en waren er nog geen hardware

Zo wordt bitcoin in omloop gebracht

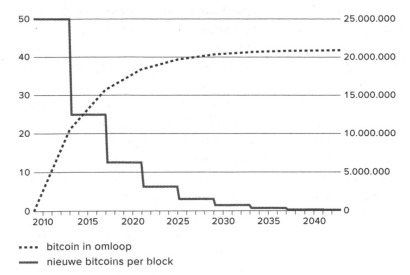

···· bitcoin in omloop
——— nieuwe bitcoins per block

wallets waardoor gebruikers hun eigen versleuteling in elkaar knutsel-
den. Meer over het slim bewaren van je bitcoin lees je in hoofdstuk 5.

Geld van vijanden

Het decentrale ontwerp van bitcoin zorgt ervoor dat mensen die
elkaar niet vertrouwen, of misschien zelfs elkaars vijand zijn, tot
overeenstemming komen over wie welk geld mag besteden. Het
maakt bitcoin tot een neutraal netwerk dat niemand kan censureren. Geweldig voor de miljarden mensen die leven in een dictatuur,
onder surveillance, of met een munt met 10, 20, 30 procent inflatie.
Denk aan de demonstranten in Hongkong, de oppositie in Rusland
en activisten voor vrouwenrechten in Nigeria.

Hiertoe moet bitcoin op de meest extreme manier op de proef
worden gesteld. Dat gebeurt al meer dan tien jaar. Men probeert de
versleuteling te hacken, ontwikkelaars te beïnvloeden en bezit van

bitcoin te verbieden. Bitcoin heeft inmiddels een indrukwekkende lijst van manieren waarop het níét is mislukt. Hacks, bugs, bans, haatcampagnes, interne verdeeldheid. Dat betekent niet dat het niet alsnog kan mislukken. We hebben een heel hoofdstuk gewijd aan openstaande vraagstukken, zwakke plekken en problemen die nog moeten worden opgelost.

Realiseer je dat geen enkele andere digitale munt ooit zó op de proef is gesteld, getest en geteisterd. Veel *bitcoin killers* zijn spooksteden zonder gebruikers, zonder toepassingen en zonder netwerkeffect. Als een cryptomunt werkt voor vijanden, dan werkt het zeker ook voor vrienden. Andersom niet.

Bij bijna alle andere cryptovaluta's is ergens een zwakke plek aan te wijzen waar veel macht bij een centrale partij ligt. Een bedrijf dat bepaalt welke partijen de blocks aan de blockchain mogen toevoegen. Een groepje ontwikkelaars dat naar believen wijzigingen aan de broncode kan doorvoeren. Een bedenker die onder druk kan worden gezet.

Daarom zijn bitcoiners nogal scherp op mensen die een ander muntje aanprijzen en doen alsof zo'n munt alle problemen van bitcoin heeft opgelost. In werkelijkheid is het zelden meer dan een aardig experiment dat nog nooit serieus op de proef is gesteld door hackers, criminelen, toezichthouders, professionele handelaars, activisten en miljardairs. Bij een deel van de bitcoiners neemt het haast religieuze vormen aan, soms *toxic maximalism* genoemd. Maximalism staat voor 'alleen bitcoin' en toxic voor de stekelige en soms zure manier waarop deze overtuiging wordt uitgedragen.

Deze bitcoiners zelf zien het als iets goeds, ze zijn het immuunsysteem van bitcoin dat hun serieuze project moet scheiden van fraudeurs en charlatans. Dat deze immuunrespons zo stevig is, is terug te voeren op een jarenlang debat dat in 2017 uitmondde in een hevige strijd tussen twee kampen.

Al sinds de begindagen van bitcoin waren er discussies over de manier waarop bitcoin kan opschalen als er meer gebruik van wordt gemaakt. Het kamp van de *big blockers* wilde de omvang van de blocks vergroten zodat er meer transacties in passen. De *small blockers* wilden per se de blocks klein houden zodat de blockchain te valideren blijft met simpele hardware. Op het eerste gezicht is voor beide standpunten iets te zeggen. Waarom niet gewoon de blocks groter maken als er meer transacties komen? Maar ja, het is ook belangrijk dat iedereen ter wereld kan blijven controleren dat alle transacties aan de regels voldoen, zodat we niet hoeven te vertrouwen op gespecialiseerde blockchain-controleer-bedrijven met voor de doorsnee burger onbetaalbare supercomputers.

Het dispuut kwam in 2017 tot een hoogtepunt. Bitcoin werd gekloond in twee bitcoins, eentje met kleine blocks (bitcoin – BTC) en eentje met grote blocks (bitcoin cash – BCH). Het hele ecosysteem kon daarna kiezen met de voeten en met de portemonnee. In welke van die twee zou men investeren? Voor welke van die twee zou men bedrijven opzetten, apps bouwen en diensten ontwikkelen?

Met overweldigende meerderheid werd het BTC. In het voorjaar van 2021 was de marktwaarde van BCH zo'n beetje 1 procent van die van BTC. En alle andere afsplitsingen ervan, *forks* worden die genoemd, waren er nog veel slechter aan toe.

In de zomer van 2017 was dit een grote onzekerheid in de markt. Zou bitcoin op dit vraagstuk vastlopen? Die onzekerheid is inmiddels van tafel. Er is consensus ontstaan over de manier waarop bitcoin gaat schalen, namelijk niet via het groter maken van de blocks, maar op de tweede laag.

Deze episode heeft diepe indruk gemaakt en grote littekens achtergelaten bij een deel van de bitcoiners die in die periode nauw bij het project betrokken waren. In de opmars naar de fork probeerde een groepje machtige bedrijven en rijke individuen hun standpunt voor grote blocks door te duwen. Dat uiteindelijk de wens van de grote meerderheid het won van een concentratie van macht, invloed en geld is een belangrijk signaal: bitcoin kun je niet zomaar veranderen.

Sindsdien is een deel van de bitcoiners bijzonder scherp op mensen die doen alsof ze het beste voorhebben met bitcoin, maar intussen slechts hun eigen financiële of politieke belang dienen. Soms is dat terecht; er is een overvloed aan charlatans en fraudeurs die willen profiteren van de ontwikkeling van bitcoin. En velen hebben belang bij de macht en het geld dat het huidige systeem hun geeft. Soms is de scherpte onterecht en lijkt het de ontwikkeling van bitcoin tegen te werken.

Bitcoin zelf heeft er geen mening over. Het is een neutraal protocol dat elke tien minuten een block produceert met daarin de onveranderlijke staat van het kasboek.

Governance

Bitcoin heeft geen baas, de broncode is open source en niemand hoeft om toestemming te vragen om een node te draaien. En toch wordt het protocol regelmatig aangepast, en worden er voortdurend nieuwe toepassingen gebouwd. Hoe werkt dat dan?

We betreden nu het domein van bestuur en governance. Bij de meeste cryptoprojecten (en softwareprojecten in het algemeen) is het bestuur gecentraliseerd. Er is dan bijvoorbeeld een bedrijf dat mensen in dienst heeft die bepalen wat er wordt gebouwd, hoe het gaat werken en wanneer het in gebruik wordt genomen. De werking en de regels van het protocol kunnen door hen naar believen worden aangepast. Dit kan prima werken als een systeem nog in de opstartfase verkeert, als het niet meer is dan een experiment, of als het bedoeld is voor samenwerking tussen bedrijven die elkaar kennen en vertrouwen.

Bij een open standaard voor het versturen van geld zijn de belangen echter zo groot dat een centraal bestuur het systeem kwetsbaar maakt voor aanvallen, of niet onafhankelijk genoeg voor wereldwijde acceptatie. Bij bitcoin is daarom ook de besluitvorming over wijzigingen aan het protocol gedecentraliseerd.

De regels van het protocol, zoals de voorwaarden voor valide transacties en blocks, zijn uitgeschreven in de broncode van de bitcoinsoftware. Alle deelnemers aan het netwerk, de nodes, hanteren dezelfde regels. Mocht een miner besluiten om van de regels af te wijken, dan zullen de transacties en blocks van dit alternatief door de rest van de miners en alle normale nodes terzijde worden geschoven als ongeldig.

Het protocol beschrijft ook hoe andere producten en diensten met bitcoin kunnen interacteren, zoals wallets, handelsplatformen, het lightningnetwerk en de infrastructuur van banken. Je kunt het vergelijken met open internetprotocollen, zoals TCP/IP en HTTP, waardoor iedereen apparatuur kan maken die werkt via het internet. Zo hoef je geen toestemming te vragen aan het W3C, die deze standaarden beheert, om een smart-tv op de markt te brengen.

Het bitcoinprotocol kan dus niet zomaar worden gewijzigd. Alles wat erop is aangesloten moet blijven werken, en de nodes moeten de nieuwe regels expliciet accepteren door de nieuwe software te installeren.

Je zou alle mogelijke aanpassingen aan het protocol in twee groepen kunnen indelen: wijzigingen waarbij de regels strenger (of preciezer) worden en wijzigingen waarbij de regels ruimer worden. Het verschil wordt zichtbaar als je bedenkt dat nodes niet verplicht zijn om een nieuwere versie te installeren als ze het oneens zijn met de bijgewerkte regels.

Als regels strenger worden, zullen ook de nodes die een oude versie van de software hebben de nieuwe regels accepteren, als ze ruimer worden niet. Laten we als voorbeeld eens kijken naar misschien wel het belangrijkste getal in het protocol: de block subsidy. Die bepaalt samen met wat andere variabelen de inflatie en de maximale geldhoeveelheid. Stel nu dat in een nieuwe versie de beloning voor een miner wordt verlaagd van 6,25 naar 4 bitcoin per block. De nodes met de oude versie van de software controleren of het bedrag niet boven de 6,25 bitcoin uitkomt – dat klopt – en de nodes met de nieuwe versie controleren of het bedrag niet boven de 4 bitcoin uitkomt – dat klopt ook. Zou je de regels ruimer maken en de beloning verhogen van 6,25 naar 8 bitcoin per block, dan vinden de nodes met de nieuwe versie het prima, daar is die wijziging immers in doorgevoerd. De nodes met een oude versie weigeren echter de blocks omdat ze niet voldoen aan de regels.

Een wijziging waarbij de regels strenger worden heet een *soft fork* en een wijziging waarbij ze ruimer worden heet een *hard fork*. Bij een hard fork splitst het netwerk zich in twee stukken: het deel dat de oude software draait en het deel dat de nieuwe draait. Dat zagen we eerder bij de splitsing in BTC en BCH: de grotere blocks waren ongeldig voor de oudere versies van de software.

We hebben het telkens over oude en nieuwe versies, maar je zou net zo goed kunnen spreken over alternatieven. Bij elke upgrade ontstaat een keuzemogelijkheid voor de deelnemers: kies ik voor A of voor B, waarbij een van de twee een voorsprong heeft omdat het de software is die nu bij iedereen is geïnstalleerd.

De ontwikkelaars die aan de bitcoinsoftware bijdragen zullen een wijziging daarom niet lichthartig doorvoeren. Er gaat een grondig proces aan vooraf waarin de wijziging wordt beschreven in een voorstel (een *bitcoin improvement proposal* – BIP), in code wordt uitgeprogrammeerd en op opensourceplatform GitHub voorgelegd aan de gemeenschap. Er wordt uitgebreid gedebatteerd over technische bezwaren en mogelijke verbeteringen. Pas als de ontwikkelaars er vertrouwen in hebben dat hun voorstel technisch in orde is en breed gedragen wordt, zullen ze het aan een toekomstige versie van de bitcoinsoftware toevoegen.

Op dat moment is de wijziging nog niet actief. De volgende stap is dat miners laten weten dat ze de nieuwe versie hebben geïnstalleerd en klaar zijn voor activatie van de nieuwe regels. Dat doen ze door in de blocks die ze minen een signaal te geven. Miners hebben daarbij de prikkel om te kiezen voor de kant die de meerderheid van het ecosysteem wenst, dat is namelijk de keuze waar ze het meeste geld mee kunnen verdienen. Pas als een bepaalde drempel is overschreden, bijvoorbeeld 90 of 95 procent, zal de wijziging daadwerkelijk actief worden. Niet meteen, maar op een bepaald aantal blocks in de toekomst, zodat het ecosysteem de tijd heeft om zich erop voor te bereiden.

Als de miners om welke reden dan ook de wijziging niet accepteren terwijl de meerderheid van de nodes de wijziging wel wil, dan kan de meerderheid de wijziging alsnog afdwingen door de blocks van de miners die niet meedoen te negeren. Deze stap was in 2017 nodig om miners te dwingen om de upgrade genaamd 'SegWit' te activeren, een aanpassing die onder andere het lightningnetwerk mogelijk maakte.

Met dit mechanisme kunnen ontwikkelaars verbeteringen aan bitcoin doorvoeren op de voorwaarde dat een grote meerderheid van het ecosysteem het ermee eens is. Het kost veel tijd en vraagt veel zorgvuldigheid, maar dat is geen slechte zaak voor een netwerk waar dagelijks miljarden dollars overheen gaan!

Buiten bitcoin wordt er flink geëxperimenteerd met andere vormen van governance. Zo vormen sommige projecten een DAO, een *decentralized autonomous organization*. Je kunt een DAO zien als een bedrijf waarbij het beleid is vastgelegd in de broncode van *smart contracts*, programmacode die is vastgelegd in de blockchain en decentraal uitgevoerd wordt door de nodes in het netwerk. De beslissingen worden genomen door de houders van een bepaald token. Zij kunnen stemmen op een voorstel dat door iedereen kan worden ingediend. Bijvoorbeeld het veranderen van het beleid, of het bouwen van nieuwe producten, of zelfs het besteden van geld. Want een DAO kan via zo'n smart contract ook eigen geld in beheer hebben. De grootste twintig DAO's hadden eind augustus 2021 volgens open-orgs.info bij elkaar bijna 9 miljard dollar in beheer.

Er is nog best wat onduidelijkheid over wat een DAO juridisch gezien precies is. Daarom heeft de Amerikaanse staat Wyoming als eerste stap per 1 juli 2021 een nieuwe rechtsvorm geïntroduceerd, speciaal voor DAO's. Daarmee krijgen ontwikkelaars van de smart contracts zekerheid dat ze niet persoonlijk aansprakelijk zijn voor wat de deelnemers in de DAO beslissen. Ook biedt de wet handvatten voor de behandeling van rechtszaken waarbij een DAO betrokken is. De Amerikaanse jurist Andrew Bull legt uit: 'De DAO-wet van Wyoming beschermt niet alleen de belanghebbenden in de sector, maar staat ook het traditionele juridische systeem toe om blockchaintransacties en smart contracts als rechtmatig bewijs van eigenaarschap en overdracht te behandelen.'

Voor het beheer van het bitcoinprotocol werkt het bestaande mechanisme vooralsnog uitstekend. Voor gedecentraliseerde toepassingen die op deze blockchains gebouwd worden, zoals bij decentralized finance, is een DAO wellicht een goede manier om de belanghebbenden gezamenlijk te laten besturen. Maar wel een die zich nog in een heel vroeg stadium bevindt en nog jaren aan verfijning nodig heeft.

Duizenden soorten

Nu we het toch over andere systemen hebben, lijkt het ons goed om een korte rondleiding te geven door het landschap van crypto-assets en uitleggen waarom we een boek schrijven over bitcoin en niet meer in het algemeen over crypto-assets.

Ranglijstenwebsite coinmarketcap.com volgde halverwege 2021 van bijna zesduizend assets de koersen en handelsvolumes. In werkelijkheid zijn het er ongetwijfeld nog meer, want begeleid door een video op YouTube maak je binnen een halfuur je eigen token. Het gevolg is dat je als nieuwkomer al snel door de bomen het bos niet meer ziet. Om je te helpen het overzicht te behouden, zijn er diverse manieren om de veelheid aan crypto-assets te categoriseren. Geen daarvan heeft zich ontpopt tot marktstandaard, maar aan de methode van onderzoeksbureau Messari wordt regelmatig gerefereerd. Daarin worden vijf categorieën genoemd.

Geld. In deze categorie vallen assets die, al dan niet op decentrale wijze, een of meer functies van geld vervullen. Bitcoin is met afstand de grootste in deze categorie. In deze categorie vallen ook de assets die de koers volgen van een fiatmunt, zoals de dollar, de euro of de yen. Deze zogenoemde *stablecoins* worden gebruikt om snel dollars over de wereld te sturen zonder het traditionele bancaire systeem te moeten gebruiken.

Infrastructuur. Hierin vallen assets die gebruikt worden als brandstof van applicatieplatformen, bijvoorbeeld bij het uitvoeren van code of het verwerken van transacties. De zogeheten *smart contract platforms* vind je in deze categorie, waarvan ethereum met afstand de grootste is in marktwaarde en netwerkeffect. Verder ligt in deze categorie de nadruk op applicatieontwikkeling, communicatie tussen verschillende netwerken, en experimenten rond schaalbaarheid en blockchaintoepassingen.

Financieel. Onder deze noemer vallen assets die een functie hebben in financiële producten of diensten. Zo gebruiken diverse handelsplatformen een eigen asset waarmee gebruikers toegang krijgen tot specifieke toepassingen of korting krijgen op de orderkosten. Ook het groeiende aantal assets gerelateerd aan decentralized finance valt in deze categorie, dat is gericht op het ontwrichten van de markt voor reguliere financiële producten als leningen, opties, en derivaten.

Diensten. In deze categorie zitten assets die toegang geven tot een product of dienst en daarbinnen een rol hebben in de werking ervan. Een bekend voorbeeld is het Basic Attention Token, dat in internetbrowser Brave gebruikt kan worden voor het blokkeren van advertenties of juist het betalen van gebruikers die advertenties bekijken. Een breed scala aan sectoren experimenteert met dergelijke *utility tokens*, van de gezondheidszorg tot de energiesector.

Entertainment. Hierbij horen assets die gebruikt worden in de context van media en entertainment, of zélf de bezitter ervan genoegdoening geven. Denk aan NFT's, assets die aan een uniek verzamelobject gekoppeld zijn. Maar ook assets die fungeren als beloning voor spelers van games, of een functie hebben in virtuele werelden.

De meeste crypto-assets horen bij een systeem dat nog gebouwd wordt en hebben concurrentie van andere projecten die een soortgelijk systeem bouwen. Het grootste deel daarvan zal in de komende jaren afvallen en verdwijnen. Je zou ze kunnen zien als start-ups waarvan maar een paar procent uitgroeit tot succesvolle ondernemingen.

Bij veel van die assets is nog op verschillende vlakken sprake van centralisatie. Bij sommige is het extreem en ligt het volledige beheer in handen van een bedrijf. Dino's, noemen we dat soms: *decentralized in name only*. Maar zelfs bij ethereum, de meest gedecentraliseerde van het stel, is nog een flink aantal punten van centralisatie aan te wijzen. Vitalik Buterin, die als oprichter en informeel leider veel invloed heeft op de ontwikkeling. Een flink deel van alle ether, de munt van ethereum, is gemaakt bij de oprichting en verkocht aan investeerders, in plaats van geleidelijk in omloop gebracht zoals bij bitcoin. De Ethereum Foundation bezit daardoor veel geld en gebruikt dat om ontwikkelaars te betalen. Al deze projecten zullen nog moeten laten zien dat ze daadwerkelijk volledig decentraal kunnen opereren, en daarmee geschikt worden als neutraal protocol waarbij geen centrale partij de regels kan aanpassen, transacties kan terugdraaien of mensen kan uitsluiten.

Ten slotte moeten we het hebben over een enigszins ongemakkelijk deel van het landschap, dat bestaat uit munten die eigenlijk helemaal geen doel hebben. Ze zijn bedoeld als grap, als speeltje van een community of als pure oplichterij. In het voorjaar van 2021 zagen we in deze categorie bijvoorbeeld dogecoin en safemoon. Wellicht aardig voor speculanten, maar serieuze investeerders, ontwikkelaars en ondernemers blijven hierbij weg.

Bitcoin heeft in dit landschap een unieke positie. Als decentraal geldsysteem heeft het eigenlijk geen concurrentie en is het een breed geaccepteerde standaard geworden. Het aantal gebruikers, de verankering in wet- en regelgeving, en de financiële infrastructuur zijn van een andere orde dan de rest. Het is misschien wel als enige de experimentele fase ontgroeid.

In dit hoofdstuk hebben we kennisgemaakt met het idee achter bitcoin en de techniek die dat mogelijk maakt. De techniek is nog niet volmaakt en ook niet goed genoeg voor adoptie door de massa. Over wat er nog beter moet, hebben we het in hoofdstuk 6. Eerst willen we het gaan hebben over de koers. Want waarom is bitcoin iets waard? Hoe bepaal je de waarde ervan? Wie kopen bitcoin überhaupt?

4. De koers

'Bitcoin is een opmerkelijke cryptografische prestatie, en het vermogen om iets te maken wat niet te dupliceren is in de digitale wereld heeft enorme waarde.'
– Eric Schmidt, voormalig CEO van Google

Je kunt haast geen gesprek voeren over bitcoin zonder dat het ook even over de koers gaat en de verklaring voor een recente daling of stijging. Dat is niet zo gek, voor veel gebruikers is bitcoin (ook) een investering. Niet alleen daarom is het goed om het over de koers te hebben, een munt met waarde vormt het hart van het systeem. Zonder koers geen budget voor de miners om het kasboek te beveiligen. En zonder beveiliging geen neutraal protocol.

Een diep ongelukkige tandarts

In *Misleid door toeval* verzint Nassim Taleb het verhaal van een tevreden, gepensioneerde tandarts die in een vriendelijk, zonnig stadje woont. Deze denkbeeldige tandarts is een uitstekende belegger, en van hem mag worden verwacht dat hij 15 procent meer rendement behaalt dan wat er te verdienen is met kortlopende staatsleningen, met een foutmarge van 10 procent per jaar.

Zou je nu op enig moment een blik op het behaalde rendement werpen, dan is de kans klein dat het precies 15 procent is. Volgens de wetten van de statistiek ligt het er meestal in de buurt, maar is het niet uitgesloten dat het er sterk van afwijkt. 'We verwachten dat 68 van de honderd steekproeven binnen een bandbreedte van plus of min 10 procentpunt rond het verwachte rendement vallen,' schrijft Taleb. Tussen de 5 en 25 procent dus. Bij 95 van de honderd steekproeven wordt die bandbreedte ruimer: 'Tussen de -5 en 35 procent.' Het verhaal vervolgt met de tandarts die een mooie werkplek inricht op zolder om daar de koersen en de waarde van zijn portefeuille in de gaten te houden. En daar op den duur diep ongelukkig van wordt. Met een verwacht rendement van 15 procent is de kans dat hij in een jaar een positief resultaat behaalt 93 procent. Maar op kleinere tijdschaal ziet het er heel anders uit. De kans op succes in een tijdsbestek van een dag is nog maar 54 procent en van een seconde slechts 50,02 procent.

Kans op succes in verschillende tijdsschalen

Schaal	Kans
1 jaar	93%
1 kwartaal	77%
1 maand	67%
1 dag	54%
1 uur	51,3%
1 minuut	50,17%
1 seconde	50,02%

De succeskans van 50,02 procent betekent dat er bijna net zoveel seconden zijn met winst als met verlies. Het stijgt wat en het daalt wat. Maar omdat het nét iets vaker omhoog dan naar beneden gaat, komt er op jaarbasis een verwacht positief rendement uit van 15 procent.

Objectief gezien is er dus niets aan de hand, maar dat is niet hoe de tandarts het ervaart: 'Emotioneel als hij is, voelt hij bij elk verlies, dat in rood oplicht op zijn scherm, een steek. Wanneer de zaken goed gaan, doet hem dat plezier, maar niet in de mate waarin hij pijn voelt op het moment dat de zaken niet goed gaan.'

Als hij acht uur per dag achter het scherm doorbrengt, beleeft hij 241 aangename en 239 onaangename minuten. Op jaarbasis is dat respectievelijk 60.688 en 60.271 minuten. Het probleem is dat een onaangename minuut een sterkere nasleep heeft dan een aangename, een effect dat bekendstaat als *negativity bias*. Dit fenomeen was vroeger ongetwijfeld bevorderlijk voor de overlevingskans in een wereld vol gevaren, maar voor de tandarts levert het vooral een zwaar gemoed op. En na een tijdje mondt het uit in stress en foute beslissingen.

Zou de tandarts niet elke minuut naar zijn scherm kijken, maar één keer per maand, dan wordt het verhaal al veel prettiger. Naar verwachting zal 67 procent van de maanden positief uitvallen. Dus elk jaar acht maanden met goed nieuws en vier maanden met een tegenvaller. Hoe kleiner de tijdschaal waarop je kijkt, des te groter de kans dat je ruis waarneemt. Dat geldt op alle tijdschalen. Voor een handelaar die zijn positie doorgaans weken of maanden vasthoudt, zijn schommelingen van minuut tot minuut de ruis en dagsluitingen het signaal. Voor een investeerder die gelooft in waardestijging op termijn van jaren zijn schommelingen van dag tot dag de ruis en is het voldoende om eens in de paar maanden te kijken.

Het is daarom verstandig om ervoor te zorgen dat het niet nodig is om de hele dag de koersen in de gaten te houden. Dat kan bijvoorbeeld door met automatische meldingen te werken die je informeren over bepaalde ontwikkelingen van de koers of andere indicatoren die iets zeggen over de stand van de markt. Het maakt je als handelaar of belegger rationeler en minder vatbaar voor het maken van emotionele keuzes, en belangrijker nog, als mens een stuk meer ontspannen.

Bitcoin en prijs: onlosmakelijk verbonden

Bitcoiners van het eerste uur hebben een complexe relatie met de koers van bitcoin. Ze hekelen de buitenproportionele aandacht van de media voor stijgingen en dalingen ervan, en geven regelmatig af op de overmoed waarmee nieuwkomers zich op de handel in crypto-munten storten en vervolgens de hele dag obsessief de koers volgen. Maar ze realiseren zich ook dat bitcoin niet zou werken als de munt geen waarde heeft. Dan zou er immers geen beveiligingsbudget zijn voor de miners die de kluis beveiligen.

Ook is de koers, door de in het protocol vastgelegde schaarste, een aardige indicatie van het gebruik van bitcoin. Nemen meer mensen bitcoin in gebruik? Dan stijgt ook de koers. Meer gebruikers en grotere budgetten maken het ook interessanter voor meer bedrijven en ondernemers om producten en diensten eromheen te bouwen. Dat trekt weer nieuwe gebruikers aan, waardoor de koers verder stijgt.

Dit laatste fenomeen noemt men soms gekscherend *number go up technology*. Het is onvermijdelijk dat naarmate meer mensen bitcoin gebruiken de koers ervan stijgt. Denk daarbij niet aan de koers op de termijn van dagen, weken en maanden. Dat is de ruis, veroorzaakt door sentiment, nieuws en invloed van andere financiële markten. Als je kijkt naar het verloop van de koers over jaren, verdwijnen de schommelingen van de korte termijn en zie je met het toenemen van het gebruik de totale marktwaarde van bitcoin stijgen.

Dat is overigens goed vergelijkbaar met de marktwaarde van andere technologie. De beurswaarde van bedrijven die auto's, televisies, computers, internet en smartphones maken, groeide mee met het aantal huishoudens die overstag gingen.

Kan de koers dan alleen maar omhoog? Vanzelfsprekend niet. Ook op lange termijn kan de koers best naar (bijna) nul. Namelijk als niemand het meer wil gebruiken. Bitcoin kan zodanig onaantrekkelijk gemaakt worden dat de grote meerderheid van de gebruikers wegloopt. Denk aan nu nog onbekende problemen met de techniek, een wereldwijd verbod, of zulke strenge regels dat het in de praktijk onbruikbaar is.

Misschien gaan centrale banken en overheden gezamenlijk het wereldwijde geldsysteem hervormen, de schuldenproblematiek oplossen en een monetair beleid voeren waarmee nationale valuta's hun waarde behouden. Als ze dat combineren met een wereldwijd toegankelijke, digitale munt die niet zomaar kan worden afgepakt of gecensureerd, dan is er voor de meeste mensen geen reden meer om bitcoin te gebruiken.

Als om welke reden dan ook het aantal gebruikers afneemt en mensen hun bitcoins inwisselen voor ander geld, dan zal de koers dalen tot er niets meer van over is.

Bij bitcoin liggen beide opties nog open. Gaat de adoptie de komende decennia verder tot bitcoin net als het internet, de televisie en de koelkast een vast onderdeel van ons leven en onze economie is geworden? Of bereikt bitcoin ergens een piek en wordt het net als de compactcamera en videorecorder na een paar jaar vervangen door iets anders?

Voor beide scenario's is iets te zeggen. In de komende hoofdstukken verkennen we de voor- en tegenargumenten. Alvast een tipje van de sluier: wat ons betreft is de uitslag nog onbeslist. Het is niet gegarandeerd dat bitcoin lukt, dan wel mislukt. Niemand kan met zekerheid zeggen welke kant het op gaat.

Netwerkeffect

Waarom kan het toch zo lastig zijn om te stoppen met Facebook? Ze volgen je over het hele internet, bouwen een griezelig nauwkeurig profiel van je op en verkopen dat vervolgens aan iedereen die interesse heeft. Hun algoritmen bepalen wat je wel en niet te zien krijgt. Reden genoeg om een andere app te gaan gebruiken, toch?

Naar aanleiding van het Cambridge Analytica-schandaal in 2018 ontstond de #DeleteFacebook-beweging, die mensen opriep hun account te verwijderen. In Nederland bracht Arjen Lubach dit met vlijmscherpe humor onder de aandacht. Toch is bijna niemand gestopt. In het eerste kwartaal van 2021 kwamen er 56 miljoen actieve Facebook-gebruikers bij tot een totaal van 2,86 miljard gebruikers wereldwijd.

Mensen zetten hun verhalen, foto's, evenementen, groepen en oude huisraad op Facebook, en niet in een andere app, omdat hun vrienden ook op Facebook zitten. Dit verschijnsel noemen we het netwerkeffect; dat betekent dat een product of dienst meer waarde gaat leveren voor de gebruikers naarmate er meer mensen gebruik van maken.

Een telefoon is nutteloos als je de enige bent die er een heeft. Net als een online multiplayerspel en elk sociaal netwerk. Met iedere nieuwe gebruiker worden ze interessanter voor de rest. Dat zijn *directe netwerkeffecten*. Een auto is wél nuttig als je de enige bent die er een heeft. Maar het gebruik wordt veel prettiger als er meer mensen zijn die een auto hebben. Dan worden de wegen geasfalteerd en komen er benzinestations, verkeersborden en garages. Dat zijn *indirecte netwerkeffecten*.

Bij alles waar het netwerkeffect een rol speelt, heb je in meer of mindere mate te maken met *opofferingskosten*. Dit zijn de kosten en gemiste opbrengsten van het niet kiezen voor een alternatief. Als je een jaar gaat studeren, heb je niet alleen de directe kosten zoals collegegeld en studieboeken, maar ook opofferingskosten. Je had ook een jaar kunnen gaan werken en daarmee een salaris kunnen verdienen.

Bij een sociaal netwerk zijn de opofferingskosten beperkt. Je kunt een bericht makkelijk op twee netwerken plaatsen. Dat kost weinig extra tijd of geld. Bij geld zijn de opofferingskosten heel groot. Als je euro's bezit, mis je de kosten en opbrengsten van het bezitten van dollars. Je kunt niet je volledige vermogen in beide aanhouden, je móét het verdelen.

Je kunt uren praten over wat bitcoin eigenlijk is. Een digitaal geldsysteem, het digitale goud, een netwerk van nodes of een *trust machine*. Maar hoe je er ook naar kijkt, het netwerkeffect speelt een grote rol. Bitcoin was niets waard toen Satoshi nog als enige op zijn spreekwoordelijke zolderkamer met het netwerk verbonden was. Intussen zijn er wereldwijd miljoenen mensen dagelijks mee bezig als speculant, winkelier, klant, miner, techneut, bankier, ondernemer, beleidsmaker of jurist.

Hoe meer mensen bitcoins gebruiken, des te nuttiger is het om bitcoins te bezitten. Laten we eens wat voorbeelden van netwerkeffecten bekijken.

Handelaars – De afgelopen tien jaar is de koers van bitcoin flink gestegen, maar wel met een heleboel pieken en dalen. Die combinatie is aantrekkelijk voor handelaars die van wat risico houden. En steeds meer mensen kopen bitcoin als investering voor de lange termijn. Samen zorgen ze voor een efficiënte markt.

Ontwikkelaars – Naarmate het gebruik van bitcoin groeit, wordt het interessanter voor ontwikkelaars om er hun kostbare tijd in te stoppen. Met als resultaat meer innovatie aan en rondom bitcoin en hogere kwaliteit van de broncode.

Ondernemers – Hoe meer mensen bitcoin bezitten en gebruiken, des te interessanter wordt het voor ondernemers om producten en diensten te bouwen voor bitcoin. Denk hierbij aan wallets, kluizen, handelsplatformen, data-analyse en onderzoeksbureaus.

Miners – Hoe meer een bitcoin waard is, des te lucratiever is het voor een miner om rekenkracht in te zetten. Meer rekenkracht betekent een betere beveiliging. En dat maakt het netwerk geschikt voor nog grotere bedragen.

Financiële instellingen – Bitcoin heeft de aandacht getrokken van velen in de financiële sector. Professionele infrastructuur ontstaat, zoals custody, fondsen en derivaten. De bank van de toekomst heeft cryptovaluta's geïntegreerd in de dienstverlening.

Betalen – Van alle kanten wordt gewerkt aan de mogelijkheid om te betalen met bitcoin: via apps, betaalkaarten en het lightningnetwerk. Sommige winkeliers zullen rechtstreeks bitcoin accepteren omdat het de goedkoopste optie is. Bij andere zal een app het ter plekke omzetten naar euro's.

Diensten – Steeds meer ambtenaren, juristen, accountants, journalisten en onderwijsinstellingen verdiepen zich in bitcoin. Ze maken wet- en regelgeving en zetten dienstverlening op. Ze richten systemen in en nemen er mensen voor aan.

Een aantal maanden aan ontwikkeling op al deze vlakken maakt bitcoin nuttiger en aantrekkelijker voor de gebruiker, wat nieuwe gebruikers aantrekt, wat het interessanter maakt voor allerlei partijen om weer verder te ontwikkelen, wat bitcoin weer nuttiger en aantrekkelijker maakt, enzovoorts.

We krijgen regelmatig de vraag of bitcoin binnenkort wordt vervangen door de 'volgende bitcoin', een munt die op een bepaald technisch aspect beter is dan bitcoin. De kans dat dat gebeurt, wordt kleiner naarmate het netwerkeffect van bitcoin groeit. Als een andere cryptomunt in een bepaald aspect beter is dan bitcoin, is het makkelijker om bitcoin te verbeteren dan iedereen te laten overstappen naar die andere munt. Bitcoin ís de volgende bitcoin.

We hebben het daarbij dan over geld dat is gebaseerd op digitale schaarste. Het zou best kunnen dat er andere cryptomunten naast bitcoin een eigen bestaansrecht opbouwen, maar dan omdat ze een heel specifieke andere toepassing hebben, zoals stablecoins.

Het ziet ernaar uit dat digitaal geld de komende jaren een grote rol gaat spelen. Digitale euro's en dollars vanuit de centrale banken, gecentraliseerde munten zoals diem van Facebook en gedecentraliseerde munten zoals bitcoin. Al dat geld zal strijden om de aandacht van kopers, verkopers, spaarders en bedrijven. In landen met een zwakke munt adopteren burgers vaak uit zichzelf een sterker alternatief om te voorkomen dat hun geld elke dag een beetje minder waard wordt. Tot de overheid die sterke munt verbiedt om te voorkomen dat netwerkeffect en opofferingskosten de eigen munt waardeloos maken.

We zijn heel benieuwd hoe dit in de komende decennia uitpakt voor bitcoin. In elk geval heeft bitcoin van alle cryptovaluta's op dit moment met afstand het grootste netwerk. Elke dag gaan er meer programmeurs, ontwerpers, hackers, ondernemers, investeerders, journalisten, politici en economen aan de slag met bitcoin. Elke dag wordt het netwerkeffect daardoor een stukje groter.

Hoe bepaal je de waarde?

Als je voor het eerst met bitcoin aan de slag gaat, wat koopt en erover gaat lezen, dan vliegen de koersdoelen je al snel om de oren, de een nog hoger dan de ander. Alsof een groepje kerels bij de barbecue staat op te scheppen over de lengte van hun oprijlaan. Waar zijn die getallen op gebaseerd? Is het niet meer dan doortrekken van lijnen uit het verleden? Of ligt er een steviger model aan ten grondslag?

Bij veel financiële bezittingen is de waarde gerelateerd aan de verwachte toekomstige inkomsten die ze leveren. Aandelen leveren dividend, obligaties betalen rente en bij vastgoed heb je huurinkomsten. Met behulp van formules en een professionele inschatting van de vooruitzichten volgt daar een waardering uit. Natuurlijk is de feitelijke koers een gevolg van vraag en aanbod op een marktplaats, maar omdat de meeste marktparticipanten een vergelijkbaar raamwerk gebruiken om de waarde te bepalen, ligt de koers vaak niet heel ver van het berekende koersdoel. En het biedt in elk geval aanknopingspunten om over dat koersdoel te redeneren.

Bij grondstoffen zoals zilver, ijzer, koper, graan en olie werkt het anders. Die leveren geen inkomsten. De koers reflecteert de verwachting die de betrokkenen hebben van toekomstige schaarste en overvloed. Als er meer vraag is door een ronkende economie of minder aanbod door een natuurramp of logistieke problemen, dan stijgt de prijs. Wat weer een goede prikkel is voor leveranciers om er meer van te gaan produceren.

Waar past bitcoin in dit rijtje? Eigenlijk nergens. Bitcoin heeft niet de dynamiek van een grondstof, aandeel of vastgoed. Ook valutahandel, waar de wisselkoersen tussen munten als de euro, dollar, yen en franc tot stand komen, kent een ander krachtenspel. Veranderingen in monetair beleid, de handelsbalans en kapitaalstromen tussen landen spelen hier een rol.

Critici concluderen op dit punt dat er over de bitcoinkoers dus niets zinnigers te zeggen is dan dat vraag en aanbod de prijs bepaalt; 'wat de gek ervoor geeft'. Maar is dat echt alles? Laten we eens naar beide kanten van de markt kijken.

Om te beginnen het aanbod. Het totale aantal bitcoins dat er ooit zal zijn, is vastgelegd in de broncode. Het aanbod van bitcoins kan niet worden vergroot door meer erts uit de grond te halen, meer aandelen uit te geven, meer huizen te bouwen of de geldprinter aan te zetten. In 2021 wordt er nog 900 bitcoin per dag in omloop gebracht, een inflatie van ongeveer 1,75 procent per jaar. Dat wordt steeds minder, tot het maximum van 21 miljoen bitcoin in omloop is. En dan bestaat de hele aanbodkant van de markt uit bitcoinbezitters die hun bitcoin van de hand willen doen.

Dan de vraag. Die hangt sterk samen met het aantal personen, bedrijven en instanties die bitcoin willen bezitten en met de hoeveelheid waarover ze willen beschikken. Beide houden verband met netwerkeffecten. Naarmate bitcoin nuttiger wordt, zullen meer mensen het in gebruik nemen en een groter deel van hun vermogen in bitcoin aanhouden. Bij 'nuttiger' kun je denken aan directe bruikbaarheid, en ook aan toegenomen gebruiksvriendelijkheid en afgenomen risico.

Er zijn daarom analisten die bitcoin waarderen als netwerk en de wet van Metcalfe gebruiken om het verband tussen het aantal deelnemers en de marktwaarde te beschrijven. Die zegt dat een netwerk met n deelnemers een waarde heeft van n^2 en is eerder toegepast op bijvoorbeeld telecomnetwerken en social media. Zo bleek het de beurswaarde van Facebook en Tencent aardig te beschrijven. Voor bitcoin zou volledige wereldwijde adoptie een marktwaarde in de orde van 100 biljoen dollar voorspellen, oftewel 5 miljoen dollar per bitcoin.

Andere analisten kijken naar de totale marktwaarde die bitcoin zou kunnen hebben als de technologie volwassen is en een bepaalde rol vervult. Dat zijn heel grove schattingen. Als bitcoin een vergelijkbare functie krijgt als goud en de daarbij horende marktwaarde van 10 biljoen dollar krijgt, is de koers ongeveer 500.000 dollar per bitcoin. Daar zou bitcoin dan in een bepaalde periode naartoe kunnen groeien. In een extremer scenario zou bitcoin het primaire spaarmiddel worden en spaargeld, aandelen en vastgoed vervangen voor zover ze gebruikt worden om te sparen. Dan heb je het net als bij de wet van Metcalfe over een bedrag in de orde van 100 biljoen dollar.

In al deze gevallen hangt de koers van bitcoin samen met de adoptie van bitcoin. Naarmate meer mensen het intensiever gaan gebruiken, stijgt de koers. Tegelijk nemen ook netwerkeffecten toe en daardoor het nut van bitcoin voor de gebruikers, en dus de waarde die het voor hen heeft. Adoptie, omvang van het netwerk, nut, waarde en koers zijn daarmee met elkaar verbonden.

Dat betekent niet dat de bitcoinkoers nauwkeurig de adoptie volgt. Er zijn perioden van overwaardering ten opzichte van het feitelijke gebruik. Dan zien we hype in de markt en bubbelvorming, zoals bijvoorbeeld eind 2017. Die bubbel barst onvermijdelijk, waarna de koers na enige turbulentie het niveau opzoekt dat past bij het gebruik van dat moment. Dat is tot nu toe telkens een stuk hoger dan in de jaren ervoor, omdat jaar na jaar het gebruik groeit. Adoptie gaat gepaard met doorbraken en tegenslagen, opwinding en teleurstelling, verlangen en verzet. Door de directe verbinding tussen adoptie en koers via vraag en aanbod op de markt zien we die onrust terug in de koers. Maar als je de gehele periode van 2009 tot nu bekijkt, zijn de dagelijkse schommelingen ruis. Het signaal is de koers die meestijgt met het toenemende gebruik. Sommigen verwachten dat als de adoptiecurve grotendeels doorlopen is, grote koersschommelingen ook tot het verleden behoren.

Marktanalyse

Bijna iedereen die iets met bitcoin doet, is in meer of mindere mate geïnteresseerd in de koers. Techneuten en investeerders vooral omdat die een afspiegeling is van toenemende adoptie en groei van het ecosysteem. Beleggers omdat ze hun vermogen willen zien groeien en in- en uitstapbeslissingen willen nemen. Handelaars omdat ze op veel kortere termijn kopen en verkopen.

Op social media duiken steeds vaker analisten op die iets over de bitcoinmarkt te zeggen hebben. De kwaliteit van die analyses varieert enorm. Overmoedige YouTubers trekken een paar lijnen op een kaart, vertellen dat ze er gruwelijk rijk mee zijn geworden en voor je het weet hebben ze honderdduizenden volgers. Aan de andere kant van het spectrum zijn er professionele analisten die al decennia de financiële markten volgen, en nu ook bitcoin.

Goede analisten praten niet over zekerheden en doen geen precieze voorspellingen, maar schetsen scenario's en beschrijven de krachten die in de markt werkzaam zijn. Ze verzamelen aanwijzingen zoals een rechercheur die een misdaad wil oplossen. Die aanwijzingen spreken elkaar soms tegen en soms wijzen ze in dezelfde richting en dat is allebei interessant.

Er zijn verschillende manieren waarop je naar de markt kunt kijken. Met fundamentele analyse kijk je naar de gebeurtenissen in de buitenwereld die invloed kunnen hebben op vraag en aanbod. Een bedrijf dat een nieuwe bitcoindienst aankondigt, een land dat bitcoin verbiedt of juist omarmt, een bug of een hack, een technische verbetering die wordt doorgevoerd. Allemaal reden voor mensen om te kopen en verkopen.

Met technische analyse bestudeert men de historische koersen en volumes van een markt. Daarin zijn patronen te herkennen waaruit een verwachting over de toekomst volgt. Onervaren analisten zien soms patronen waar ze niet zijn, zoals mensen soms gezichten zien in wolken. Het is een makkelijk te onderschatten discipline en vereist jaren van ervaring om zin en onzin van elkaar te kunnen scheiden.

Bij bitcoin en sommige andere cryptovaluta's is er een nieuw soort analyse mogelijk dat in traditionele markten ontbreekt: *on-chain*-analyse. Elke transactie wordt individueel vastgelegd in de blockchain, en de studie daarvan levert aanwijzingen op over de geldstromen op het netwerk.

Van een bedrag dat verstuurd wordt, weten we tegen welke koers het oorspronkelijk verkregen is en hoelang het al in bezit was. Met heuristieken en algoritmen worden adressen geclusterd en geclassificeerd. Is het van een exchange, miner, grote of kleine investeerder? Is deze entiteit geneigd snel te verkopen of juist lang vast te houden? Heeft iemand recent vanuit het niets een enorm bedrag gekocht of stort iemand al jaren elke maand trouw een bedragje bij? Voor een individuele entiteit, adres en transactie is er veel onzekerheid, maar over grote aantallen levert het interessante patronen op die na wat inkleuring verhelderende inzichten kunnen geven, zoals: de afgelopen week waren de verkopers onervaren bitcoiners die tegen verlies verkopen en de kopers zijn vooral partijen met 10 tot 100 bitcoin in bezit.

Ook geeft on-chain-analyse inzicht in de adoptie. Hoeveel gebruikers komen erbij en hoeveel verkopen alles en vertrekken? En kopen nieuwkomers dan een beetje of een berg? En wat is de waarde van de transacties op het netwerk? Hoeveel transactiekosten worden er betaald? Hoe ontwikkelt de rekenkracht van de miners zich? Merk op dat on-chain-analyse alleen ziet wat er op de blockchain wordt vastgelegd. Activiteit op lagen erboven is onzichtbaar, van handelsplatformen en banken tot het lightningnetwerk. Daarnaast maken technologische verbeteringen transacties lastiger van elkaar te onderscheiden, en dus lastiger te classificeren. Alles bij elkaar zou het best kunnen dat over vijf tot tien jaar on-chain-analyse z'n glans verliest.

Tot slot willen we nog noemen dat het sentiment en de verhalen die men elkaar vertelt een grote rol spelen. Die verhalen slaan soms helemaal nergens op, maar als genoeg mensen ze geloven, hebben ze toch invloed. Inzicht in de memes en *narratives* is daarom nuttig.

Wij vinden die analisten het interessantst die al deze invalshoeken combineren en zo een compleet beeld kunnen schetsen. Voor ons persoonlijk niet vanwege de precieze voorspellingen of om mee te handelen, maar omdat het iets vertelt over de route die we hebben afgelegd en hoe de toekomst eruit zou kunnen zien.

Schoonheidswedstrijd

In 1936 publiceerde Keynes het standaardwerk *The General Theory of Employment, Interest and Money*. In hoofdstuk 12 schrijft hij over prijsschommelingen.

In een fictieve krant werd een schoonheidswedstrijd gehouden. Je kon meedoen door uit honderd foto's van gezichten de mooiste zes te kiezen. De persoon die de meest gekozen gezichten had gekozen, won een prijs.

Er zijn verschillende strategieën denkbaar: je kiest de zes gezichten die jij het mooist vindt. Of je kiest de zes gezichten waarvan jij verwacht dat anderen die het mooist vinden. Of je gaat nog verder en kiest de zes gezichten waarvan jij verwacht dat anderen die kiezen op basis van hun verwachting van de publieke opinie.

Keynes schreef hierover: 'Het gaat er niet om dat je de gezichten kiest die, naar je beste oordeel, echt het mooist zijn en zelfs niet de gezichten die volgens de gemiddelde opinie het mooist zijn. We hebben de derde graad bereikt, waarbij we onze denkkracht inzetten om te voorzien wat de gemiddelde opinie verwacht dat de gemiddelde opinie gaat zijn. En dan zijn er nog mensen die vierde, vijfde en hogere graden beoefenen.'

Keynes dacht dat een soortgelijk mechanisme werkzaam was in financiële markten. Mensen handelen niet op wat ze iets zelf waard vinden, maar op wat ze verwachten wat anderen het waard vinden. Of wat ze verwachten wat anderen van de markt denken.

Voordat we overstappen naar financiële markten willen we eerst een spelletje aan jullie voorleggen waar econoom en *Financial Times*-columnist Tim Harford ooit zijn lezers mee plaagde: 'Raad een getal tussen de 0 en de 100, met als doel dat jouw inzending zo dicht mogelijk bij twee derde van het gemiddelde ligt van alle inzendingen. Om je op weg te helpen, stel je voor dat drie spelers als volgt hebben gegokt: 20, 30 en 40. Het gemiddelde daarvan is 30. Twee derde daarvan is 20. De persoon die 20 had ingestuurd wint.'

Wat zou jouw inzending zijn?

Sommigen zullen zeggen: 'Geen idee, dit is vast zo'n wiskundig raadsel dat ik toch niet snap, ik kies wel willekeurig iets.' Als iedereen zo denkt, zou het gemiddelde 50 worden. Laten we dit een niveau-0-denker noemen.

Een niveau-1-denker zegt: 'De rest van de spelers zal wel een willekeurig getal kiezen, dus neem ik 33, want dat is twee derde van 50.'

Een niveau-2-denker zegt: 'De meeste spelers zullen niveau-1 denkers zijn en dus uitkomen op 33. Ik kies twee derde daarvan: 22.'

Een niveau-3-denker komt uit op 15, want dat is twee derde van 22. Enzovoorts. Hoelang ga je daarmee door?

Het kan interessant zijn om hierover te redeneren aan de hand van het Nash-evenwicht, genoemd naar de inmiddels overleden wiskundige John Nash die je misschien kent van de film *A Beautiful Mind*. Het Nash-evenwicht is de uitkomst waarbij, als die bekend wordt, geen van de spelers zijn inzending nog wil wijzigen. Als de uitkomst van 33 bekend wordt, wil iedereen nog even wijzigen naar 22, want dat is twee derde van het gemiddelde. Er is maar één getal waarbij niemand meer wil wijzigen, en dat is 0. Daar kom je op uit als je oneindig doorgaat met twee derde van twee derde van twee derde. Als iedereen denkt dat iedereen dit snapt, zou iedereen uitkomen op 0 en is 0 het juiste antwoord; dat zou dus de rationele keuze zijn.

Nu mag jij meedoen. Wat kies je dan? 0? Of verwacht je dat lang niet iedereen dit doorheeft? Waar zullen de meesten eindigen? 50? Dan kies je 33. Dit spel staat in de speltheorie bekend (je raadt het nooit) als het 'guess 2/3 of the average'-spel, en is al talloze keren uitgevoerd, vaak met dezelfde soort resultaten. Als je de inzendingen in een grafiek zet, zie je pieken op 50, 33, 22, 15 en 0.

Histogram van inzendingen van het 'guess ⅔ of the average'-spel

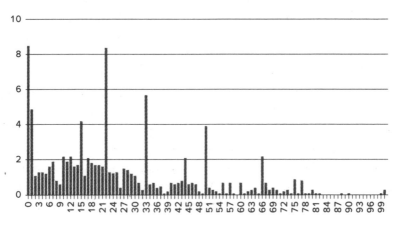

117

Terug naar financiële markten. Als je een positie wilt innemen op de bitcoinmarkt, of je nu wilt handelen of als investeerder wilt instappen, dan ben je geneigd om een rationele analyse te maken van die markt.

Met analyse breng je allerlei patronen in kaart. Zijn er fundamentele gebeurtenissen, zoals miners die uit China vertrekken? Wat zeggen de on-chain-data over toenemende adoptie? Wat zegt technische analyse over de posities die andere handelaars innemen? Als je nadenkt over waar de markt steun en weerstand zal vinden, moet je (ook) kijken naar wat anderen als steun en weerstand gaan bepalen. Denk aan de schoonheidswedstrijd.

Realiseer je daarbij dat het niet alleen gaat om de feiten, maar ook om hoe anderen die feiten interpreteren. Wat zijn de emoties, verwachtingen en wensen van alle mensen die handelen op die markt? Angst en hebzucht. Hype en desillusie. Allerlei cyclussen en seizoenen.

Dat is niet nieuw, dat was al zo in de tijd van Keynes. Wat nieuw is bij bitcoin is de overvloed en enorme toegankelijkheid van data en informatie. Niet alleen de data zijn veel toegankelijker, ook de scenario's die analisten met die data maken. De analyse wordt zo onderdeel van de data. Als maar genoeg mensen denken dat de rest van de markt naar een bepaald scenario kijkt, dan zou het zomaar waarheid kunnen worden.

Hierbij is een hoofdrol weggelegd voor analyse die niet gebracht is als analyse, maar als profetie. Die gaat een eigen leven leiden en wordt al snel een zogeheten selffulfilling prophecy. Het gaat er niet alleen om wat er werkelijk aan de hand is, maar ook om wat anderen denken dat er aan de hand is. Houd bij het bepalen van je strategie daarom rekening met wat je verwacht dat anderen verwachten.

Een voorbeeld uit de oliehandel. Al zou je zeker weten dat er geen tekort aan olie is, bijvoorbeeld omdat je als expert extreem goed zicht hebt op de olieproductie, maar de rest van de markt verwacht wel een tekort, dan doe je er goed aan om toch in te zetten op een stijging van de olieprijs. Het gaat er niet om of je gelijk hebt, maar of je goed kunt inschatten wat de markt als 'gelijk' ziet. Dat is de reden dat wij ook regelmatig het sentiment in de markt en de verhalen die rondgaan op social media bespreken. En als we misvattingen ontkrachten, is het belangrijk om te bedenken of en hoeveel anderen óók zien dat er niets is om je zorgen over te maken. Want voor de koers maakt het niet uit of paniek en gretigheid terecht zijn: paniek is paniek.

Tot slot willen we opmerken dat juist deze rommelige dynamiek van feedbacklussen en zichzelf vervullende voorspellingen een sterk argument is om het grootste deel van je vermogen gewoon vast te houden en er niet al te actief mee te handelen. Dan maakt het namelijk geen bal uit wat iedereen denkt!

Perioden van vier jaar

Het is een zeldzame en enigszins mysterieuze gebeurtenis waar ingewijden grote betekenis aan toekennen: de bitcoin-*halving*. Het is een van de drie karakteristieke ritmes van bitcoin: elke tien minuten een block, elke twee weken een difficulty adjustment en elke vier jaar een halving.

Uit de broncode van bitcoin volgt dat er precies 2.099.999.997.690.000 sats bestaan, afgerond 21 miljoen bitcoin. Die zullen in omloop worden gebracht in drieëndertig era's van vier jaar. In elke era wordt de helft van de nog beschikbare bitcoins in omloop gebracht. Je voelt misschien wel aan dat dit in het begin heel snel gaat, en daarna steeds langzamer. In 2040 is al 99,6 procent van het totaal in omloop.

Een halving is het moment dat de block subsidy van het ene op het andere block halveert, iets wat elke 210.000 blocks of grofweg vier jaar gebeurt. Zeker in de eerste era's vormden de nieuwe bitcoins een flink deel van het aanbod op de markt. Bij de halving in 2012 ging de toename van de geldhoeveelheid in een flits van 25 naar 12 procent per jaar. Het is niet gek dat na zo'n halving het evenwicht tussen vraag en aanbod plotseling verstoord wordt, en de prijs flink stijgt. Dergelijke aanbodschokken kennen we ook in de grondstoffenmarkt, waar een natuurramp, oorlog, grootschalige staking of verstoring van de logistiek voor felle prijsstijgingen kan zorgen.

In de grafiek en de data van bitcoin is hierdoor een cyclus te zien die uit drie delen bestaat. Deze cyclus begint met een bullmarkt, een periode waarin de koers stijgt, de energie bruist en de stemming van voorzichtig positief groeit naar euforie. Het begint in de maanden na de halving met een onbalans tussen vraag en aanbod. Als de koers begint te stijgen komt bitcoin bij een nieuwe groep op de radar. De instroom van nieuwe gebruikers laat de koers verder stijgen. Er ontstaat hype en er vormt zich een bubbel waarbij de koers uitstijgt boven de prijs die past bij het aantal gebruikers. Dit is de top van de bullmarkt.

Het tweede deel is een bearmarkt, een periode waarin de koers daalt en de stemming negatief en angstig is. Het begint bij het barsten van de bubbel met een stevige crash van de koers. Een deel van de speculanten en handelaars vertrekt. Na een tijdje schrijft geen krant er meer over en is zowel gejuich als kritiek verstomd. In het ecosysteem wordt in stilte hard gebouwd aan nieuwe technologie, producten en diensten. Dit is de bodem van de bearmarkt.

Op het moment dat de koers weer langzaam opkrabbelt begint deel drie. De negativiteit heeft plaatsgemaakt voor frisse moed. Nieuwe ontwikkelingen werpen hun vruchten af en nieuwe toepassingen worden zichtbaar. Een volgende halving is in zicht.

Bij elke cyclus staat alles op een hoger niveau. Het aantal gebruikers, de omvang van het ecosysteem, de kwaliteit van de technologie en de koers. Het is niet verwonderlijk dat deze cyclus een haast mythische status heeft gekregen.

Hoewel de invloed van de halving op de aanbodzijde van de markt inmiddels discutabel is geworden, verwachten velen dat deze cyclus zich voortzet. En als iedereen daarnaar handelt, dan zou het zomaar werkelijkheid kunnen worden.

In dat licht kunnen we ook naar het Stock-to-Flow-model van de pseudonieme analist PlanB kijken. Dat model verwacht in de era na elke halving een vertienvoudiging van de koers. Er is geen duidelijk aanwijsbaar mechanisme dat garant staat voor de geldigheid van die toekomstverwachting. Sterker, het is onvermijdelijk dat het model ooit breekt. De koers kan immers niet onbeperkt groeien. Toch kijkt er een enorme groep investeerders en handelaars naar, wat er zomaar voor kan zorgen dat het nog lang een nuttig model blijft.

Op dit moment komen er 900 bitcoins per dag in omloop, op jaarbasis zo'n 1,7 procent van de geldhoeveelheid. In 2024 zal dat halveren naar 450 bitcoins per dag, tegen die tijd nog maar 0,8 procent op jaarbasis. Het is goed denkbaar dat de cyclus zoals we die de eerste twaalf jaar van bitcoins gezien hebben, langzaam overvloeit in een veel gelijkmatigere stijging tot het punt dat bitcoin z'n eindbestemming bereikt.

Wie kopen er bitcoin en waarom?

Elke cyclus kent een stroom nieuwe gebruikers die zich aangetrokken voelen tot het heersende narratief van dat moment, passend bij de stand der techniek van dat moment en de volwassenheid van het ecosysteem om bitcoin heen.

In de eerste jaren waren het cryptografen, informatici, techneuten en hobbyisten. Ze waren al jaren bezig met de bouwstenen waaruit bitcoin is opgebouwd of werden aangetrokken tot de technische mogelijkheden. Ze haalden de bugs eruit, hadden miningsoftware

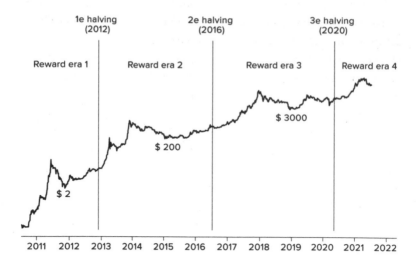

op hun laptop en stuurden honderden bitcoins heen en weer om te testen. Het eerste jaar had bitcoin nog geen koers en pas na twee jaar was een bitcoin meer dan een dollar waard. In 2011 werd, naast het narratief van bitcoin als *proof of concept*, het gebruik ervan op het *dark web* populair.

In de tweede cyclus, met het zwaartepunt in 2013 en 2014, was bitcoin als peer-to-peerbetaalnetwerk het dominante verhaal. Het trok vroege investeerders aan, zowel durfinvesteerders uit de techwereld als de eerste particulieren. Ook mensen die zich vanuit hun ideologie aangetrokken voelen tot oncensureerbaar geld stapten in de bus.

De bullmarkt van de derde cyclus in 2017 werd gekenmerkt door een grote instroom van consumenten. Verhalen over snelle prijsstijgingen en een veelheid aan cryptomunten deden de ronde. De visie op bitcoin als betaalnetwerk werd dat dit in de toekomst snel en goedkoop zou plaatsvinden op hogere lagen. De groep die de basislaag als betaalsysteem ziet, splitste zich af met een eigen munt. De focus verschoof naar beleggen, sparen en bewaren.

De vierde cyclus, die in 2020 begon, werd gekenmerkt door de komst van professionele investeerders. Vóór die tijd waren er voor de meeste te veel onzekerheden en risico's om aan boord te komen. Het verhaal werd dat van het digitale goud en een nieuwe asset class, een aantrekkelijk perspectief voor grote beursgenoteerde bedrijven, rijke personen en families, en investeringsfondsen.

De verschillende verhalen passen bij de voortgaande ontwikkeling van de techniek, maar laten ook zien dat de wereld aan het ontdekken is wat het aan bitcoin heeft. Zoals het narratief over internet verschoof van e-mail en informatie in 1995 naar e-commerce in 2000, naar social media in 2005, naar mobiel in 2010, en naar cloud in 2015. Wellicht is er een aardige parallel te trekken tussen de teleurstelling van internet als platform voor online winkelen in 2001, direct na de dotcom-crash, en de scepsis waarmee er nu over bitcoin wordt gesproken als betaalnetwerk. Over tien jaar weten we hoe het uitpakt.

Voor professionele partijen zijn de afgelopen jaren belangrijke drempels weggenomen. Er is financiële infrastructuur gebouwd, zoals bewaardiensten en een derivatenmarkt. Er is meer duidelijkheid gekomen over het standpunt van toezichthouders, belastingdienst en accountants. De liquiditeit van de markt is inmiddels voldoende om met honderden miljoenen dollars in en uit te stappen.

Onder grote investeerders vind je bedrijven, rijke individuen en families, investeringsfondsen en grote vermogensbeheerders zoals verzekeraars en pensioenfondsen. Sommigen hebben rechtstreeks bitcoin gekocht, anderen gebruikten een ETF of een gesloten fonds zoals Grayscale om indirect bitcoin te bezitten.

De volgende redenen voor het toevoegen van bitcoin aan de portefeuille horen we in deze groep vaak langskomen:

* Het is een *asymmetrische gok* met een enorm hoge mogelijke winst van meer dan honderd keer de inleg als de koers van bitcoin naar 5 miljoen dollar gaat over tien tot twintig jaar, terwijl het maximale verlies de inleg is.

- Het is een *vroege investering* in het grootste monetaire netwerk van de toekomst, zoals men ook vroeg investeerde in Facebook, Amazon, Apple, Netflix en Google.
- Het is een *schaarse 'hard' asset*, zoals goud, grond of vastgoed, maar dan makkelijk verplaatsbaar naar de andere kant van de wereld en overdraagbaar.
- Het is een *hedge* tegen het falen van het huidige op de dollar gebaseerde geldsysteem: bij inflatie beschermt het tegen koopkrachtverlies en bij deflatie tegen tegenpartijrisico zoals het omvallen van banken.

Een voorbeeld hiervan komt van het Aziatische Nexon, dat in april 2021 voor 100 miljoen dollar aan bitcoin kocht. We parafraseren: 'Geld op een bankrekening levert weinig tot niets op, en zeker minder dan de inflatie. Dat betekent dat de koopkracht van spaargeld elk jaar een beetje afneemt. Zelfs investeren in junkbonds, die voorheen nog geld opbrachten, zijn verworden tot *rewardless risk*. We hebben de verantwoordelijkheid naar onze aandeelhouders om de koopkracht van onze 5 miljard dollar kasgeld te bewaken. Bitcoin kan daarbij helpen.'

Waar gesproken wordt over koopkrachtverlies, moet je niet denken aan prijsstijging van consumentengoederen, maar in termen van wat vermogende partijen over vijf of tien jaar willen kopen, zoals grondstoffen, aandelen en vastgoed. Toen MicroStrategy in de zomer van 2020 bekendmaakte dat het voor 425 miljoen dollar aan bitcoin had gekocht, vertelde CEO Michael Saylor dat het extreme monetaire beleid van de Amerikaanse centrale bank de belangrijkste reden was. Hij had 500 miljoen dollar op de bankrekening en dat wordt elk jaar 10 tot 20 procent minder waard als je het uitdrukt in datgene wat een bedrijf ermee zou kunnen doen, zoals het overnemen van concurrenten.

Saylor, die als miljardair ook een deel van zijn privévermogen in bitcoin heeft geïnvesteerd, ziet bitcoin niet in eerste instantie als geld, maar als digitale eigendom dat ontworpen is om in waarde toe te nemen en bij volledige adoptie die waarde perfect vast te houden. Hij vergelijkt het met andere bezittingen die rijke mensen gebruiken om hun vermogen vast te houden: aandelen in je bedrijf, de grond onder Manhattan of een voetbalclub. 'De Verenigde Staten geeft geen grond weg aan andere staten om kopjes koffie mee te kopen,' luidt de analogie van Saylor.

Hij ziet in ontwikkelde economieën een financieel stelsel voor zich met drie ingrediënten. Digitaal centralebankgeld is het meest gebruikte geld, de overheid voert er begrotingsbeleid mee en houdt streng toezicht. Technologie voor digitale toepassingen zoals decentralized finance, NFT's en stablecoins zal komen en gaan en sterk gereguleerd worden. Bitcoin is het algemeen geaccepteerde digitale eigendom waarin je voor lange tijd waarde opslaat en de beste manier om te sparen.

Een verschil met alle eerdere keren dat een schaars eigendom werd verdeeld, is dat bij bitcoin iedereen in de wereld toegang heeft tegen dezelfde voorwaarden en hetzelfde tarief. Je hoeft geen vrienden te zijn met invloedrijke mensen of toegang te hebben tot de tradingdesk van JP Morgan.

Daarmee maken we de brug naar particulieren. Daar is het beeld veel diverser. In welvarende landen met een stabiele munt en een goed functionerend betaalsysteem zien we drie motieven om bitcoin aan te schaffen:

- Een deel kijkt ernaar zoals ook de grote investeerders het zien: een asymmetrische inzet, een vroege investering of een verzekeringspolis. Ze kopen om het voor lange tijd vast te houden.
- Een deel vindt het leuk om te handelen, zoals mensen ook in aandelen handelen. Hier vind je de gokkers die soms per ongeluk heel rijk worden, maar vaak alles verliezen.
- Een deel ziet bitcoin als spaartechnologie. Niet om snel rijk te worden, maar om te voorkomen dat ze langzaam arm worden. De rente op spaargeld is al een tijd lager dan de CPI, en dan

hebben we het nog niet over het inflatiemandje van de jongeren die sparen voor een huis dat elk jaar 8 procent duurder wordt.

Een populaire strategie is om een deel van het vermogen extreem veilig te bewaren en met een deel van het vermogen veel risico te nemen met daaraan gekoppeld de kans op veel rendement. Men combineert bijvoorbeeld een eigen huis of spaargeld met bitcoin. Hoe groot dat deel bitcoin dan zou moeten zijn hangt af van de volwassenheid van bitcoin en je persoonlijke situatie, zoals totale vermogen, levensfase en risicobereidheid. Zoals investeerder Warren Buffett zei: 'Diversificatie mag dan wel rijkdom behouden, maar met concentratie bouw je rijkdom op.'

Onderzoeken in de periode 2018-2021 lieten zien dat portefeuilles met een kleine allocatie van tussen de 2,5 en 8 procent bitcoin een beter risicogecorrigeerd rendement kunnen verwachten dan zonder. Een veelgehoorde conclusie is daarom: voor welke allocatie je ook kiest, 'nul is het foute getal'.

Kijken we naar landen die het minder goed getroffen hebben, dan zien we dat bitcoin daar al goed genoeg is om te worden gebruikt als betaalmiddel. De hobbels en plooien die er nog zijn, neemt men daar voor lief omdat het beter is dan het alternatief: censuur, surveillance, uitsluiting of torenhoge inflatie.

Naarmate bitcoin zich technologisch ontwikkelt en sneller, goedkoper en handiger wordt, zullen meer mensen bitcoin gaan gebruiken als betaalmiddel. Simpelweg omdat het dan beter is dan de alternatieven. Tot die tijd is het voor hen vooral een spaarmiddel, investering of handelspositie.

Handelen in bitcoin

Als je bitcoin ziet als investering voor de lange termijn volstaat een account bij een wisselplatform waar je eenmalig of periodiek euro's omzet in bitcoins die je daarna op een veilige manier bewaart. Wanneer je dit vermogen wilt aanspreken, verkoop je wat bitcoins voor euro's of je leent euro's met bitcoins als onderpand. Dit is een passieve en onderhoudsarme strategie en voor veel mensen een goed passende aanpak. Zij noemen zich *hodlers* – een verbastering van holders, vasthouders – en zijn niet zo bezig met de koers van de dag.

Anderen willen graag actief handelen in bitcoin en andere cryptovaluta's, omdat ze het leuk vinden of omdat ze verwachten dat ze hiermee meer winst kunnen maken dan met gewoon vasthouden. Voor hen is er een uitgebreide keuze aan handelsplatformen, van professionele beursgenoteerde bedrijven tot uiterst schimmige anonieme websites.

In alle gevallen geldt dat handel in beginsel een zogeheten *zerosum game* is. Als een speler wint, moeten de andere spelers evenveel verliezen: er is maar één buit te verdelen. In de praktijk komen er nog extra kosten bij, omdat handelshuizen en andere dienstverleners ook een vergoeding opeisen, bijvoorbeeld via transactiekosten die in rekening worden gebracht. In de handel in vreemde valuta's maakt 95 procent van de handelaars verlies. Dat zal bij crypto, op lange termijn en ten opzichte van bitcoin vasthouden, niet veel anders zijn.

Om die reden zien we vaak een hybride aanpak, waarbij het grootste deel van de portefeuille bestaat uit bitcoin die gewoon vastgehouden wordt en een klein deel wordt gebruikt om te handelen of te speculeren.

Handelaars zou je kunnen indelen op een spectrum van heel speculatief tot sterk onderbouwd. Aan de speculatieve kant zit blind gokken op allerlei assets in de hoop dat ze op een of andere manier onderdeel worden van een hype, zoals de safemoons en dogecoins van deze wereld. Dit is te vergelijken met een avondje casino en je moet oppassen dat je geen gedupeerde wordt van oplichterij.

In het midden zit actief handelen in bitcoin of andere cryptovaluta's. Dat is net als bij andere financiële markten niet makkelijk en om structureel winst te maken heb je veel kennis van de markt, uitstekend risicobeheer en een ijzeren discipline nodig. Laat je niet misleiden door mensen die een paar keer geluk hebben gehad en daardoor denken dat ze bijzondere capaciteiten bezitten.

De meest gefundeerde aanpak is door voor langere tijd een aantal kleinere posities in te nemen in projecten waarvan je denkt dat ze het in een vooraf bepaalde periode beter doen dan bitcoin. Dat zou bijvoorbeeld voor ethereum en decentralized finance best kunnen gelden.

Survivorship bias

Heb je weleens Russische roulette gespeeld? Je laadt daarbij een revolver met één patroon, geeft de cilinder een slinger en haalt de trekker over. Als je geluk hebt, hoor je alleen 'klik' omdat er geen kogel in de kamer zat.

Stel dat iemand je 1 miljoen euro biedt om Russische roulette te spelen. Een kans van vijf op zes dat je zo meteen miljonair bent, en een kans van een op zes dat je het niet kunt navertellen. Zou je dat doen?

Stel dat iemand je zou vertellen dat hij een geweldige strategie heeft om Russische roulette te winnen. Hij heeft het aantoonbaar al tien keer gespeeld, telkens gewonnen en werd daarmee steenrijk. Zijn truc? Schieten met het pistool in de linkerhand in plaats van de rechterhand. Hij heeft een hele groep volgers die geïnspireerd door zijn succes ook met links zijn gaan schieten. Allemaal miljonair geworden. Een onderzoek onder hen zou laten zien dat deze aanpak 100 procent succesvol is. Zou je meedoen?

Je voelt waarschijnlijk wel aan dat er iets niet klopt. Dit fenomeen heet *survivorship bias*. Alleen de mensen die Russische roulette winnen, kunnen hun verhaal doorvertellen. De mensen die precies dezelfde strategie hanteerden en verloren, zijn dood.

Bij beginnersgeluk speelt hetzelfde mechanisme een rol. Mensen die voor het eerst naar het casino gaan en meteen 1000 euro winnen, vertellen dat aan iedereen die het horen wil. De mensen die hun inleg kwijtraakten, hoor je nergens over. De geschiedenisboeken worden geschreven door de winnaars.

Mede hierom wordt succes vaak toegeschreven aan slimheid en hard werken. De rol van toeval? Die wordt onderschat. Alle topsporters, -acteurs en -ondernemers kunnen je uitgebreid vertellen over hun unieke aanpak en hun doorzettingsvermogen. We smullen van hun succesverhalen! Maar de verhalen van even getalenteerde sporters, acteurs en ondernemers die door toeval op weg naar de top zijn gesneuveld horen we niet.

Het risico is dat we precies gaan doen wat de succesvolle mensen deden om zelf ook succesvol te worden. Leidinggeven zoals Steve Jobs (en vreselijk onaardig zijn) of de leefstijl overnemen van Amy Winehouse (en op je zevenentwintigste sterven aan de gevolgen van alcoholmisbruik).

Er is een verschil tussen het miljoen dat iemand heeft verdiend met Russische roulette en het miljoen dat een tandarts heeft verdiend door dertig jaar lang elke dag een beetje winst te maken. Stel dat je het leven honderd keer opnieuw kon doen, dan zou in zeventien van de honderd levens degene met het pistool zijn gestorven. In bijna honderd van de honderd levens was deze hardwerkende tandarts miljonair geworden. De tandarts is minder afhankelijk van toeval dan de popster of de loterijwinnaar.

In *Misleid door toeval* beschrijft Nassim Taleb dit fenomeen veel uitgebreider. Hij concludeert dat 'redelijk succes kan worden verklaard door competentie en noeste arbeid, groot succes is toe te schrijven aan variantie en geluk'. Of in de woorden van de Romeinse schrijver en filosoof Seneca: 'Geluk is waar voorbereiding en kans elkaar ontmoeten.'

Bij het terugkijken op succes of mislukking, of bij het voorbereiden op een keuze, kun je je afvragen wat de uitkomst zou zijn geweest als je het honderd keer opnieuw had gedaan. Was het dan alle honderd keer succesvol geweest? Of had je gewoon deze ene keer geluk? Er zo naar kijken voorkomt dat je onterecht een causaal verband aanbrengt, en denkt dat je zo ver gekomen bent *omdat* je met links de trekker overhaalde.

Hoe zit het met jouw vermogen en jouw cryptoportefeuille? In welke mate is toekomstig succes afhankelijk van toeval? Toeval kent twee verschijningsvormen: geluk en pech. Laten we beide eens bekijken.

Ben je kwetsbaar voor pech, zoals de getalenteerde sporter die door blessures een punt zette achter zijn carrière, dan kun je door één onverwachte gebeurtenis alles kwijtraken. Heb je veel geluk nodig, zoals de roulettespeler en de popster, dan word je slechts in een van de vele mogelijke geschiedenissen rijk, en mis je in alle andere gevallen de boot.

Tegen kwetsbaarheid voor pech kun je een deel van het vermogen in superveilige assets bewaren, zoals een eigen huis en een buffer in euro's op je bankrekening. Dat voorkomt dat een onverwachte gebeurtenis tot bankroet kan leiden.

Nu de *downside* is afgedekt, is het tijd om na te denken over de *upside*. Welke assets zijn de tandartsen en welke de popsterren? Laten we daarbij even aannemen dat je ervan overtuigd bent dat cryptovaluta's in de komende tien jaar nog flink in waarde zullen toenemen.

Als cryptovaluta's in waarde toenemen, is de kans groot dat bitcoin daar een belangrijke rol in speelt. Dat varieert van een bescheiden rol als 'digitaal goud' of een extreme rol waarin het alle assets het nakijken geeft. Bitcoin is de tandarts. In (vrijwel) alle toekomsten waarin cryptovaluta's stevig groeien, speelt bitcoin een rol.

Voor alle andere cryptovaluta's zijn veel meer manieren te bedenken waarop een individuele munt buiten beeld raakt. Voor enkele grote projecten, waaronder ethereum, is de kans op succes aanzienlijk. Het is zelfs denkbaar dat ether, de munteenheid van ethereum, (tijdelijk) groter wordt dan bitcoin. Maar zeker is het allerminst.

Voor kleine projecten is het zelfs een pure gok. Dat zijn de popsterren. Achteraf weet je precies waar de 'keer honderd' zat, vooraf is het koffiedik kijken. Neem een munt als safemoon of dogecoin. In een van de honderd mogelijke geschiedenissen schieten ze vanuit het niets als een raket omhoog, ben je er op tijd bij en verkoop je ook nog voordat het weer als een baksteen naar beneden stort. In de andere negenennegentig gaat het ergens mis en ben je je inleg kwijt.

Een miljoen verdiend met safemoon of dogecoin is anders dan een miljoen verdiend met bitcoin. Een safemoon-miljoen blijft een miljoen, maar wees je ervan bewust dat geluk een grote rol heeft gespeeld en wees bescheiden over de rol van je eigen genialiteit en noeste arbeid.

Voor de bitcoinpuristen onder ons: handelen hoeft niet eens te betekenen dat je andere cryptomunten koopt. Ook proberen bitcoin te verkopen op een top en kopen op de bodem is handelen. Of het afdekken van je positie met futures en opties. Net als in andere scenario's is je benchmark het voor lange tijd vasthouden van bitcoin.

Hoe dan ook, realiseer je dat als je maar een paar van de beste dagen mist, je een flink deel van de stijging kunt missen. Wist je bijvoorbeeld dat als je de beste vijf dagen van de bullrun van 2017 had gemist, je 61 procent van de groei was misgelopen?

Kortom, wees bescheiden over je eigen genialiteit en respecteer de rol van toeval. Zie het verschil tussen tandartsen en popsterren. Kies de juiste benchmark voor het beoordelen van een kans, namelijk het tien jaar vasthouden van bitcoin. Als je dit alles op een rijtje zet, zal voor veel mensen – als je het honderd keer opnieuw doet – gewoon bitcoin vast te houden de meest kansrijke strategie zijn.

5. Bitcoin in de praktijk

'De beste manier om te beginnen is te stoppen met praten en beginnen met doen.'
– Walt Disney

Bitcoin kopen

We hebben het gehad over geld en geldsystemen. We hebben gekeken naar de techniek en werking van bitcoin, en doken de wereld van waarderingsmethoden in, manieren waarop de prijs van bitcoin te verklaren is. Vaak merken we dat mensen op dit punt zin hebben gekregen om iets met bitcoin te gaan doen en te zien hoe het in de praktijk werkt.

De meest voor de hand liggende eerste stap is om wat bitcoin te kopen en gewoon te bewaren. Eens zien wat het met je doet als de koers stijgt en daalt. Als dat bevalt kun je een stap verder gaan. Je portfolio aanvullen, een eigen wallet in gebruik nemen, experimenteren met het lightningnetwerk voor snelle en goedkope betalingen en misschien zelfs een eigen bitcoinnode bouwen zodat je onderdeel wordt van het netwerk.

Voordat we vertellen hoe je bitcoin koopt eerst dit: **investeer nooit meer dan je zonder problemen kunt verliezen**. De koers van bitcoin is volatiel en de prijs kan, zeker op korte termijn, net zo goed naar beneden gaan als omhoog. Staar je daarom niet blind op het idee van grote of snelle winst en wees je bewust van de risico's die hieraan verbonden zijn.

Er zijn meerdere manieren om bitcoin aan te schaffen. Wil je de munten zelf in bezit hebben? Dan ben je aan het juiste adres bij een *broker* of een *exchange*. Wil je enkel blootgesteld zijn aan de koers van bitcoin en het verloop daarvan? Dan kom je terecht bij bedrijven die producten en diensten aanbieden om bitcoin heen, zoals beleggingsfondsen, vermogensbeheerders en derivaten, waar opties en futures voorbeelden van zijn.

Niemand kan voor jou beslissen welke aankoopvorm het best bij je past. In het vervolg van dit hoofdstuk doen we daarom twee aannamen. Allereerst nemen we aan dat je geen professionele investeerder bent. Ten tweede nemen we aan dat je nog niet precies weet wat bitcoin voor jou betekent, anders dan dat je er wat van wilt bezitten.

Een partij zoeken

Er is geen centrale bank die nieuwe bitcoins uitgeeft en aan geïnteresseerden verkoopt. Je koopt ze dus altijd van iemand anders. Dat kan rechtstreeks, bijvoorbeeld op een bitcoinmarktplaats zoals LocalBitcoins.com. In landen waar handelsplatformen voor bitcoin verboden zijn, is dit vaak de belangrijkste manier. Het kan ook via een tussenpersoon zoals een wisselkantoor of handelsplatform. Wereldwijd zijn er honderden van zulke bedrijven die je maar wat graag als klant verwelkomen. Helaas kan niemand je vertellen welke daarvan je kiezen moet. Om je in die zoektocht te helpen, hebben we een aantal tips en criteria op een rij gezet.

Allereerst over het bedrijf waar je zaken mee gaat doen. Kies voor een lokaal bedrijf, zodat je de betrouwbaarheid ervan kunt controleren. Bestudeer de website, controleer de inschrijving ervan in het bedrijfsregister, en controleer of het bedrijf onder toezicht valt en bij de juiste autoriteiten is aangemeld. Bekijk wanneer en op welke manieren het bedrijf bereikbaar is. Bel even of stuur een mailtje om erachter te komen of je goed geholpen wordt. Zeker als er later wat aan de hand is, ben je blij dat je al eens contact hebt gehad en dat je daar een prettige ervaring aan hebt overgehouden.

De aangeboden diensten lijken op het eerste gezicht veel op elkaar. Al deze bedrijven hebben als doel om je zo snel mogelijk te helpen en verschillen op details, zoals de transactiekosten die in rekening worden gebracht, de gebruiksvriendelijkheid van het product, handige features of de breedte van het aanbod aan cryptovaluta's. In de praktijk kun je bij alle aanbieders bitcoins kopen en verkopen. Een deel van de aanbieders kan de bitcoins voor je bewaren. Bij een enkeling is het ook mogelijk om de ene cryptovaluta te ruilen voor de andere. Zo beperkt het ene bedrijf zich tot de aan- en verkoop van cryptovaluta's (de broker) en beweegt het andere meer richting het faciliteren van mensen die met elkaar handelen (de exchange).

Aanmelden

We gaan ervan uit dat je hebt gekozen voor een bedrijf dat de aangekochte bitcoins voor je kan bewaren. Dat is namelijk de eenvoudigste eerste stap, omdat je je dan niet meteen ook hoeft te verdiepen in de verschillende manieren waarop je bitcoins kunt bewaren. We moedigen je overigens van harte aan om dat later wel te doen, omdat er bij het uitbesteden van de opslag van je bitcoins diverse kanttekeningen te maken zijn. Daarover later meer.

De eerste stap is het aanmaken van een account bij de door jou gekozen dienstverlener. Dat proces ken je van andere online diensten, zoals Facebook, Gmail, Twitter of je energieleverancier. Om een account aan te maken vul je wat basisgegevens in, zoals je naam, e-mailadres en wachtwoord. Daarna kun je inloggen, maar meestal nog geen orders plaatsen; het bedrijf moet je eerst beter leren kennen.

In 2020 is de Nederlandse antiwitwaswet (Wwft) vernieuwd. Na die update worden cryptovaluta's er expliciet in genoemd en dat heeft gevolgen voor cryptobedrijven die in Nederland actief zijn. Zij moeten sinds 21 mei 2020 voldoen aan de eisen die de wet aan ze stelt en DNB ziet erop toe dat dit op de juiste manier gebeurt. Van de meeste maatregelen merk je niets, maar met één ervan komt iedere klant in aanraking: het ken-uw-klantprincipe. Bedrijven moeten weten met wie ze zakendoen om te voorkomen dat ze hun diensten ter beschikking stellen aan frauduleuze en criminele partijen.

Het verifiëren van je account verloopt bij elk bedrijf net even anders, maar kent telkens grofweg dezelfde ingrediënten, waaronder het natrekken van je e-mailadres, persoonsgegevens, identiteit, bankrekening, en in sommige gevallen de herkomst van je vermogen. Hoe beter het bedrijf je kent, hoe hoger je scoort en hoe meer vrijheid je hebt bij het gebruik van de dienst. Is alleen je e-mailadres gecontroleerd? Dan krijg je toegang. Is ook je identiteit bekend? Dan mag je een aankoop doen. Is je bankrekening geldig? Dan mag je storten en opnemen. Is de herkomst van je vermogen bekend? Dan mag je grotere bedragen verhandelen.

Deze gelaagdheid voorkomt dat het aanmelden aanvoelt als het afsluiten van een nieuwe hypotheek en voorkomt bovendien dat je in één keer je hele ziel en zaligheid moet delen met een bedrijf waar je nog maar net bent binnengestapt.

Kopen

Heb je weleens een product gekocht in een webshop? En een bankrekening geopend? Dan ben je al een heel eind. Veel bitcoinbrokers en -exchanges fungeren als een combinatie van die twee.

Na aanmelding heb je een account gekregen. Daarmee heb je toegang tot een online wisselkantoor, waar je de ene valuta voor de andere kunt verruilen. Maar dat kan pas als je wat hebt om mee te ruilen. Daarom moet je eerst euro's op je account storten, bijvoorbeeld door een betaling te doen via IDEAL. Vergelijk het met het opladen van je OV-chipkaart.

Zijn de euro's bijgeschreven? Dan kun je nu aangeven dat je ze wilt omruilen voor bitcoins. Je selecteert het product, hoeveel je ervan wilt hebben en plaatst de opdracht. Na verrekening van de transactiekosten doet het wisselkantoor zijn werk: je eurosaldo wordt met het gekozen bedrag verlaagd en je bitcoinsaldo wordt verhoogd.

Hoeveel en wanneer moet ik kopen?

Op deze vraag mogen maar twee partijen antwoord geven: jijzelf of een financieel adviseur. In beide gevallen krijg je te maken met beleggingsstrategieën. Een strategie om vermogen op te bouwen behelst eigenlijk niets meer dan een set afspraken die je maakt met jezelf. Over hoeveel risico je wilt lopen, hoeveel je maximaal wilt inleggen, met welke doelen je investeert, en wanneer je in- of uitstapt. Zonder deze afspraken zwerf je als belegger over een oceaan aan mogelijkheden en emoties.

Veel mensen kiezen ervoor om met een klein bedrag te beginnen. Ze steken hun teen in het water, experimenteren wat met hun aankoop om het ecosysteem rond bitcoin te leren kennen, en ervaren hoe de beweging van de koers effect heeft op hun bescheiden portfolio. De weg die ze daarna als belegger afleggen, verschilt sterk per persoon. Toch zijn hierin patronen te zien in de vorm van veelvoorkomende beleggingsstrategieën.

Buy & hold. Het idee achter deze strategie is eenvoudig. De belegger koopt eenmalig bitcoin met de intentie om die gedurende een lange periode in de portefeuille te houden, ten minste voor de duur van vier jaar, de bitcoincyclus die in hoofdstuk 4 uitvoerig is beschreven.

Dollar-cost averaging. Met deze strategie bouwt de belegger een bitcoinpositie op door met regelmatige tussenpozen gelijke sommen geld in te leggen, ongeacht de prijs of wat er op de financiële markten gebeurt. Daarmee ligt de aankoopkoers dicht bij de gemiddelde koers in een bepaalde periode. Een alternatief op deze strategie is een eenmalige grote aankoop, om die periodiek aan te vullen met kleinere.

Momentumstrategie. 'De trend is je beste vriend' is voor sommige beleggers het motto. De momentumbelegger koopt bitcoin wanneer die zich in een stijgende trend bevindt, en neemt een tegengestelde positie in als dat momentum keert. Deze strategie bevindt zich in het domein van de actieve handel, en is daarom foutgevoeliger dan voornoemde strategieën.

Voor de invulling van een beleggingsportfolio is er de **halterstrategie.** De belegger kiest dan om een groot deel van zijn portefeuille zeer conservatief te beleggen, bijvoorbeeld in contant geld, staatsobligaties en grote aandelenindexen. Het deel dat overblijft belegt hij juist zeer agressief, bijvoorbeeld in bitcoin.

Bovenstaande lijst van beleggingsstrategieën is verre van compleet. Ben je van plan om met grote bedragen te werken? Dan is het raadzaam om een professionele begeleider in de arm te nemen.

Bitcoin bewaren

Als je bitcoin hebt gekocht bij een broker of exchange, dan heeft die partij daarna doorgaans jouw bitcoins voor je in bewaring, en net als bij een bank of bij PayPal kun je in een online omgeving en mobiele app zien wat je saldo is.

Technisch gezien bezit die partij jouw bitcoins en hebben ze beloofd dat ze die aan jou geven zodra jij dat wilt. Een goede bewaarpartij zal alle in bewaring gegeven bitcoins een-op-een in z'n kluis laten liggen en ook (cryptografisch) bewijzen dat dit het geval is. Hoewel de bewaarder zo altijd aan zijn verplichtingen kan voldoen, is het niet uitgesloten dat ze jouw bitcoins kunnen kwijtraken als er iets misgaat, zoals een hack of een menselijke fout.

Dat brengt ons bij de kern van de vraag hoe je bitcoins bewaart: wil je zelf de sleutels bezitten, of geef je die verantwoordelijkheid liever uit handen aan een ander?

Digitaal geld bewaren

Je hebt vast weleens contant geld in huis gehad. Kleine bedragen bewaar je in je portemonnee of in de lade van een dressoir. Maar wat zou je doen als het om vele duizenden euro's gaat? Dat brengt de verantwoordelijkheid met zich mee om het te beschermen, zodat het niet eenvoudig kan worden gestolen en je het niet kwijtraakt bij een brand.

Het is de kunst van opslaan, bewaren en beschermen. In de financiële wereld is dat de taak van de *custodian*. Voor veel producten vervult de bank die rol, waaronder de euro's die op je bankrekening staan. Ze steken daar veel tijd en energie in. Het enige wat jij nog hoeft te doen, is te kiezen waar je de euro's voor gebruikt. Dat is handig, want je hoeft allerlei beslissingen zelf niet meer te nemen. De keerzijde van dat gemak is dat je een deel van het zeggenschap over je geld uit handen geeft. Je bent afhankelijk geworden van een derde partij om je geld te kunnen gebruiken.

Bitcoin neemt de noodzaak weg om een derde partij te vertrouwen. Onder bitcoiners zijn er diverse spreuken die hieraan refereren, zoals 'be your own bank' en 'not your keys, not your coins'. Dat verraadt een deel van de cultuur onder bitcoiners, waarin zelfbeschikking, autonomie en vrijheid centraal staan. Maar zonder bank heb je net als bij contant geld wel zelf de verantwoordelijkheid om je bitcoinvermogen veilig te bewaren.

Sleutel tot je geld

Bij fysieke munten en biljetten is heel zichtbaar dat je ze in bezit hebt. Je kunt ze vasthouden, tellen, in een kluis leggen en aan iemand geven. Daarna heb jij ze niet meer in bezit en die ander wel. Bij digitaal geld is het iets ingewikkelder. Dat komt doordat we moeten voorkomen dat geld meerdere keren kan worden uitgegeven. Bij bitcoin is dat probleem niet opgelost door een centrale partij de boekhouding te laten beheren, maar door de administratie vast te leggen in de blockchain, waarvan alle computers in het bitcoinnetwerk een kopie hebben.

In de blockchain staat bij elk bitcoinbedrag onder welke voorwaarden dit bedrag kan worden besteed. In het eenvoudigste geval is dat door met een digitale handtekening aan te tonen dat je de eigenaar bent. Er staat dan bij een bedrag een *public key* genoteerd. Omdat jij de enige bent die de bijbehorende *private key* bezit, kan alleen jij dat bedrag besteden. In het Nederlands kom je deze termen soms tegen als publieke en geheime sleutel, maar meestal worden de Engelse termen gehanteerd. Het zijn digitale sleutels, te herkennen aan een reeks getallen en cijfers, waarvan er één door iedereen mag worden gezien, en de ander enkel voor jouw ogen is bedoeld. De private key moet je daarom zorgvuldig bewaren; de public key wordt door anderen gebruikt om te verifiëren dat niemand valsspeelt.

Deze sleutels bewaar je in een wallet. In veel gevallen is je wallet een app waarmee je meteen ook je saldo kunt zien en bitcoin kunt ontvangen en versturen. Ze lijken sterk op de bankierenapps waarin je banksaldo en transactiegeschiedenis te zien is, en waarmee je geld kunt overmaken. Er is echter één groot verschil: de bankierenapps laten zien wat er in de database van de bank staat en als je geld overmaakt, stuurt je app een opdracht naar de bank die dat vervolgens uitvoert. Bij bitcoin kan dat niet, want er is geen bank. Bij bitcoin worden de sleutels in je wallet gebruikt om in de blockchain te bekijken welke bedragen van jou zijn en om transacties op te stellen om die bedragen te besteden.

Cash, maar dan digitaal

Je zou de blockchain kunnen zien als een groot fort waarin talloze bitcoinkluizen opgesteld staan. Al die kluizen samen bevatten alle bitcoins die in omloop zijn, op dit moment zo'n 18,5 miljoen. In de ene kluis zit een klein beetje, misschien 0,01 bitcoin, en in de andere misschien wel meer dan 100.000. Die laatste is dan bijvoorbeeld van een grote cryptobank die voor miljoenen gebruikers bitcoin beheert. Elke kluis heeft z'n eigen vergrendeling; soms is één sleutel voldoende, soms zijn er meerdere nodig of nog een ingewikkelder combinatie van voorwaarden.

Zo'n kluis representeert een *unspent transaction output*, afgekort UTXO. Daar zijn er op dit moment ruim 120 miljoen van. Als we zeggen dat iemand bitcoin bezit, dan bedoelen we dat die persoon in staat is om zo'n kluis te openen en wat erin zit te besteden. Het besteden van bitcoin betekent in deze metafoor dat de oude kluis verdwijnt en een of meer nieuwe kluizen worden gemaakt met daarin nieuwe bedragen, op zo'n manier vergrendeld dat alleen de nieuwe eigenaar het geld kan besteden.

Stel dat we dit zouden toepassen op contant geld en bij de winkel voor 6 euro boodschappen doen. We geven een briefje van 10 euro (UTXO-1) aan de winkelier. Die vernietigt het tientje en maakt twee nieuwe briefjes. Het briefje van 6 euro (UTXO-2) houdt hij zelf en het briefje van 4 euro (UTXO-3) geeft hij aan ons als wisselgeld.

Bij bitcoin werkt dat zo. Als iemand jou wil betalen, dan geef je de betaler een adres, gemaakt door jouw wallet met behulp van jouw sleutels. Dat adres representeert de voorwaarden waaronder jij het bedrag in de toekomst kunt besteden. Als de betaler dat adres invoert in zijn wallet om daar geld heen te sturen, dan zal een aantal van zijn UTXO's worden besteed en worden twee nieuwe UTXO's gemaakt: eentje voor de betaling aan jou en eentje voor hemzelf met het wisselgeld.

Zodra de transactie van de betaler opgenomen wordt in de blockchain gebeuren er twee dingen. Ten eerste zullen alle deelnemers aan het netwerk in de gaten houden dat de bestede outputs niet nog een keer worden besteed. Ten tweede zal jouw wallet het adres bij de UTXO voor de betaling aan jou herkennen, en het bedrag bij je saldo optellen. Alle door jou besteedbare UTXO's samen vormen je totale saldo, net zoals al het losse munt- en briefgeld in je portemonnee één totaalsaldo vormen.

Voordat we verder praten over wallets moeten we het nog over één ding hebben: je recovery seed. De meeste wallets maken voor elke betaling die je wilt ontvangen een nieuw adres aan zodat een buitenstaander niet kan zien dat al die verschillende betalingen bij dezelfde persoon horen, een privacyoverweging dus. Voor elk adres worden een nieuwe public en private key gemaakt en opgeslagen in je wallet. Als je je wallet een tijdje gebruikt, kunnen er tientallen of honderden sleutels in zitten. Die zou je dan allemaal goed moeten bewaren, want anders kom je niet meer bij je geld.

Dat is onhandig, dus daar is wat op bedacht. Met je recovery seed krijg je in één keer toegang tot alle sleutels die je wallet aanmaakt. Zo'n herstelcode is een reeks van twaalf of vierentwintig eenvoudige Engelse woorden. Je kunt die niet zelf kiezen, ze worden je aangereikt bij het in gebruik nemen van een wallet. Je begrijpt: die recovery seed moet je goed bewaren. Als je om welke reden dan ook geen toegang meer hebt tot je wallet, dan kun je met je recovery seed alles terughalen, zelfs als je het originele apparaat kwijt bent. **Het is daarom belangrijk dat je je recovery seed nooit aan iemand geeft.** Een recovery seed is alleen voor jezelf bedoeld. Bewaar hem daarom ook niet op een plek waar een ander er eenvoudig bij kan, fysiek dan wel digitaal.

De eenvoudigste optie is om je recovery seed uit te printen en in een kluis te leggen, of te bewaren in een digitale kluis zoals een password manager. Sommige mensen stansen de woorden in staal zodat ze niet vergaan in een brand. Ten slotte zijn er manieren om een geheim te verdelen in meerdere stukken en die op verschillende plekken te bewaren, bijvoorbeeld in verschillende kluizen.

Soorten wallets

Voordat je een fysieke kluis koopt, moet je heel wat beslissingen nemen. Hoeveel opbergruimte heb je nodig? Wat voor eigendommen wil je beschermen? Moet hij inbraakwerend, brandwerend of allebei zijn? Is de kluis gecertificeerd? Waar wil je hem plaatsen? Welk type slot moet erop? Kan de kluis stevig worden verankerd? Afhankelijk van je antwoorden, kom je uit op een van de duizenden kluizen die je kunt aanschaffen.

Een wallet kun je zien als je eigen beveiligde digitale opslagplaats voor de sleutels die toegang geven tot je digitale vermogen. Net als de keuze voor een kluis is de keuze voor een wallet persoonlijk en afhankelijk van je voorkeuren, kennis en doel. Zo is een wallet op een mobiele telefoon handig voor dagelijks gebruik, maar minder geschikt voor spaargeld en grote bedragen. Andersom zijn er heel veilige kluizen die voor dagelijks gebruik zeer omslachtig zijn. Al die verschillende wallets zijn in te delen in grofweg vier categorieën.

Hosted wallets: de sleutels zijn in beheer van een derde partij, zoals een broker, exchange of bank. Dit type wallet is zonder twijfel het meest eenvoudig in gebruik, maar daar staat een nadeel tegenover: gaat de derde partij failliet, verliezen ze toegang tot de sleutels, of worden ze gehackt, dan ben je mogelijk je geld kwijt.

Software wallets: de sleutels zijn opgeslagen in een app op je telefoon of computer. Je loopt hierdoor geen tegenpartijrisico meer, net als bij contant geld in je portemonnee. Je moet er nu wel zelf voor zorgen dat je recovery seed veilig wordt bewaard, zodat je niets kwijtraakt. Houd ook de software van het apparaat waarop je de wallet gebruikt up-to-date.

Hardware wallets: de sleutels zijn opgeslagen in een los apparaatje waarmee je transacties kunt ondertekenen. Het heeft wat weg van de scanners en readers die je kent van internetbankieren. Zo'n apparaat is zo ontworpen dat je private keys het apparaat nooit verlaten, zodat ze bijvoorbeeld niet kunnen worden afgeluisterd door een virus op je computer. Je moet nog steeds je recovery seed veilig bewaren voor als het apparaatje kapotgaat.

Papieren wallets: de enige manier om je public en private keys te bewaren zonder enige tussenkomst van (soft- en hardware van) derden is om ze vast te leggen op daarvoor geschikt materiaal, zoals papier of metaal, en ze daarna op te slaan op een plek waar ze niet vergaan of kunnen worden gestolen. Je begrijpt: dit is omslachtig en relatief gevoelig voor fouten, niet het minst omdat je voor het genereren van de sleutels alsnog software van derden nodig hebt. In deze categorie zitten ook de mensen die hun private key of hun recovery seed uit hun hoofd geleerd hebben. Zij hebben niets anders nodig dan hun geheugen om hun geld mee te nemen, bijvoorbeeld als ze de grens over vluchten omdat ze in hun eigen land niet veilig zijn.

Bij de eerste drie soorten wallets heb je meestal de mogelijkheid om een app te gebruiken op je telefoon. Veel exchanges en brokers geven toegang tot je account via een app. Bij een software wallet bevat de app zelf je sleutels. En bij een hardware wallet zit ook een app waar je je saldo kunt zien en transacties kunt voorbereiden. Pas bij het feitelijk versturen heb je het apparaatje nodig.

Je hebt nu voldoende kennis in huis om te gaan experimenteren met verschillende soorten wallets. We noemen hier geen specifieke voorbeelden van applicaties of merken, omdat het ecosysteem zich razendsnel ontwikkelt. Er zijn echter wel keuzehulpen beschikbaar die bijgewerkt blijven en je aan de hand van een proces van vragen en antwoorden de juiste kant op sturen. Die vind je bijvoorbeeld op de website bitcoin.org.

Meer veiligheid

Als je iets te beveiligen hebt, ben je in het nadeel ten opzichte van aanvallers. Jij moet alle mogelijke manieren waarop men kan binnenkomen verdedigen, terwijl de aanvaller maar één zwakke plek hoeft te vinden. Dat geldt voor fysieke objecten in een winkel, bank of museum. Dat geldt voor informatie in een computersysteem of op je laptop. Dat geldt ook voor digitale eigendommen zoals bitcoin.

De kunst is om een beveiligingsniveau te kiezen dat past bij de waarde die je beveiligt. Zoals een paar tientjes best los in je broekzak mogen zitten, is het ook niet erg dat een beperkte hoeveelheid bitcoin benaderbaar is via een app op je telefoon, beveiligd met een eenvoudige pincode. Maar wat nu als je tonnen of miljoenen te bewaren hebt? Er zijn dan verschillende manieren om het beveiligingsniveau te verhogen.

Je kunt bijvoorbeeld gaan werken met *multisig*. Dat staat voor *multi-signature* en betekent eenvoudigweg dat er meerdere handtekeningen nodig zijn om je vermogen te ontgrendelen. Vergelijk het met een kluis waar twee verschillende sloten op zitten, waarvoor verschillende sleutels nodig zijn. Een van de sleutels is in bezit van Alice, en de andere is te vinden bij Bob. De enige manier om de kluis te openen, is als Alice en Bob tegelijkertijd met hun sleutel op de proppen komen.

In de digitale wereld zijn veel meer verschillende configuraties mogelijk. Je zou bijvoorbeeld met tien verschillende sloten en sleutels kunnen werken. Of drie, met daarbij de instelling dat slechts twee van de drie sleutels nodig zijn om de digitale kluis te openen. Op deze manier kan iedereen op zoek gaan naar zijn eigen passende beveiligingsniveau.

Voordat je direct aan de slag gaat om een zwaarbeveiligd fort te bouwen rond je digitale kapitaal, moet je weten dat het ook nieuwe verantwoordelijkheden met zich meebrengt. Je moet keuzes gaan maken over hard- en software, die je ook up-to-date moet houden. Je moet back-ups gaan maken, en de werking van die back-ups testen. Je moet beslissen waar je de sleutels gaat bewaren. Die kun je kwijtraken, en zelfs als je de sleutels nog hebt, kun je vergeten zijn onder welke voorwaarden je ze precies hebt gebruikt.

Er zijn daarom producten en diensten die exclusief gericht zijn op de beveiliging van digitaal vermogen. Voor individuen die daarmee aan de slag willen, maakt Coldcard het relatief eenvoudig om het beheer van je vermogen volledig te ontkoppelen van het internet; *air gapping* wordt dat genoemd. Wie een deel van zijn vermogen voor lange tijd in een goed beveiligde kluis wil leggen, kan het open source Glacier gebruiken, een doorwrocht beveiligingsprotocol dat je van begin tot eind aan de hand neemt.

Casa is een voorbeeld van een bedrijf dat je helpt om je vermogen zelf te bewaren. Een deel van de lastige keuzes heeft Casa al voor je gemaakt en als je een sleutel kwijtraakt, hebben zij nog een reservesleutel liggen. Er zijn ook bedrijven waaraan je het opzetten van zelfbeheer uit handen kunt geven. Het voordeel daarvan is dat je zelf nergens aan hoeft te denken, maar dat je die derde partij wel volledig moet vertrouwen.

Als je besluit om je vermogen zelf in beheer te nemen, is het belangrijk je te realiseren dat er voor de beveiliging ervan geen *one size fits all*-benadering bestaat. Vaak is het een organisch proces dat zich met het te bewaren vermogen mee ontwikkelt. Ook je eigen ervaring speelt een belangrijke rol, omdat je daarmee beoordeelt of je ergens comfortabel mee bent. Een belangrijke stelregel: houd het realistisch en simpel.

Risico spreiden

Voor veel bitcoiners begint de reis met een beetje bitcoin, gekocht en bewaard bij een handelsplatform. Maar dan. Je nieuwsgierigheid is geprikkeld, je leest artikelen, luistert podcasts en neemt deel aan een community. Je begint elke maand een beetje in te leggen en intussen gaat ook de koers nog 'keer tien'. Je beetje bitcoin is al lang geen beetje meer. En dan was er nog dat bitcoinethos dat telkens wordt herhaald: 'be your own bank'.

Het klinkt geweldig – be your own bank – maar het heeft verstrekkende gevolgen. Je bent ineens zelf volledig verantwoordelijk voor het bewaren en beveiligen van je geld. En lang niet iedereen slaapt daar rustig bij.

En zeker in deze heel vroege levensfase van bitcoin, waarin de technologie nog in de kinderschoenen staat, is dat naar ons idee terecht. Je bent immers geen expert en een foutje is snel gemaakt. Maar je geld in bewaring geven aan een derde partij kent ook zijn eigen risico's, zoals faillissement of fraude. Is er dan geen perfecte oplossing?

Het is onmogelijk om alle risico's uit te sluiten en voorspellen hoe je precies geraakt wordt door een onverwachte gebeurtenis is lastig. Je kunt echter wel nadenken over de mogelijke gevolgen en maatregelen nemen om die te verzachten. Je kunt bijvoorbeeld je vermogen in stukken verdelen en die op verschillende manieren bewaren, op zo'n manier dat ze om verschillende redenen risico lopen. Bijvoorbeeld twee verschillende hardware wallets van verschillende merken, waarbij je de twee recovery seeds op verschillende manieren bewaart. Je vermogen verdeel je hierover. Een bug in de ene wallet of een foutje in het ene proces laat het andere deel ongemoeid. De beste verdeling is misschien wel een deel in zelfbeheer en een deel bij een professionele bewaarpartij. De kans dat jij precies op hetzelfde moment je sleutels kwijtraakt én die partij er met de buit vandoor gaat is uitermate klein.

De kern van deze aanpak is dat het extreem veel minder erg is om de helft van je vermogen te verliezen dan dat je alles kwijtraakt.

Als je je bitcoinvermogen in verschillende stukken opdeelt en voor elk stuk een ander soort bewaarmethode kiest, dan kun je bij elk stuk opnieuw zoeken naar de best passende optie in die categorie. Heb je een bescheiden vermogen, dan zou de combinatie van een software wallet op je telefoon en een betrouwbare broker prima kunnen werken. Heb je tonnen te beveiligen, dan kun je bijvoorbeeld Casa inschakelen voor ondersteuning bij zelfbeheer en een professionele bewaarpartij in de arm nemen die je vermogen verzekerd voor je bewaart.

De ideologie van bitcoin is geworteld in principes als soevereiniteit en zelfbeschikking. Een mooie uitleg van soevereiniteit gaf Robert Breedlove in de podcast What Bitcoin Did: 'The sovereign is he who decides the exception.' Je bent soeverein als jij degene bent die bepaalt wanneer je de regels volgt en wanneer je de uitzondering maakt.

Daarvoor is noodzakelijk dat je opties hebt. Als je geen opties hebt, valt er niets te kiezen en zijn het anderen die voor jou bepalen. 'Be your own bank' gaat niet alleen over het risico op omvallende banken, maar ook over die soevereiniteit. Daarbij gaat het erom dat je de *optie* hebt om je geld zelf te bewaren, en niet de *plicht*. Een subtiel maar essentieel verschil!

Samengevat: doe – wanneer je dat zelf nodig acht – aan risico-spreiding en kies minstens twee verschillende manieren van bewaren die om verschillende redenen kunnen falen. Dan zijn er ineens twee ongerelateerde, gelijktijdige, onverwachte gebeurtenissen nodig om jou in één keer van je bitcoins te beroven. En die kans is heel veel kleiner dan één. Dat slaapt een stuk prettiger!

Betalen met bitcoin

Dure pizza's

Nu je weet hoe je bitcoin koopt en bewaart, is het moment aangebroken om het te hebben over het gebruik ervan als betaalmiddel. Programmeur Laszlo Hanyecz uit Florida was een van de eersten die er iets mee afrekenden. Bitcoin was nog maar een jaar oud toen hij erbij betrokken raakte. Hij begon bitcoins te minen en was de eerste die de software zo aanpaste dat die naast de processor ook z'n videokaart gebruikte voor het rekenwerk.

De tienduizenden bitcoins die hij zo verzamelde, waren in die tijd nog nauwelijks iets waard. Je kon ze nergens besteden, men maakte ze aan elkaar over om te testen of alles nog goed werkte of verhandelde ze voor een prikkie op een primitieve marktplaats. Voor een bitcoin betaalde je minder dan een cent.

Laszlo wilde daar verandering in brengen en vroeg op een veelgebruikt bitcoinforum of iemand hem twee pizza's wilde bezorgen. Hij zou betalen met bitcoin. Een paar dagen later, op 22 mei 2010, was de deal rond. Hij kreeg twee pizza's en betaalde tienduizend bitcoin. Het was de eerste keer waarvan we weten dat bitcoin gebruikt werd om iets te kopen.

Elk jaar op 22 mei viert de bitcoingemeenschap 'Pizzadag' om de eerste betaling met bitcoins te herdenken. En elk jaar wordt even omgerekend hoeveel die tienduizend bitcoins nu waard zouden zijn. 100 miljoen dollar. Of meer. En altijd de vraag of Laszlo geen spijt heeft dat-ie er toen pizza's van gekocht heeft.

Zijn antwoord is nee. Want niemand kon in 2010 voorzien dat het technische experiment, meer was bitcoin destijds nog niet, tien jaar later nog zou bestaan. Elke bitcoiner die al wat langer meedraait heeft z'n eigen bitcoin-pizzavariant. De paradox is dat bitcoin nooit zoveel waard was geworden als al die mensen in de ruim tien jaar dat bitcoin bestaat niet hadden geëxperimenteerd met handelen, kopen en verkopen.

Betalen met bitcoin

Waarom zou je willen betalen met een munt waarvan je verwacht dat die steeds meer waard wordt? Geen gekke vraag. Voor veel westerse investeerders of spaarders is met bitcoin kunnen betalen helemaal geen belangrijke wens.

We willen drie situaties noemen waarin betalen met bitcoin wel logisch is. Allereerst voor mensen die het grootste deel van hun vrije vermogen in bitcoin aanhouden. In Nederland geldt dit alleen voor een klein aantal fanatieke en onversneden bitcoiners. In sommige delen van de wereld is dit gebruikelijker, bijvoorbeeld omdat ze geen bankrekening hebben of bitcoin stabieler is dan de nationale munt.

Ten tweede als een bitcoinbetaling makkelijker, sneller of goedkoper is. Dit speelt vooral bij internationale betalingen die via het traditionele betaalsysteem dagen duren en waarvoor soms tot tientallen procenten aan transactiekosten betaald moet worden.

Ten derde in een mogelijke toekomstige situatie als een land helemaal is overgestapt op bitcoin. Een aantal kleine landen speelt nu met die gedachte. Het meest uitgesproken daarin is El Salvador.

Tot een paar jaar geleden was er maar één manier waarop je kon betalen, namelijk door een transactie op de blockchain, de basislaag van bitcoin. Je krijgt hier een bijzonder hoog niveau van beveiliging. De transactiekosten van een paar euro en in de toekomst waarschijnlijk meer, en de wachttijd van tientallen minuten zijn geen enkel punt als je honderden miljoenen euro's overmaakt, maar onbruikbaar voor het afrekenen van je boodschappen.

Als het hierbij was gebleven, was bitcoin kansloos geweest als betaalmiddel. Gelukkig zijn er de laatste jaren twee manieren bij gekomen die wat van die extreme veiligheid inwisselen voor snelheid, lage kosten en integratie met bestaande betaalmethoden.

Om te beginnen het lightningnetwerk. Je hebt daar iets minder veiligheid omdat je transactie pas op een later moment in de blockchain wordt vastgelegd, samen met een heleboel andere transacties. Maar je betaling kost minder dan een cent en is in een seconde afgehandeld. Perfect voor het afrekenen van kopjes koffie.

De andere is gebruikmaken van commerciële betaalbedrijven zoals PayPal of Visa, en in de toekomst wellicht je eigen bank. Hierdoor kun je bitcoin gebruiken als bron in de bestaande betaalinfrastructuur, zoals creditcards, pinnen, IDEAL of Apple en Google Pay. Op het moment dat je betaalt wordt je bitcoin snel verkocht voor precies de hoeveelheid euro's die nodig zijn voor de betaling.

Een on-chain-betaling

In hoofdstuk 3 beschreven we hoe een on-chain-betaling technisch werkt door te volgen hoe een transactie door een miner in het kasboek wordt geschreven. Voordat die miner de transactie kan verwerken, moet een gebruiker daartoe de opdracht hebben gegeven. Dat werkt als volgt.

Als je iets naar iemand wilt overmaken, pak je je wallet erbij, en voer je het bedrag in en het bitcoinadres dat je van de ontvanger hebt gekregen. Vervolgens onderteken je de betaling en geef je de app de opdracht hem naar het netwerk te sturen. Als je iets in een winkel wilt afrekenen, dan maakt de kassa een QR-code. Die scan je met je app, je ondertekent de betaling en wacht tot die bevestigd is door het netwerk. In de toekomst gaat dit wellicht op dezelfde manier als je nu gewend bent van contactloos betalen met je telefoon of met je bankpas.

Afhankelijk van hoeveel zekerheid de ontvanger wil voordat de dienst of het product geleverd wordt, wacht hij nul of meer bevestigingen af. De eerste bevestiging krijgt de ontvanger op het moment dat de transactie in een block wordt opgenomen. En bij elk block dat er na het eerste block volgt, komt er een bevestiging bij.

Bij nul bevestigingen duurt een betaling een paar seconden, maar zou de betaler z'n transactie kunnen annuleren. Bij één bevestiging duurt het gemiddeld tien minuten en is de kans al heel erg klein dat de betaler eronderuit komt. Drie bevestigingen duren gemiddeld een halfuur, en gelden als voldoende zeker voor vrijwel elke betaling. Alleen als je miljoenen verstuurt, zou je voor de zekerheid kunnen wachten tot er nog meer blocks zijn gemaakt na de jouwe.

Hoe snel je transactie wordt opgenomen in een block hangt ook af van de transactiekosten die je bereid bent te betalen. Dat komt doordat miners uit eigenbelang voorrang geven aan die transacties die hun het meeste opleveren. Veel wallets maken aan de hand van de drukte op het netwerk een inschatting van het bedrag dat nu handig is om te bieden, maar je kunt dit handmatig ophogen of verlagen. Als het te laag is, kan het dagen of zelfs weken duren voor je transactie wordt opgenomen in een block, simpelweg omdat er steeds anderen voor je in de rij komen staan.

Betalingen zijn er in allerlei soorten en maten. Een Duits bedrijf dat 1 miljoen Amerikaanse dollars overmaakt naar een leverancier in Venezuela. Een Nepalese vader die in Qatar geld verdient voor z'n gezin en dat wekelijks naar huis stuurt. Een louche handelaar die gestolen navigatiesystemen verkoopt en waar je contant moet afrekenen. Een Nederlander die zijn parkeerticket betaalt door met z'n telefoon langs de pinterminal te zwaaien.

Voor sommige betalingen is het bitcoinnetwerk van nature al buitengewoon geschikt. Het maakt niet uit waar de deelnemers zich bevinden, het maakt niet uit hoe groot het bedrag is, niemand kan worden geweigerd en een betaling is onomkeerbaar. Maar zeker in landen met een geweldig goede financiële infrastructuur en een stabiele munt, zoals Nederland, is het bitcoinnetwerk op zichzelf voor de meeste betalingen niet interessant. Voor kleine betalingen zijn de transactiekosten te hoog, voor onmiddellijke betalingen is de snelheid te laag en voor geheime betalingen is bitcoin niet anoniem genoeg.

Een lightningbetaling

Dat brengt ons bij het lightningnetwerk, dat gebaseerd is op een protocol dat een klein beetje veiligheid inlevert in ruil voor snelle, goedkope en anonieme betalingen.

In hoofdstuk 3 beschreven we bitcoin als een gelaagd geldsysteem. De onderste laag, waaraan elke tien minuten een block wordt toegevoegd, is traag en duur, maar ook extreem veilig en oncensureerbaar. Het lightningnetwerk is een laag boven op die basis, waar transacties vrijwel ogenblikkelijk en tegen een fractie van een cent worden verstuurd. Dat maakt van bitcoin een zogeheten *settlement layer*, waar de uiteindelijke verrekening plaatsvindt, en van lightning een *payment layer*, waar de betalingen plaatsvinden.

Aan de basis van die vliegensvlugge betalingen staat het betaalkanaal, een verbinding tussen twee deelnemers uit het netwerk waarover betalingen kunnen lopen. Bij het openen van zo'n kanaal worden afspraken gemaakt, bijvoorbeeld over de totale capaciteit ervan, en wordt een nieuw, lokaal kasboek geopend. Binnen de kaders van de gemaakte afspraken kunnen betalingen vervolgens vrij van de ene deelnemer naar de andere vloeien en weer terug; allemaal in een fractie van een seconde en nagenoeg gratis. Pas bij het sluiten van het betaalkanaal wordt de balans weer opgemaakt. Het kasboek wordt weggeschreven naar de trage basislaag en eventuele verschillen ten opzichte van de openingsbalans worden verrekend.

Het zou onhandig zijn als elke gebruiker naar elke andere gebruiker een kanaal moet openen. Centraal in het protocol is dat je voor een betaling een route kunt zoeken door verschillende kanalen heen naar de ontvanger. Het lijkt een beetje op het internet, waar informatie via verschillende knooppunten z'n route vindt van de server naar jouw apparaat.

Als bitcoingebruiker heb je de optie om alles rond lightning en lightningbetalingen in eigen beheer te nemen. Je moet dan wel wat weten over nodes, betaalkanalen, routes, liquiditeit, balansen en de problemen waarmee je te maken kunt krijgen. Dat vereist dat je ervan houdt om je te verdiepen in deze concepten en het leuk vindt om met hard- en software te knutselen. Dat is een leercurve, maar laat je daar niet door weerhouden. Uit ervaring weten we dat het voor iedereen toegankelijk is, van jong tot oud, van nerds tot digibeten.

Toch is de kans groot dat de meeste mensen die leercurve liever overslaan. Niet voor niets is 'don't make me think' een bekend axioma onder professionals die zich bezighouden met gebruiksvriendelijkheid. Voor hen zijn er apps die al het werk uit handen nemen. Die installeer je, vul je vanuit diezelfde app met wat sats, en je kunt direct gebruikmaken van het lightningnetwerk. Je kunt bitcoin dan gebruiken voor het opladen van je ov-kaart, het afrekenen van je boodschappen, of het betalen van een Tikkie van een collega die zich aan de andere kant van de wereld bevindt.

Voor veel toekomstige bitcoingebruikers zal lightning de belangrijkste of misschien zelfs de enige manier zijn waarop ze bitcoin gebruiken. Zo is het onder El Salvadoraanse bitcoiners de gangbare manier van betalen: de verkoper presenteert een QR-code, de koper scant die en een seconde later heeft de verkoper z'n geld. Zonder wachttijd en vrijwel gratis.

Waar kun je betalen?

Vrijwel overal waar je nu ook kunt betalen. Er zijn inmiddels diverse bedrijven die betaalkaarten op de markt hebben gebracht die zijn aangesloten op de betaalnetwerken van Visa of Mastercard. Zo'n kaart fungeert als brug tussen staatsgeld en bitcoin. De truc is dat tijdens de betaling het bedrag in bitcoin in een oogwenk wordt omgewisseld naar euro. Zo heb jij de betaling kunnen doen in bitcoin zonder de ontvangende partij daarmee te belasten.

Datzelfde principe wordt ook in onlineomgevingen toegepast. Er zijn diverse betalingsverwerkers die het voor internetwinkels in een handomdraai mogelijk maken om betalingen in bitcoin te ontvangen. Ze kunnen er vervolgens zelf voor kiezen hoe ze dat bedrag bijgeschreven krijgen, in bitcoin of in een klassieke munt. Vaak als je ergens leest dat een groot bedrijf of een overheidsinstelling bitcoin accepteert voor betalingen, zit er zo'n systeem achter.

Voor de onversneden bitcoiner is dit een beetje valsspelen. Die ziet het liefst dat de tegenpartij zijn bitcoin ontvangt en aanhoudt, en dat hij geen derde partij nodig heeft om de betaling verwerkt te krijgen. In het Westen zijn er op dit moment echter weinig plekken waar je op die manier met bitcoin kunt betalen, niet het minst omdat er voor betalingen doorgaans al prima infrastructuur voorhanden is. Daarbuiten ligt dat anders en wordt bitcoin in toenemende mate gebruikt voor onderlinge verrekeningen, en ook voor betalingen voor producten en diensten. De meest in het oog springende voorbeelden komen uit El Salvador, waar bitcoin in 2021 als wettig betaalmiddel is aangemerkt. Daar reken je een bakje schaafijs af in satoshi, betaald via het lightningnetwerk.

Je eigen node

In hoofdstuk 3 hebben we het al kort over nodes gehad. Zo noemen we de computers die onderdeel zijn van het bitcoinnetwerk. Een deel van alle nodes houdt lokaal een kopie van de gehele blockchain bij. Zij worden full nodes genoemd en controleren bij elk nieuw block of alle regels zijn nageleefd.

Een miner heeft ook een full node, maar bezit daarnaast gespecialiseerde apparatuur om de rekenkracht te leveren die nodig is om nieuwe blocks te produceren. Miners houden elkaar scherp omdat ze geen blocks van anderen accepteren als die niet aan de regels voldoen. Ze controleren of de miner zichzelf niet te veel bitcoins heeft toegekend als beloning en of betaalde bitcoins niet al eens eerder waren uitgegeven.

Een ongeldig block niet accepteren is voor de andere miners aantrekkelijk omdat ze dan wellicht zelf het block mogen maken en de beloning incasseren. Door dit mechanisme bereiken de miners gezamenlijk, maar zonder elkaar te kennen of zelfs te hoeven vertrouwen, consensus over de volgorde der dingen.

De andere nodes in het netwerk hebben geen rol in het vastleggen van de transacties in de blockchain, maar hebben wel de belangrijke taak om te verifiëren dat wat de miners doen klopt. Dat er niet een foutje in de miningsoftware is geslopen of een aanval op bitcoin plaatsvindt en transacties worden teruggedraaid.

Iedereen kan zo'n full node draaien. Het enige wat je nodig hebt, is een computer met voldoende vrije ruimte en een internetverbinding. Door daarop de vrij beschikbare en opensourcebitcoinsoftware te installeren, krijgt jouw computer een plek in het netwerk. Vanaf dat moment hoef je niet meer op een specifieke derde partij te vertrouwen als je wilt weten wat je saldo is of als je wilt weten of je betaling al is aangekomen. Je krijgt die informatie rechtstreeks van het bitcoinnetwerk.

Omdat het netwerk van nodes cruciaal is voor het decentrale

karakter van bitcoin, is het voor alle deelnemers van belang dat het mogelijk blijft dat iedereen die dat wil voor zichzelf een node kan optuigen en onderhouden. Daarom wordt er zeer voorzichtig omgesprongen met wijzigingen aan het bitcoinprotocol die daar invloed op hebben, zoals de hoeveelheid transacties die miners in één block mogen wegschrijven. Zou je blocks heel veel groter maken, dan loopt men het risico dat er nodes wegvallen, bijvoorbeeld omdat men te weinig opslagruimte heeft of de internetverbinding niet snel genoeg is.

Moet je zelf een node gaan draaien? Dat hoeft niet. Je kunt prima van bitcoin gebruikmaken zonder dat je zelf in aanraking komt met de nodesoftware waarop het netwerk gestoeld is. De applicatie die je gebruikt, verbindt dan met een node van een ander om met het netwerk te communiceren. Voor sommige partijen is dat problematisch. Zij willen voor alle toepassingen van bitcoin onafhankelijk zijn van derde partijen, en houden graag alle informatie over hun financiële transacties in eigen beheer.

Dit geldt bijvoorbeeld voor mensen die het *cypherpunk*-gedachtegoed een warm hart toedragen, maar ook voor professionele bewaarpartijen die grote hoeveelheden bitcoin in beheer hebben en softwarebouwers die diensten rondom bitcoin bouwen. Maar ook als je het gewoon leuk vindt om ermee te knutselen, ben je van harte welkom om een node te bouwen. Je hoeft niemand om toestemming te vragen!

Het klinkt misschien ingewikkeld en erg technisch, maar het is eenvoudiger dan je denkt. Er zijn anno 2021 goede handleidingen beschikbaar, waaronder *De Nodezaak*, een YouTube-serie waarin je van begin tot eind wordt meegenomen in de bouw van jouw node. Hier ontvouwt zich nog een voordeel van deze route: door zelf aan de slag te gaan, leer je in hoog tempo hoe bitcoin onder de motorkap werkt.

Toezicht en belastingen

Voor nieuwe financiële bezittingen en producten is niet altijd direct duidelijk onder wiens toezicht ze vallen. Dat gold zeker ook voor bitcoin toen die in 2009 het levenslicht zag. Als er al een toezichthouder was die van het bestaan van bitcoin wist, was er geen reden om op te treden: bitcoin had nog geen waarde en was in de context van systeemrisico's en consumentenbescherming nog zonder betekenis.

In tien jaar tijd groeide de totale marktwaarde van alle cryptovaluta's van een paar miljoen dollar naar meer dan 1000 miljard dollar in het voorjaar van 2021. Wereldwijd bezitten meer dan 100 miljoen personen en organisaties bitcoin. De omvang is dusdanig groot geworden dat toezichthouders de teugels aantrekken om te voorkomen dat malafide spelers de markt misbruiken enerzijds, en te voorkomen dat investeerders onverhoopt het schip in gaan anderzijds.

Nederland kent in deze context twee belangrijke toezichthouders, de Autoriteit Financiële Markten (AFM) en DNB. De AFM houdt toezicht op het gedrag van ondernemingen en maakt zich sterk voor eerlijke en transparante financiële markten. Hierin is consumentenbescherming een belangrijke pijler. DNB past verschillende vormen van toezicht toe en zorgt ervoor dat bedrijven aan een breed scala van (financiële) verplichtingen voldoen. Twee verschillende perspectieven op de financiële sector, met één doel: verstoringen voorkomen.

Sinds 2017 is het gesprek rond toezicht op bitcoin en andere crypto-assets op stoom geraakt, en sinds begin 2020 moeten bedrijven die cryptodiensten leveren op de Nederlandse markt zich bij DNB registreren. Met zo'n registratie wordt niet lichtvoetig omgesprongen. Een bedrijf moet aantonen dat zijn bestuur in orde is, dat het zijn klanten kent en laten zien dat het in staat is om witwassen en terrorismefinanciering te signaleren, te melden en te voorkomen. Als consument kom je met maatregelen daartegen in aanraking, zoals een identificatieplicht voordat je gebruik mag maken van de diensten. Ook kan gevraagd worden naar de herkomst van je vermogen als daar twijfel over is.

Maar nog lang niet alle vormen van toezicht zijn van toepassing op bitcoin. Van gedragstoezicht door de AFM en prudentieel toezicht door DNB is op het moment van schrijven bijvoorbeeld nog geen sprake. Dat komt doordat deze activiteiten nog ontbreken in het mandaat van de toezichthouders, die zich daarvoor op wet- en regelgeving beroepen. Om die reden is toezicht op de bitcoinmarkt regelmatig onderwerp van gesprek in de politiek, omdat het wetboek ook met de tijd mee moet bewegen. Maar je begrijpt: het schrijven van regels loopt achter op de realiteit, niet het minst omdat daar internationale coördinatie voor nodig is.

Zo is MICA in de maak, een Europese verordening waarmee in één keer een ambitieus regelgevend kader aan de gehele EU wordt opgelegd. Dat regime is bewerkelijker dan het huidige registratiestelsel, maar brengt ook voordelen met zich mee. Er ontstaat bijvoorbeeld een gelijk speelveld voor alle dienstverleners binnen Europa, waardoor het voor Nederlandse partijen makkelijker wordt om de afzetmarkt te vergroten. De verwachting is dat het nog tot minimaal 2023 duurt voordat het wetsontwerp alle procedures van de Europese Commissie achter de rug heeft.

Terwijl toezicht nog volop in ontwikkeling is, is het belastingregime al vollediger. Het meest eenvoudige bewind is van toepassing op bitcoins die als belegging zijn aangeschaft. Die worden gezien als onderdeel van je vermogen, en zijn door de Nederlandse Belastingdienst in box 3 onder de noemer 'overige bezittingen' geplaatst. In je aangifte gebruik je de totale waarde van je portfolio op 1 januari van het jaar waarover je aangifte doet. Voorbeeld: in 2021 doe je aangifte over 2020, dus moet je de waarde weten op 1 januari 2020. Daarover betaal je vermogensbelasting, maar pas als je totale vermogen boven de heffingsvrije drempel uitkomt.

We horen je denken. 'Ik heb maar een heel klein portfolio, zo'n klein bedrag hoef ik toch niet in te vullen?' Slecht plan. Juist als je een klein portfolio hebt is het handig om het wel aan te geven. Het kost je niets, en mocht het in de jaren erna uitgroeien tot een groot vermogen, dan is het ook verklaarbaar waar dat grote vermogen vandaan komt.

Ontvang je bitcoin als salariscomponent, gebruik je het om zakelijke facturen mee te verrekenen, heb je het op de balans van je bedrijf staan, of weet je niet zeker of je als handelaar aan de inkomsten- of vermogensbelasting bent overgeleverd? Ook voor belastingzaken geldt dat er nog grijze gebieden bestaan. Probeer in zo'n geval niet zelf het wiel uit te vinden, maar schakel een fiscalist of accountant in die je daarin kan bijstaan.

6. Hete hangijzers

'Het zijn niet de dingen zelf die mensen storen, maar de oordelen die ze erover vormen.'
– Epictetus, stoïcijns filosoof uit de eerste eeuw na Christus

We hebben tot nu toe vooral gekeken naar wat bitcoin is en hoe het werkt. In dit hoofdstuk nemen we iets meer afstand en kijken hoe het interacteert met z'n omgeving. Op welke manier heeft de maatschappij last van bitcoin? Hoe zit het met energieverbruik? Is de koers niet veel te wispelturig voor serieus gebruik? We willen graag zien hoe de potentie van bitcoin zich verhoudt tot de risico's en onzekerheden, en daar hoort bij dat we alle hete hangijzers op tafel leggen.

Gepolariseerd debat

Nieuwe technologie wordt nooit zonder slag of stoot geaccepteerd. Zelfs bij technologie waar we nu dagelijks dankbaar gebruik van maken, was er aanvankelijk scepsis, protest en felle tegenstand. Toen de eerste treinen reden, waren de boeren bang dat hun koeien van de schrik alleen nog zure melk zouden geven.

In Duitsland ontstond na de uitvinding van de auto door Carl Benz en Gottlieb Daimler een brede protestbeweging. Hoefsmeden, paardenfokkers en spoorweginvesteerders vormden een coalitie om deze nieuwigheid in de kiem te smoren. Op allerlei plekken werden barricades opgeworpen om auto's tegen te houden. Zij die belang hadden bij het in stand houden van de status quo negeerden de voordelen, vergrootten de nadelen en verzonnen er voor de zekerheid een paar bij. Een fenomeen dat we niet alleen bij treinen en auto's zagen, maar ook bij stoommachines, weefgetouwen, vliegtuigen, computers, telefoons en internet.

Op zichzelf is een stevige dosis scepsis een goede zaak. Het is een soort filter om al te grote roekeloosheid te voorkomen. Een verandering hoeft immers niet per se ten goede te zijn, soms zijn de bijwerkingen erger dan de kuur. En van een deel van de ontdekkingen die eerst zo veelbelovend leken, hoor je na een decennium niets meer.

Sommigen hebben het bekritiseren van bitcoin tot ware kunst verheven. Ze weten zeker dat bitcoin zal mislukken. Het is een nutteloos speeltje van nerds en criminelen. Het heeft geen intrinsieke waarde, het is een bubbel en een piramidespel. Het is te langzaam, te duur en kost te veel energie. Wat hen betreft mag bitcoin verdwijnen en liever vandaag dan morgen.

Daar tegenover verzamelen zich de *believers,* die zeker weten dat bitcoin een groot succes wordt en dat het onvermijdelijk het enige overgebleven geld zal zijn. Voor elk bezwaar en elke bedenking hebben ze een meme en als je daar niet ogenblikkelijk in meegaat, nou, have fun staying poor – een overdreven en ongastvrije versie van 'wie niet horen wil, moet maar voelen'.

Dit gepolariseerde debat brengt ons niet verder, terwijl er daadwerkelijk interessante en nog onbesliste vraagstukken op tafel liggen en we niet alleen de vruchten plukken van een waardevolle innovatie, maar ook te maken hebben met de vervelende bijwerkingen van deze nog onvolwassen technologie.

We beginnen dit hoofdstuk met een aantal vraagstukken waar we wat uitgebreider aandacht aan willen besteden, bijvoorbeeld om de argumenten voor en tegen op een rijtje te zetten of wat ondersteunende gegevens uit te pluizen. Daarna bespreken we kort een aantal misvattingen. In het volgende hoofdstuk bekijken we op welke manieren bitcoin kan mislukken, of anders gezegd, wat de belemmeringen zijn voor grootschalig succes.

'Bitcoin is een speeltuin voor fraudeurs en gokkers'

Mensen worden opgelicht door fraudeurs, verliezen veel geld met handelen in allerlei cryptomunten of vergeten hun wachtwoord en komen er daarna achter dat bitcoin geen klantenservice heeft. Veel kranten en magazines hebben het afgelopen jaar aandacht besteed aan dit soort onderwerpen. Begrijpelijk, want iedereen kent wel iemand (die iemand kent) die zoiets heeft meegemaakt. En iedereen is het erover eens dat dit onwenselijk is.

Analyse van de blockchain wijst uit dat het overgrote deel van de activiteit op het bitcoinnetwerk legitiem is. Dat neemt niet weg dat het als nieuwe technologie ook nieuwe problemen met zich meebrengt. We moeten als maatschappij nog uitvogelen hoe bitcoin werkt en hoe we ermee om moeten gaan. Wat leren we onze kinderen erover op school, waartegen willen we consumenten beschermen en hoe gaan we misbruik opsporen en bestraffen?

Dat begint al bij het geld zelf. Hoe zie je bijvoorbeeld of een bitcoin echt is of dat je wordt opgelicht? Bij bankbiljetten kennen we de echtheidskenmerken en bij giraal geld rekenen we erop dat tussenpersonen op de authenticiteit ervan toezien. Er zijn voldoende betrouwbare lokale en internationale bedrijven waar je bitcoins kunt kopen en bewaren, maar hoe herken je die? Zo nu en dan hoor je verhalen van mensen die bitcoins hebben gekocht van 'een mannetje' dat na een tijdje een fraudeur bleek.

En moet je eigenlijk wel bitcoin kopen of liever een van de duizenden andere munten? Voor een leek is het verschil tussen al die munten lastig te zien en de kans op succes moeilijk in te schatten. Je kunt ze rangschikken op een spectrum van aan de ene kant goede techniek, competente ontwikkelaars en groot netwerkeffect naar aan de andere kant technisch kansloos, geen ontwikkelaars en door niemand gebruikt. Bitcoin staat op dit moment op grote afstand van de rest aan de gunstige kant van het spectrum. Een groot gedeelte van de andere cryptomunten is op lange termijn kansloos. Maar hoe komt een niet-deskundige daarachter?

En dan hebben we het nog niet eens over de intenties van de betrokkenen. Sommige projecten zijn opgezet met als doel om anderen op te lichten. Ze kopiëren gewichtige teksten van bonafide projecten, doen grote beloften en charteren een paar BN'ers. In ruil voor een deel van de buit, uiteraard. Zodra er geld in het spel is, kunnen mensen in beesten veranderen.

De angst bij potentiële kopers om grote winsten te missen verblindt en hebzucht maakt minder kritisch. Mensen die normaal avonden besteden om op vergelijkingssites de beste waterkoker te vinden, kopen nu in een opwelling, zonder enig onderzoek, voor honderden euro's aan cryptomunten. Omdat er zo'n leuk hondje op staat. Het zijn niet de professionele investeerders of de rijke influencers die hier de dupe van zijn, maar kwetsbare burgers. Mensen die toch al weinig bezitten, mensen die financieel ongeletterd zijn, tieners die achter hun TikTok-vrienden aan lopen.

De negatieve bijwerkingen overpeinzend komen sommigen tot de conclusie dat we bitcoin dan maar moeten verbieden. Of eigenlijk alle crypto-assets, want met alleen bitcoin los je het probleem niet op. Maar waar leg je de grens dan? Mogen NFT's nog wel? En digitale bezittingen in virtuele werelden? En welk deel van bitcoin kun je eigenlijk verbieden, wetende dat bezitten en betalen niet meer zijn dan het onderling uitwisselen van berichten? Bovendien werkt een verbod alleen als je het internationaal coördineert. Een kansrijker alternatief is daarom vermoedelijk dat we de problemen erkennen en met elkaar zoeken naar oplossingen.

Zo kunnen de cryptogemeenschap en cryptobedrijven de handen ineenslaan en hierover voorlichting gaan geven. Cryptovaluta's zijn voortgekomen uit een ethos van zelfbeschikking en vrijheid, maar in landen als Nederland en België zijn veel burgers eraan gewend geraakt dat wat niet verboden is wel veilig en verstandig moet zijn.

Verder zal ontwikkeling van slimme technologie het gebruik van bitcoin minder foutgevoelig maken. Bijvoorbeeld door te voorkomen dat je per ongeluk de toegang tot je digitale eigendommen verliest of dat ze zomaar kunnen worden gestolen.

Ook de komende Europese wetgeving waarin de handel van cryptovaluta's zal worden gereguleerd, kan zorgen voor betere consumentenbescherming. Maar uiteindelijk zal de maatschappij het zelf moeten uitzoeken, zodat vrienden elkaar ermee helpen en ouders hun kinderen ermee opvoeden. Net zoals we moeten leren dat je door deepfakevideo's niet elk filmpje kunt vertrouwen en dat het slim is om af en toe je telefoon weg te leggen voor een beetje rust in je hoofd.

Deze problematiek is overigens niet uniek voor bitcoin, integendeel. Bij veel grote technologische vernieuwingen hebben we een soortgelijke ontdekkingstocht afgelegd. De afgelopen decennia bijvoorbeeld met internet. Hoe werkt intellectuele eigendom online? Hoe behandelen we hacking juridisch? Hoe sporen we criminelen op die kinderporno verspreiden?

We moesten met elkaar uitzoeken hoe we veilig met wachtwoorden omgaan en dat we niet zomaar op een linkje in een smsje 'van de bank' moeten klikken. Inmiddels leren we onze kinderen op school om geen blootfoto's te versturen in de chat met klasgenoten en hoe digitaal pesten eruitziet.

Ook andere opkomende technologieën zullen de komende jaren nieuwe vraagstukken met zich meebrengen. Hoe goed passen bijvoorbeeld de bestaande verkeersregels voor zelfrijdende auto's? Veel van deze regels zijn er om te beschermen tegen gevaarlijke bestuurders, niet tegen gevaarlijke auto's. Denk aan richting aangeven, niet whatsappen en geen alcohol in het verkeer. Voor drones, kunstmatige intelligentie, virtuele werelden en het snel volledig uitlezen van je persoonlijke DNA geldt hetzelfde.

'Bitcoin slurpt energie en is een klimaatramp!'

Bitcoin verbruikt energie. Dat is nodig om te voorkomen dat één enkele partij de macht krijgt over het geld en het kan bijdrukken of censureren. Het energieverbruik zal de komende jaren vermoedelijk ook nog wel wat stijgen. Niet exponentieel, en het zal ook niet alle energie van de wereld opslurpen zoals *Newsweek* in 2017 schreef: 'Bitcoin op schema om in 2020 alle energie in de wereld te consumeren.'

Een redelijke vuistregel is dat het energieverbruik meegroeit met het beveiligingsbudget van de miners: de block reward. Die bestaat uit de block subsidy die elke vier jaar halveert en de kosten die ze mogen incasseren voor het verwerken en bundelen van transacties. De subsidie zal een steeds kleinere rol spelen en over een jaar of twintig komt praktisch het hele beveiligingsbudget uit de transactiekosten.

Op zichzelf is het niet vreemd dat nieuwe technologie meer energie verbruikt dan datgene wat zij vervangt. Een lift kost meer energie dan een trap en een wasdroger meer dan een wasrek. Toch is daarover geen discussie, omdat er brede consensus is over het nut voor de wereld. De discussie verplaatst zich dan naar de energiebron: hoe kunnen we zorgen dat alle energie duurzaam, hernieuwbaar, groen wordt opgewekt?

Voor bitcoin geldt hetzelfde. Als bitcoin waardeloos is en niets oplost, is elke joule die eraan besteed wordt er een te veel. Als de wereld gebaat is bij een neutraal en oncensureerbaar digitaal geldsysteem, verschuift de vraag naar hoe we die energie dan opwekken. Dit vraagstuk zal zichzelf uiteindelijk oplossen. Bitcoin is zo ontworpen dat het ofwel heel groot en veel gebruikt wordt, ofwel mislukt. In het eerste geval vindt de wereld het blijkbaar de energie waard. In het tweede geval verbruikt het geen energie meer.

Laten we eens kijken hoe het energieverbruik er op dit moment uitziet, en wat we er in de toekomst van kunnen verwachten. Wereldwijd werd er in 2020 zo'n 160.000 TWh aan energie geproduceerd. De beste schatting van het energieverbruik van bitcoin komt van onafhankelijke onderzoekers van de Universiteit van Cambridge. Zij ontwikkelden de Cambridge Bitcoin Electricity Consumption Index (CBECI), waarmee ze een actueel beeld geven van het energieverbruik van het bitcoinnetwerk. In de eerste helft van 2021 kwamen ze gemiddeld op zo'n 100 TWh per jaar, ongeveer 0,06 procent van het totaal.

Het energieverbruik van bitcoin wordt soms vergeleken met het elektriciteitsverbruik van een land, maar eigenlijk zou je het moeten vergelijken met het *energie*verbruik van dat land, dat vaak zo'n vijf tot tien keer hoger ligt. Zo gebruikte Nederland in 2019 om en nabij 850 TWh aan energie, waarvan 110 TWh aan elektriciteit.

Vergelijken met landen is om nog twee redenen niet handig. Ten eerste omdat de eenheid 'land' nogal misleidend is. Een klein land als Finland of Portugal verbruikt zo'n honderd keer zo weinig energie als China. Dat iets 'zoveel stroom verbruikt als een land' zegt dus niet zoveel. Ten tweede is bitcoin beter te vergelijken met een industrie of andere toepassingen. Wist je bijvoorbeeld dat alle apparaten in stand-bymodus in de Verenigde Staten bijna veertien keer zoveel stroom verbruiken als bitcoin? Dat de ijzer- en staalindustrie jaarlijks twaalf keer meer stroom nodig heeft? De productie van cement vier keer meer? En alleen alle koelkasten in de Verenigde Staten al evenveel stroomhonger hebben als bitcoin?

We moeten er met energie voor oppassen om alleen naar getallen te kijken. Elektriciteit is een lokaal fenomeen en kan niet gemakkelijk worden getransporteerd door de ruimte en de tijd. Je kunt niet zomaar zeggen dat elke opgewekte joule ook elders of later gebruikt had kunnen worden. De wereld produceert niet precies de goede hoeveelheid energie precies op het moment en op de plek waar het nodig is. Bitcoin kan deze onbalansen gebruiken.

Bitcoinminers zijn namelijk een bijzonder soort energieverbruikers. Ze hebben eigenlijk maar één wens en dat is zo goedkoop mogelijke stroom. Op alle andere gebieden zijn ze flexibel. Ze kunnen op elke plek worden neergezet, op elk moment worden aan- en uitgezet, en een contract mag best kortlopend zijn. Dat maakt ze een interessante partij voor energieproducenten die tijdelijk energie overhebben, bijvoorbeeld omdat een waterkrachtcentrale gedimensioneerd is op de energiebehoefte over tien jaar. Of omdat men overcapaciteit wil die maar twintig dagen per jaar nodig is, als het heel koud of warm is, bijvoorbeeld. Grote techbedrijven zoals Tesla, Square en ARK Invest geloven dat bitcoinmining kan helpen bij het stabiliseren van het elektriciteitsnet en het mogelijk maken van een groter aandeel van zon en wind in de energiemix.

Maar echt niet elke miner gebruikt duurzame energie die anders verloren zou gegaan. Gas- en kolencentrales kunnen op sommige plekken ook heel goedkope stroom leveren, en een deel van de miners die door China de deur zijn gewezen, komt in buurland Kazachstan bij dergelijke producenten terecht. Onder de miners ontstaan initiatieven om hun energieverbruik en energiebronnen inzichtelijk te maken. Zo publiceert de Bitcoin Mining Council periodiek een rapport over de energiemix van de aangesloten miners, die samen 32 procent van de rekenkracht leveren. Bij hen was 67 procent van de gebruikte energie duurzaam.

Laten we eens een redelijke schatting maken van het energieverbruik in de toekomst. Halverwege 2021 was het beveiligingsbudget van miners zo'n 45 miljoen dollar per dag. Stel nu dat de bitcoinkoers stijgt naar 1 miljoen dollar in 2028. We zijn dan twee halvings verder, wat het beveiligingsbudget op zo'n 225 miljoen dollar per dag zal brengen. Daarbij hoort een energieverbruik dat ook ongeveer vijf keer zo hoog is, laten we zeggen 500 TWh per jaar, zo'n 0,3 procent van het totaal. Dus zelfs als de koers stevig verder stijgt, zal bitcoin niet alle energie van de wereld opslurpen, zoals het beeld is dat vaak geschetst wordt. 'Er is op dit moment weinig bewijs dat erop wijst dat bitcoin een bijdrage levert aan klimaatverandering,' schrijven wetenschappers van de Universiteit van Cambridge daarom. 'Zelfs in het onrealistische scenario dat alle miners op kolenstroom zouden draaien.'

Bitcoin is een gelaagd geldsysteem waarbij de meeste transacties zullen plaatsvinden op hogere lagen zoals het lightningnetwerk en betaalbedrijven. Onze verwachting is dat uiteindelijk honderdduizenden transacties per seconde op deze hogere lagen plaatsvinden en dat die worden samengevat in de grofweg vijf tot tien transacties per seconde op de basislaag. Niet alleen financiële transacties, ook miljoenen echtheidsstempels van teksten en identiteitsgegevens worden in een enkele bitcointransactie vereeuwigd.

Het is daarom onzinnig om energieverbruik per transactie op de basislaag te meten. Dat is alsof je energieverbruik per gebouw meet en dan de noodklok luidt omdat het stijgt in een wijk waar hoge flats gebouwd worden. Het punt is alleen dat iedereen snapt dat je het moet omrekenen van gebouw naar persoon of huishouden, terwijl niet direct voor iedereen duidelijk is dat één on-chain-transactie duizenden of miljoenen transacties in' lagen erboven kan vertegenwoordigen. Met andere woorden: het stroomverbruik zorgt voor het beveiligen van het gehele netwerk, ongeacht het aantal transacties of de hoogte van de verstuurde bedragen. Het omrekenen naar energie per transactie op de basislaag negeert de gelaagdheid van geldsystemen.

Tot slot willen we nog kort aandacht besteden aan alternatieve geldsystemen die worden aangeprezen met een bijzonder laag energieverbruik, zoals de ECB doet met de digitale euro en sommige andere cryptomunten ook. Realiseer je dan dat de uitspraak dat 'deze munt bijna geen energie verbruikt' hetzelfde betekent als 'deze munt is niet neutraal en de regels kunnen zomaar worden aangepast'. Dat is niet per se slecht, bij een nationale munt zoals de dollar of de euro is het zelfs de bedoeling dat een centrale partij de regels, zoals geldhoeveelheid en besteedbaarheid, voortdurend kan aanpassen. Het is ook niet nodig om meer dan één neutraal geldsysteem te hebben. We hebben immers ook maar één internet.

'Bitcoin is een bubbel, een zeepbel'

Bijna alle Nederlanders hebben weleens van de tulpenmanie gehoord. Die kwam rond 1634 op en verdween begin februari 1637 abrupt.

Voor veel economen is de tulpenmanie een schoolvoorbeeld van een economische bubbel. Een nieuw product werd sterk overgewaardeerd en men verwachtte dat de waarde alleen maar hoger zou worden. De drijvende kracht was speculatie over de schaarste van de tulp, die toentertijd in allerlei bijzondere kleuren en patronen verscheen. Het leidde tot termijnhandel en speculatie over de toekomstige waarde van een tulpenbol, maar de handelaars kwamen uiteindelijk van een koude kermis thuis: de dure contracten moesten worden afgeschreven.

'Ja, het is een spannend verhaal,' schrijft Anne Goldgar, hoogleraar geschiedenis aan King's College London. 'Het probleem is alleen dat het meeste ervan niet waar is.'

Goldgar heeft jarenlang de Nederlandse archieven bestudeerd tijdens het schrijven van een boek over de tulpenmanie. 'De tulpenmanie was niet irrationeel. Het waren nieuwe en luxe producten in een land dat snel in rijkdom groeide. Veel meer mensen konden zich die luxe veroorloven. Tulpen werden gezien als mooi en exotisch, en gaven mensen status,' schrijft ze. 'Veel van hen kochten ook schilderijen of verzamelden zeldzaamheden zoals schelpen.'

En hoe zat het met de prijzen? 'Die konden hoog zijn, maar meestal waren ze dat niet. Hoewel het waar is dat de duurste tulpen ongeveer 5000 gulden kostten, kon ik slechts zevenendertig mensen

identificeren die meer dan 300 gulden aan bloembollen besteed-
den, ongeveer het jaarloon van een vakman. Veel tulpen waren veel
goedkoper.'

Ook Peter Garber, hoogleraar economie aan Brown University,
Rhode Island, stelt dat de tulpenmanie eigenlijk niet kan worden geclassificeerd als bubbel. Hij volgt na jaren onderzoek de redenering
van Goldgar, en concludeert dat 'misschien alleen de laatste maand
van de speculatie als potentiële bubbel overblijft'.

De les hier is dat bubbels zich lastig laten definiëren. Ze zijn
onvoorspelbaar en ongrijpbaar. Ze hebben context, geschiedenis,
omstandigheden en andere kenmerken die ertoe doen. Zelfs over de
meest bekende economische bubbel is onenigheid. Een soortgelijke
wrijving bestaat rond het antwoord op de vraag wat economische
bubbels precies zijn. Er zijn economen die stellen dat ze überhaupt
niet bestaan. Zij zetten ze weg als een vorm van *hindsight bias*, het
'ik wist het altijd al'-fenomeen. Anderen erkennen het bestaan wel,
maar zijn het oneens over de precieze karakteristieken ervan.

Laten wij het werk van econoom en Nobelprijswinnaar Robert
J. Shiller en dat van hoogleraar economie Jeremy Siegel als leidraad
nemen. Daaruit blijkt dat een economische bubbel in elk geval uit
drie ingrediënten bestaat: een periode van prijsstijging van een asset,
tot boven zijn fundamentele waarde, en gedreven door speculatieve
investeringen. Is dan iedere periode die voldoet aan deze definitie
een bubbel? Dat niet, vertelt Markus K. Brunnermeier, hoogleraar
economie aan de Princeton-universiteit. 'Niet iedere periode waarin een asset verkeerd geprijsd is, kunnen we een bubbel noemen,'
schrijft hij. 'Wat we zien is dat bubbels vaak geassocieerd worden
met bepaalde kenmerken. Zo verloopt de waardering van een asset
in bepaalde bubbelperioden vaak explosief.'

De bubbelperioden waar Brunnermeier het over heeft, verwijzen
naar de manier waarop de Amerikaanse econoom Hyman Minsky
de levensfasen van een financiële bubbel beschreef. Dat begint bij
een initiële gebeurtenis in een financiële markt die leidt tot winst-

verwachtingen en economische groei. Dat kan van alles zijn, van een miniem gerucht tot de aankondiging van een nieuwe technologie. Langzaam maar zeker vult de zeepbel zich met rooskleurige lucht, eerst langzaam, dan snel, om daarna onder druk van een denkbeeldig bolvormig vlies weer te vertragen, net zo lang totdat de buitenwand knapt: de veronderstelde waarde vervliegt.

Het is belangrijk om je te realiseren dat een financiële bubbel kan knappen, maar de onderliggende financiële markt waaruit hij ontstond niet. Er is niet zoiets als 'de' bitcoinbubbel of 'de' vastgoedbubbel. Elke bubbel is uniek en heeft zijn eigen context, verhaal, aanloop en geschiedenis. Dat bubbels komen en gaan betoogt ook Shiller in zijn boek *Narrative Economics*. Hij vergelijkt ze daarin met jaarlijks terugkerende griepepidemieën, elk jaar in een net andere vorm en grootte en met een andere impact dan het jaar ervoor.

Laten wij het bij het beeld van zeepbellen houden. Zie een financiële markt als badkuip en het waterpeil als de rationele, oorspronkelijke marktwaarde. Her en der ontstaan bubbels, kleintjes die snel barsten en grote die jaren kunnen groeien. Op de aandelenmarkt waren het rond 2000 de internetbedrijven en op de Amerikaanse huizenmarkt tot 2007 de huizenprijzen.

Op de markt voor cryptovaluta's zie je veel kleine zeepbelletjes door nieuwe technologische beloften, zoals decentralized finance in juni 2020 en NFT's in maart 2021. Iedereen springt erbovenop en de koersen stijgen snel, tot duidelijk wordt dat het nog jaren duurt voor de technologie volwassen wordt, de zeepbel knapt, de speculanten verdwijnen en de bouwers verder gaan met bouwen.

Zichtbaarder zijn de bubbels die bitcoin als grootste cryptomunt eens in de zoveel jaar blaast. Na een periode waarin niemand aandacht heeft voor bitcoin, maar er wel hard aan wordt gebouwd, stappen nieuwe investeerders in. Dat gaat eerst een tijdje ordelijk, maar in de laatste fase van een bullmarkt regeren hebzucht, hype en gekte. De koers wordt opgetild ver boven wat de groei van het netwerk en instroom van nieuwe gebruikers rechtvaardigen.

Waarom zou je nu verkopen als je er morgen nog meer voor kunt krijgen? Dat sentiment blijft hangen, totdat de muziek ineens stopt en iedereen een stoel zoekt. De bubbel knapt en de prijs zoekt opnieuw het niveau dat past bij de adoptie. Wat blijkt? Het waterpeil komt telkens een stuk hoger te liggen dan ervoor het geval was.

Bitcoin zelf is geen zeepbel, net zomin als de aandelenmarkt of de vastgoedmarkt zeepbellen zijn. Uit de cryptomarkt ontstaan wel met regelmaat bubbels waar bitcoin individueel of samen met andere assets bij betrokken is. Analisten van Man Group, 's werelds grootste openbaar verhandelde hedgefonds, schreven daar het volgende over: 'Iedere keer als een bitcoinbubbel barst, groeit er een nieuwe terug om hem te vervangen. In plaats van iedere prijsstijging en -daling te zien als nieuwe bubbel, zit er waarschijnlijk meer waarde in het argument dat deze volatiliteit gewoon deel uitmaakt van de prijsontwikkeling in een nieuwe activaklasse. Signalen van een niet zo willekeurige route, die uiteindelijk in beweeglijkheid zal verminderen, waarmee bitcoin meer stabiliteit en legitimiteit krijgt.'

Het signaal in alle bubbelruis? Kijk naar het waterpeil. De totale waarde van de bitcoinmarkt is in twaalf jaar tijd gestegen tot ruim boven de 1000 miljard dollar – *ondanks* de bubbels die in de tussentijd zijn opgestegen én geknapt.

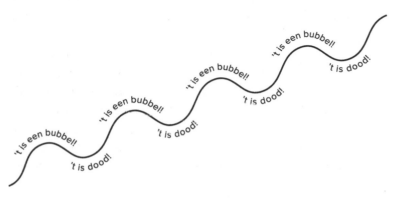

'Bitcoin heeft geen intrinsieke waarde'

Als je de sceptici moet geloven, zou de bitcoinprijs op precies 0 euro moeten staan en blijven. Volgens hen is het gebakken lucht, omdat bitcoin geen 'intrinsieke waarde' heeft. Is dat zo? En is dat een probleem?

Voordat we in kunnen gaan op dit hete hangijzer moeten we eerst weten wat intrinsieke waarde eigenlijk is. En anders dan je misschien verwacht: heel eenvoudig is het antwoord op die vraag niet. Dat komt doordat de term in drie contexten een verschillende betekenis heeft. In de filosofie is het de waarde die iets heeft van zichzelf. In de economie staat het voor een van de manieren om de waarde of prijs van een product of dienst te verklaren. In de beleggingswereld refereert het doorgaans aan een (versimpelde) waardebepaling van financiële assets, zoals aandelen.

We beginnen bij de filosofen. Voor hen draait 'waarde' om de vraag in hoeverre iets goed of slecht is. Niet geheel onverwacht is er geen definitief antwoord op deze vraag, maar filosofen geven wel twee bruikbare puzzelstukken: het onderscheid tussen *intrinsieke* waarde en *instrumentele* waarde.

Dat moeten we concreter maken. We doen dat aan de hand van een voorbeeld van filosoof Mark Schroeder. 'Geld wordt verondersteld goed te zijn, maar niet intrinsiek goed,' schrijft hij. Waarom? 'Je kunt er bijvoorbeeld iets mee kopen of mee investeren. Denk aan een mooie televisie, lekkere koffie of de bouw van huizen nabij scholen. Deze dingen zijn op hun beurt enkel goed voor waar ze toe leiden, zoals gezellige tv-avonden, cafeïnekicks en een goede opleiding. En die dingen zijn misschien ook weer enkel goed voor datgene waartoe ze leiden, maar uiteindelijk kom je volgens filosofen uit op iets wat van zichzelf goed is, en niet alleen voor waartoe het leidt. Zulke dingen zijn volgens hen intrinsiek goed.'

Je begrijpt, volgens filosofen heeft bitcoin geen intrinsieke waarde maar, net als euro's, dollars en goud, enkel instrumentele waarde.

Een middel waar mensen een doel mee bereiken. Welk doel? Dat verschilt per mens, maar onder de streep staat volgens deze groep denkers vrijwel zeker een van de door de Amerikaanse filosoof William Frankena genoemde universele, intrinsieke waarden: leven, gezondheid, kracht, plezier, bevrediging, geluk, kennis of wijsheid.

We gaan naar de economen. Ook zij breken zich al eeuwenlang het hoofd over de vraag wat waarde is. Hoe komt de waarde van producten en diensten tot stand? Wat zou de correcte prijs moeten zijn? Omdat het antwoord op zulke vragen niet voor de hand ligt, zijn er in de afgelopen eeuwen verschillende theorieën over ontstaan.

'De echte prijs van een ding, wat het werkelijk kost voor degene die het wil aanschaffen, is de arbeid, het zwoegen en de moeite om het te verwerven,' schreef econoom Adam Smith in 1776. De arbeidswaardetheorie zag het licht, nu een klassieke lering, geclassificeerd als een van de intrinsieke waardetheorieën. Het idee is dat waarde een afgeleide is van objectieve metingen en waarnemingen: die van de kosten ervan tijdens het productieproces.

Maar hoe kan de gitaar waar Elvis Presley op heeft gespeeld dan duurder zijn dan een soortgelijk exemplaar waar hij niet op heeft gespeeld? Voor de prijs van creatieve werken of schaarse producten gaven deze theorieën geen goede uitleg. Diverse economen leggen daarom de nadruk op nut en schaarste, een idee dat al in 1751 geopperd werd door de Italiaanse econoom Ferdinando Galiani. De moderne variant van deze zogeheten subjectieve waardetheorieën werd onder aanvoering van econoom Carl Menger verankerd in het economisch denken, en is onder de noemer van het marginalisme in de hoofdstroom van de economische wetenschap beland.

We kunnen vaststellen dat er voor economen meerdere manieren zijn om naar *waarde* te kijken. Ook nu hebben zij nog vurige discussies hierover en worden theorieën vernieuwd, bijgeschaafd of vervangen. Voor iedere stroming, van klassiek tot aan het marginalisme, zijn aanhangers te vinden.

Als we bitcoin langs de meetlat van al deze waardetheorieën leggen, zien we dat bitcoin in elk van hen waarde heeft. Bij subjectieve waardetheorieën gaat het erom welk doel bitcoin dient. Bij intrinsieke waardetheorieën zou de waarde van bitcoin convergeren naar de productiekosten ervan: de middelen die miners steken in de productie van het volgende block. Je zou dan zelfs kunnen spreken van... intrinsieke waarde.

Als laatste gaan we op bezoek bij de analisten. In de beleggingswereld proberen zij met fundamentele analyse in te schatten hoe aantrekkelijk een asset is ten opzichte van andere beleggingsmogelijkheden. De uitkomst van zo'n analyse wordt, jawel, de intrinsieke waarde genoemd.

In hoofdstuk 4 hebben we al stilgestaan bij de waardebepaling van verschillende financiële bezittingen. Modellen voor de waardering van bedrijven werken niet bij bitcoin. Er is immers geen balans, geen dividend, geen eigen vermogen, geen management en geen toekomstige cashflow. Ook met rekenmethoden voor obligaties, vastgoed, grondstoffen en valuta's kunnen we bij bitcoin weinig.

Een mogelijke conclusie is dat bitcoin dus geen intrinsieke waarde heeft, het is slechts wat de gek ervoor geeft. Maar niet alle analisten maken zich er zo makkelijk vanaf. Een nieuwe asset class zou weleens een nieuwe waarderingsmethode nodig kunnen hebben.

Sommige analisten waarderen bitcoin als netwerk met behulp van de wet van Metcalfe, die zegt dat de waarde van een netwerk verbonden is met het aantal gebruikers. Dit is eerder toegepast op telecomnetwerken en social media en bleek daar adequaat de beurswaarde van groeiende techbedrijven te beschrijven. Of dit in de roos is, weten we nog niet. Het is onontgonnen gebied.

Enfin, heeft bitcoin intrinsieke waarde? Het antwoord op deze vraag hangt af van aan wie je het vraagt. De filosoof zal 'nee' zeggen, bij de econoom hangt het antwoord af van de stroming die hij aanhangt, en de beleggingsanalist of bedrijfseconoom heeft er eigenlijk nog geen goed antwoord op.

Tot slot is er nog de gedachte dat het wellicht juist gunstig is voor geld om geen intrinsieke waarde te hebben, maar voor 100 procent te bestaan uit monetaire waarde. Niet ook nog gebruikswaarde zoals bij vastgoed en niet ook nog industriële waarde zoals bij zilver en goud. Dan weet je immers niet of iemand het koopt om elektronica van te maken of om waarde in op te slaan en het kan waarde verliezen door oorzaken die niets te maken hebben met de monetaire functie.

Technologie dematerialiseert: van cd naar mp3, van atlas naar Google Maps en van encyclopedie naar Wikipedia. Het materiaal verdwijnt en wat overblijft is pure informatie. Bitcoin doet hetzelfde voor fysieke, schaarse zaken die gebruikt worden voor waardeopslag. Denk aan edelmetalen, land en vastgoed, kunst, en klassieke auto's. Haal daarvan het materiaal weg en wat overblijft is 100 procent monetaire informatie: bitcoin.

'Bitcoin is een piramidespel, een ponzi'

Je hoeft niet lang te zoeken naar mensen die bitcoin kwalificeren als piramidespel of ponzifraude. Dergelijke misleidingsschema's zijn in veel landen illegaal en hebben in de geschiedenis velen van hun zuurverdiende spaargeld beroofd. Is deze waarschuwing terecht of houden ze een misvatting in stand?

Voordat we tot een antwoord kunnen komen, moeten we eerst een definitie hebben. Bij een piramidespel moeten deelnemers een inleg doen en daarna proberen anderen over te halen om ook mee te doen. De inleg van nieuwkomers wordt vervolgens als prijzengeld uitbetaald aan bestaande deelnemers. Die 'winstuitkering' bestaat bij de gratie van het werven van nieuwe deelnemers.

Ponzifraude lijkt op een piramidespel, maar werkt net anders. Hierbij zijn het niet de bestaande deelnemers die voor nieuwkomers moeten zorgen, maar doen de organisatoren dit. De winstuitkering aan deelnemers is daarom niet afhankelijk van het aantal nieuwelingen, maar van de tijdsduur dat iemand deel uitmaakt van het systeem en de grootte van de inleg. Om deze reden is deze constructie relatief eenvoudig te vermommen als een beleggingsproduct.

Misschien herken je de naam Bernard Lawrence Madoff nog wel. Madoff was een Amerikaanse ondernemer en belegger die tot honderdvijftig jaar gevangenisstraf werd veroordeeld wegens fraude. Op 11 december 2008 werd hij gearresteerd door de FBI op verdenking van oplichting van zijn klanten met een ponzifraude.

Tientallen jaren kon de financiële goeroe onopgemerkt duizenden beleggers misleiden. Zij verloren daarbij miljarden dollars en werden geruïneerd. Een oude IBM-computer in Madoffs kantoor spuwde elke maand zogenaamd winstgevende beleggingen uit. Maar in werkelijkheid belegde zijn Madoff Investment Securities geen enkele dollar.

De rendementen van bestaande klanten werden betaald uit het vermogen dat nieuwe klanten inbrachten. Die constructie heeft Madoff lange tijd overeind kunnen houden, maar in de herfst van 2008 werd ook zijn bouwwerk geraakt door de val van Lehman Brothers en de kredietcrisis die daarop volgde. Geld verdampte overal en voor Madoff zaten er weinig nieuwe klanten in de wachtkamer.

Onze AFM waarschuwt consumenten regelmatig voor het bestaan van 'ponzi- en piramidefraude'. Ze wijst daarbij op een aantal rode vlaggen, zoals aansturing door een professionele organisatie, gebruik van ingewikkelde strategieën, belofte van hoge rendementen en stabiele uitkeringen, en terugkerende verzoeken om te investeren. Ook noemt de consumentenwaakhond twee momenten waarop de fraude zichtbaar wordt. Voor een piramidespel geldt dat 'als er te weinig nieuwe deelnemers zijn, de piramideconstructie instort en de meeste deelnemers hun geld kwijt zijn'. Voor ponzifraude geldt dat 'op het moment dat er te weinig nieuwe beleggers bij komen of als te veel beleggers hun ingelegde geld terugvragen de fraude zichtbaar wordt'.

Laten we met deze kennis en alarmsignalen in het achterhoofd eens naar bitcoin kijken.

In augustus 2008 registreerde iemand met het pseudoniem Satoshi Nakamoto de website bitcoin.org. Twee maanden daarna zag de bitcoinwhitepaper het leven. Dat document is geschreven en opgemaakt als wetenschappelijk werk, onder meer omdat het een belangrijke technische doorbraak beschrijft voor het probleem van de Byzantijnse generaals uit hoofdstuk 3. De oplettende lezer zal zien: er staan geen beloften in over winst, opbrengst of waardevermeerdering. De eerste anderhalf jaar werd bitcoin zelfs niet eens verhandeld en was er nog geen koers.

Niet lang na de lancering van de eerste versie van de bitcoinsoftware verdween Satoshi van het toneel. Bitcoin had al geen directie, bestuur, financiering en geoliede marketingmachine, en moest het vanaf dat moment ook zonder oprichter stellen. De software is wereldwijd verspreid, elke regel code is bekend en er is geen centrale autoriteit die veranderingen kan aanbrengen. Verder kan iedereen de geldvoorraad en alle geldstromen verifiëren, zonder dat je daarvoor een website, bedrijf of mensen moet vertrouwen. Niets aan bitcoin is obscuur. Integendeel.

Het mag duidelijk zijn: de manier waarop bitcoin werkt, op de wereld gekomen en georganiseerd is, staat haaks op de karakteristieken van piramidespelen en ponzifraudes. Dat wordt nog ondubbelzinniger als je het gedrag van bitcoin vergelijkt met dat soort schema's in tijden van afgenomen interesse. De AFM is daar duidelijk over: als er onvoldoende nieuwe deelnemers zijn, wordt de fraude zichtbaar en stort het kaartenhuis in. Bitcoin kent perioden van stormachtige groei, afgewisseld met stevige dalingen. Als je door je oogharen kijkt, lijken die 'crashes' net een instortend kaartenhuis. Als je uitzoomt zie je echter dat zo'n daling telkens stopt op een hoger niveau dan ervoor. Blijkbaar is hier toch iets anders aan de hand dan het instorten van het kaartenhuis.

Geen piramidespel en geen ponzi dus, maar misschien is er wel sprake van de *greater fool theory*, waarbij de stijgende prijs veroorzaakt wordt door de verwachting dat je het later voor nog meer geld aan een nog grotere idioot kunt verkopen. Deze theorie gaat op als bitcoin binnenkort een tijdelijk fenomeen blijkt te zijn. Dan is er vlak voor de ineenstorting inderdaad een *greatest fool* die tegen de hoogste koers een zak munten koopt die enige tijd later waardeloos blijken.

Deze theorie gaat niet op als bitcoin wereldwijde adoptie gaat zien en vast onderdeel wordt van technologie en economie. Zoals ook kopers van televisies, telefoons en modems geen fools waren omdat vlak na hun koop bleek dat er toch geen tv-uitzendingen meer waren en het telefoonnetwerk ermee stopte. De steeds sterkere netwerkeffecten maakten deze technologieën steeds nuttiger en voorkwamen dat ze verdwenen of werden vervangen door iets heel anders.

Het is makkelijk om de winnaars te noemen. Er zijn ook honderden technologieën die nooit enige serieuze omvang bereikten. Ze faalden en verdwenen of bleven beperkt tot een klein groepje liefhebbers. Dat zal voor het grootste deel van de duizenden cryptovaluta's het geval zijn. De meeste projecten zijn voorbestemd om na enige tijd te verdwijnen. Het zijn experimenten zonder duidelijk bestaansrecht of ze zijn afhankelijk van een handjevol ontwikkelaars of ondernemers. Of ze verliezen simpelweg van een ander experiment dat beter presteert.

Of dat voor bitcoin ook zal gelden? De tijd zal het moeten uitwijzen. Wij houden in elk geval de mogelijkheid open dat bitcoin in de komende decennia uitgroeit tot het belangrijkste monetaire netwerk van de wereld en aan het illustere rijtje van elektriciteit, telefoon en internet wordt toegevoegd.

'Bitcoin is oneerlijk verdeeld en stimuleert ongelijkheid'

Leven in een wereld waarin iedereen in bitcoin rekent, spaart en betaalt? Volgens sommigen is dat een heel slecht idee, omdat het ongelijkheid in de hand zou werken. 'Dat zou onrechtvaardig zijn,' zegt men dan.

In 2012 publiceerden archeologen van de universiteiten van Bristol, Cardiff, Oxford en Durham het oudste bewijs van oneerlijke verdeling van rijkdom. Dat vonden ze in graven die zeker zevenduizend jaar oud zijn. Daarmee is de scheefgroei veel ouder dan gedacht. 'Het lijkt erop dat het neolithicum [de jonge steentijd] het erfelijke eigendom zoals land en vee naar Europa bracht en dat de ongelijkheid zo ontstond,' vertelt onderzoeker Alex Bentley. 'Daarna was er geen weg terug: gedurende de bronstijd, de ijzertijd en de industriële tijd nam de ongelijkheid toe.'

De verdeling van rijkdom wordt soms weergegeven met een vermogenspiramide. Het jaarlijkse rapport van Credit Suisse hierover wordt vaak als uitgangspunt gebruikt. Daaruit blijkt dat 1 procent van de mensen bijna 45 procent van het aardse vermogen bezit. De eerste twee lagen van de piramide, 10 procent van de mensen, omvatten zo'n 80 procent van alle rijkdom.

Het belangrijkste probleem is niet de verdeling an sich, maar de manier waarop die verdeling zich ontwikkelt: de trend is dat vermogen steeds schever verdeeld raakt. Volgens het World Inequality Lab wordt sinds 1980 het deel van het vermogen dat bij de rijken terechtkomt steeds groter, met name in Noord-Amerika, China, India, Rusland en Europa. Ook Oxfam concludeert dat het gat tussen arm en rijk steeds groter wordt. Tussen 2009 en 2018 is het aantal miljardairs dat nodig is om het vermogen van 's werelds armste 50 procent te evenaren, gedaald van driehonderdtachtig naar zesentwintig.

In hoofdstuk 2 zijn we al even op de rechtvaardigheid van geldsystemen ingegaan aan de hand van de Amerikaanse filosoof John Rawls. Duidelijk werd dat in het huidige geldstelsel de nadruk ligt op stabiliteit, ten koste van vrijheid en gelijkheid. Het resultaat ervan is dat bijeffecten van het gevoerde monetaire beleid bijdragen aan de groeiende kloof tussen arm en rijk. Ook zien we rond de creatie van geld dat de wederkerigheid disproportioneel is; de zwakste schouders dragen de zwaarste lasten. Tel daarbij op dat in veel landen het zwaartepunt van het belastingregime op arbeid rust, in plaats van vermogen, en je ziet: het gat tussen arm en rijk wordt steeds breder en dieper, en dat is niet zo vreemd.

Wordt dat met bitcoin beter?

Ruim twee maanden na de publicatie van de bitcoinwhitepaper volgde de eerste versie van de bitcoinsoftware, die ook de functionaliteit bevatte om bitcoin te minen. Satoshi heeft de toegang tot de software nooit beperkt en zijn privilege als uitvinder nooit misbruikt. Uit de *timestamps* van vroege bitcoinblocks blijkt dat hij zelf pas aan de slag is gegaan als miner op het moment dat iedereen dat kon. Hal Finney is een van de eersten die naast Satoshi deelnamen aan het netwerk. Uit aanvullende analyse van de rekenkracht die Satoshi beschikbaar stelde, blijkt dat hij dat computervermogen afstemde op wat er nodig was om het netwerk stabiel te laten draaien. Al met al heeft hij zijn aandeel langzaam maar zeker afgebouwd, ten faveure van een groeiende groep deelnemers.

Ook al lijkt het erop dat Satoshi er alles aan gedaan heeft om de eerste verdeling van bitcoins eerlijk te laten verlopen, feit is dat hij door aan de lancering deel te nemen een groot aantal bitcoins heeft ontvangen. Het precieze aantal is niet hard vast te stellen, maar de schatting van Sergio Demian Lerner wordt doorgaans als meest accuraat gezien: zo'n 1,1 miljoen bitcoin. Op het moment van schrijven vertegenwoordigt dat een vermogen van zo'n 50 miljard euro.

Daar staat tegenover dat bitcoin nog geen waarde had ten tijde van Satoshi's werk. Tot bijna anderhalf jaar na de lancering was er nog geen marktwaarde, eenvoudigweg omdat ze nog niet werden verhandeld. De mensen die aan het netwerk deelnamen betaalden daar in feite voor via de inkoop van hardware en elektriciteit. Veel bitcoins werden vervolgens gratis weggegeven, via zogeheten *faucets*, onder andere om de adoptie ervan te versnellen.

Zijn deze bitcoinpioniers dan de nieuwe extreem rijken, als bitcoin tot wereldreservemunt zou opgroeien? Dat valt nog te bezien. Uit analyse van Dhruv Bansal, oprichter van Unchained Capital, blijkt dat het grootste deel van de bitcoins van de pioniers onbruikbaar of verkocht is. Blockchainanalysebedrijf Chainalysis schat in dat tussen de 2,8 en 3,8 miljoen bitcoin verloren is gegaan, waaronder de schatkist van Satoshi zelf. Daarbovenop zorgt iedere *boom-bust*-cyclus voor herverdeling van de bitcoins die in omloop zijn. De laatste keer, dat was in 2017, was te zien dat 15 procent van het totaal van een oude naar een nieuwe portemonnee verhuisde.

Al deze signalen nemen echter niet weg dat de creatie van bitcoin gepaard ging met een ongelijke verdeling. In de beginjaren aan bitcoin deelnemen was weggelegd voor een relatief kleine groep mensen die toegang hadden tot internet, specifieke apparatuur en kennis. Daarbovenop lag juist in die periode de subsidie voor miners op het hoogste punt ooit, inherent aan het uitgifteschema van bitcoin. Het was het meest eerlijke uitgifteschema dat Satoshi kon bedenken, gegeven het product waaraan hij werkte. Een tien voor de moeite, maar ook het uitgifteschema van bitcoin kent zijn hiaten.

Bij het monetaire beleid van bitcoin zijn eveneens kanttekeningen te plaatsen. Dat beleid ligt vast in code, het bitcoinprotocol. Dat komt de stabiliteit en gelijkheid van het systeem ten goede, omdat er geen uitzonderingen mogelijk zijn ten gunste van specifieke deelnemers. Het deflatoire karakter van bitcoin vergroot de ongelijkheid echter, omdat bitcoins steeds schaarser en waardevoller worden. Hoe eerder iemand bitcoins bezit, hoe groter zijn voordeel ten opzichte van de rest. Ook daar zou Rawls zijn stempel van goedkeuring niet aan geven.

Als je sommige krantenkoppen moet geloven, is 95 procent van de bitcoin in bezit van 2 procent van de bitcoiners en daarmee extreem ongelijk verdeeld. Daar klopt echter weinig van. Men heeft dan gekeken naar de verdeling van bitcoins over de bitcoinadressen. En dan zijn er inderdaad een paar adressen met heel hoge saldo's, en heel veel adressen met een heel klein saldo. Er zit echter een stap tussen adres en persoon.

De grootste adressen zijn steevast van exchanges, banken en bitcoinfondsen die voor duizenden of miljoenen partijen bitcoin beheren. De grootste exchanges hebben tientallen miljoenen gebruikers en fondsen zoals Grayscale en verschillende ETF's zitten in de portefeuilles van vele beleggers. Aan de andere kant van het spectrum vind je de kleinste adressen, waarvan er vaak meerdere bij een enkel persoon horen. Iemand die met *dollar cost averaging* elke week een beetje koopt kan zo honderden adressen hebben.

Analysebedrijf Glassnode groepeert met geavanceerde data-analyse adressen die hoogstwaarschijnlijk bij een enkele entiteit horen. Dat kan bijvoorbeeld een persoon, bedrijf of fonds zijn. Na het clusteren wordt de verdeling al minder extreem: begin 2021 was 72 procent van de bitcoin in bezit van 2 procent van de entiteiten. Maar onder die 2 procent vallen dus ook de exchanges en financiële instellingen. Alleen al de exchanges bij elkaar hebben naar schatting zo'n 150 miljoen geverifieerde gebruikers. Zou je hiervoor corrigeren, dan wordt de verdeling nog veel minder scheef. Om het verhaal compleet te maken, moet je ook corrigeren voor grote bitcoinadressen die als verloren worden beschouwd en voor de bitcoinadressen waar 180.000 bitcoins vastgezet zijn om als ethereumtoken op het ethereumnetwerk verder te gaan.

Het is onduidelijk wat het effect op de uitspraak van Glassnode precies zou zijn als voor deze kanttekeningen gecorrigeerd zou worden. Het bedrijf zelf werkt aan de verwerking ervan, maar dat wordt bemoeilijkt simpelweg omdat niet alle benodigde gegevens publiek beschikbaar zijn en de correctie op (te) veel aannamen zou berusten.

Het onderzoek van Glassnode toont ook dat de verdeling van het bitcoinvermogen de afgelopen jaren minder scheef is geworden. Het bezit van de kleinste spelers is sinds 2017 met 130 procent gegroeid, terwijl grote entiteiten hun bezit met zo'n 10 procent zagen afnemen. Onderzoek van analisten van Coin Metrics bevestigt dit en laat zien dat het over steeds meer entiteiten verdeeld raken al vanaf het begin bezig is.

Daarbij is op te merken dat de mensen die hun bitcoin na een koersstijging verkopen weliswaar hun bitcoin afstaan aan nieuwe toetreders, maar hun rijkdom behouden. Op zichzelf is dat niet uniek voor bitcoin. Ook door vroeg in een bedrijf als Ford, Shell, Amazon of Apple te beleggen zijn mensen rijk geworden. Zij namen risico in een tijd dat succes van deze bedrijven nog uiterst onzeker was en werden daarvoor beloond. Naast hen staat wellicht een grotere groep investeerders die het fout had en kapitaal verloor. Dit alles staat overigens los van het feit dat een gelijkmatiger verdeling voor sommige mensen wenselijker is.

Dus, is bitcoin oneerlijk verdeeld? Ja, als je het aan Rawls zou vragen. Een verzachtende omstandigheid is dat Satoshi Nakamoto geen betere manieren had om tot een initiële verdeling te komen. We moeten er ook rekening mee houden dat bitcoin bestaat in een wereld waarin rijkdom al duizenden jaren scheef verdeeld is geweest. Dat effect zal daarom, zou bitcoin uitgroeien tot vervanger van goud of wereldreservemunt, ook in de verdeling ervan tot uiting komen. Bijvoorbeeld omdat Jeff Bezos of de Federal Reserve besluit in te stappen, of omdat een paar vroege bitcoinhodlers het lef hebben gehad om een buitengewoon groot vermogen onaangeraakt te laten.

In het protocol van bitcoin is verankerd dat voor iedereen dezelfde regels gelden en dat niemand wordt voorgetrokken. De Wallstreetbankier krijgt geen voorrang op de landbouwer in India. Er is geen inflatie die de have-nots harder raakt dan de rijkelui.

Daarmee zal bitcoin de ongelijkheid in de wereld echter niet kunnen oplossen. Verschillen in cultuur, militaire macht, rijkdom aan grondstoffen – om maar eens wat te noemen – vallen buiten het bereik van het geldsysteem. En binnen een land hebben begrotingsbeleid en belastingregime invloed op de verdeling. Niettemin kan bitcoin een van de stenen zijn in de weg naar een eerlijker verdeeld geld.

'Bitcoin is te volatiel, de koers schommelt te veel'

Een veelgenoemd argument tegen bitcoin is de hoge volatiliteit, de beweeglijkheid van de koers. Daardoor zou bitcoin geen geld kunnen zijn. We willen hier van drie kanten naar kijken. Allereerst de volatiliteit zelf, dan de vraag of dit problematisch is, en ten slotte een bredere kijk op de stabiliteit van geld.

De wisselkoers tussen de euro en bitcoin kan flink schommelen. In de meest turbulente perioden kan de koers in een paar weken verdubbelen of halveren. De volatiliteit is hoog, veel hoger dan gevestigde markten en vergelijkbaar met aandelen van snelgroeiende bedrijven zoals Tesla.

De verwachting is dat de beweeglijkheid van de koers afneemt naarmate de marktwaarde van bitcoin toeneemt, er meer in gehandeld wordt en de financiële infrastructuur professionaliseert. Maar dat kan nog zomaar tien jaar duren. Tot die tijd is de hoge volatiliteit een eigenschap van bitcoin.

Voor spaarders of beleggers is dat niet zo'n probleem. Als je pas jaren in de toekomst verwacht je bitcoins te besteden, dan zijn de schommelingen op termijn van dagen of weken niet zo relevant, het gaat dan om de koersstijging in de loop der jaren. Ook handelaars klagen niet; voor hen is volatiliteit juist een manier om geld te verdienen.

Hoge volatiliteit maakt bitcoin echter wel minder geschikt om in het dagelijks verkeer naast een andere munt als rekeneenheid te gebruiken. Dan zou je voortdurend prijzen moeten aanpassen. Bovendien zijn veel betalingen onderdeel van een grotere contractuele verplichting, zoals productie, inkoop, levering, loon, uitkering, pensioen, abonnement, huur of aflossing. Als je in één schakel uit zo'n keten een andere munteenheid gebruikt, loop je wisselkoersrisico. Dat is bij een vrij stabiel valutapaar als euro en dollar al lastig, bij bitcoin wordt dat een ramp.

Voor de hand ligt om een van de twee munten te kiezen als rekeneenheid en de andere ernaast te gebruiken als betaalmiddel. Dat is in deze digitale tijd namelijk weer geen enkel probleem. Je telefoon kan ter plekke de prijs in dollars omrekenen naar bitcoins, de bitcoins wisselen naar dollars en de betaling voldoen. Of andersom, als je bitcoin kiest als primaire munt.

Laten we ten slotte eens uitzoomen en nadenken over wat voor soort stabiliteit we eigenlijk zoeken. Econoom Friedrich Hayek merkte op dat een stabiele munt betekent dat hij stabiel is ten opzichte van een mandje van goederen en diensten.

De dollar en de euro zijn losjes aan de CPI gekoppeld, een mandje van de gemiddelde bestedingen van consumenten. Het doel van centrale banken is dat deze munten ongeveer 2 procent aan waarde verliezen per jaar ten opzichte van de CPI. We hebben in hoofdstuk 2 al gezien dat de CPI voor niemand precies het juiste mandje is. Huizen, luxegoederen en specialistische diensten worden veel sneller duurder dan de CPI terwijl elektronica en voedsel er heel aardig bij in de buurt blijven. Dat maakt de CPI een prima anker voor jongeren die bij hun ouders wonen, geen kinderen hebben, geen zorg nodig hebben en vooral kleding, voedsel en computerspellen kopen.

In de wondere wereld van decentralized finance heeft men uitgevonden hoe je een digitale bezitting kunt bouwen die een bepaalde externe koers nauwkeurig volgt zonder dat hier een centrale partij bij is betrokken. Een bekend voorbeeld is de DAI, die met behulp van algoritmen en slimme speltheorie de koers van de dollar volgt. Een algoritmische stablecoin dus.

Je zou op dezelfde manier munten kunnen maken die mandjes van goederen en diensten volgen. Er zijn al projecten die experimenteren met een munt die de CPI volgt. De stap naar meerdere mandjes of een persoonlijk mandje is niet groot. Bitcoin en andere cryptovaluta's zouden als onderpand kunnen dienen voor dit mandje. Merk overigens op dat deze technologie alleen maar werkt omdat er een open geldsysteem aan ten grondslag ligt. De gedachte dat we dan net zo goed met bitcoin kunnen stoppen gaat mank: die is juist het fundament waarop dit gebouwd kan worden. Misschien komen we zo vijftig jaar na dato alsnog op het scenario dat Hayek beschreef in *The Denationalization of Money* waarbij in een land verschillende private munten naast elkaar zouden kunnen bestaan. De technologie is daarbij behulpzaam. Er kan een landelijke rekeneenheid worden afgesproken, de euro of de dollar bijvoorbeeld, en je digitale portemonnee kan ter plekke jouw voorkeursmunt omrekenen en omwisselen naar de voorkeursmunt van de ontvanger.

Terug naar de volatiliteit van bitcoin. Die zal nog wel even blijven bestaan. Als rekeneenheid en betaalmiddel zal bitcoin waarschijnlijk nog jaren beperkt blijven tot heel specifieke groepen, zoals mensen die leven in een land met een falende munt. Voor spaarders, handelaars, beleggers en vermogensbeheerders is bitcoin ondanks de volatiliteit nu al aantrekkelijk.

'Bitcoin wordt vooral gebruikt door criminelen'

Criminelen zijn vaak de eersten die nieuwe technologie omarmen. Geld speelt geen rol, beperkte gebruiksvriendelijkheid is overkomelijk en ontbrekende regelgeving zien ze vanzelfsprekend niet als belemmering. Van auto's en mobiele telefoons tot internet, drones en 3D-printers.

Bitcoin is een wereldwijd digitaal geldsysteem waarbij niemand transacties kan filteren of terugdraaien. Dat maakt het interessant voor criminelen. Bitcoin is echter niet anoniem, transacties zijn voor iedereen in te zien en te volgen en de plekken waar bitcoin kan worden omgewisseld voor euro's en dollars zijn streng gereguleerd. Dat maakt het oninteressant voor criminelen.

In de begindagen van bitcoin had de eerste invalshoek de overhand. Criminelen gebruikten bitcoin om geld te versturen en het was een geliefd betaalmiddel op marktplaatsen op het dark web zoals Silk Road. Opsporingsdiensten waren nog onbekend met bitcoin en professionele analysebedrijven moesten nog worden opgericht.

Inmiddels lijkt de balans voor veel criminelen verschoven naar de tweede. Regelmatig horen we in het nieuws dat opsporingsdiensten cryptogeld in beslag hebben genomen. In juni 2021 pakte de FBI de buit van een ransomwareaanval af. Een maand later spoorde de Britse politie voor 294 miljoen pond aan bij illegale activiteit betrokken cryptovaluta's op. Wordt bitcoin heel vaak gebruikt door criminelen of worden ze gewoon heel vaak opgespoord?

Chainalysis heeft zich gespecialiseerd in het analyseren van blockchaintransacties en het herkennen en volgen van criminele activiteit. Ze werken samen met handelsplatformen, wisselkantoren en internationale opsporingsdiensten. Jaarlijks geven ze in hun *crime report* een overzicht van het afgelopen jaar. In het rapport van 2021 concluderen ze: 'Aan cryptovaluta's gerelateerde criminaliteit neemt af, blijft een klein deel van de totale crypto-economie, en is relatief kleiner dan in de traditionele financiële sector.' Het zou in 2020 gaan om 0,34 procent van alle transactiewaarde.

Dat bestaat voor het grootste deel uit scams, zoals bijvoorbeeld in 2019 het piramidespel van PlusToken dat vooral binnen de grenzen van China heeft huisgehouden. Door grote winsten te beloven, hebben de oplichters talloze mensen geld weten te ontfutselen. De consensus onder analysebedrijven is dat er in totaal 180.000 BTC en 6.400.000 ETH de piramide is in gegaan.

Hoewel ransomware een kleiner deel van het totaal vormt, is hij misschien wel de schadelijkste van het stel. Hierbij maken criminelen gebruik van kwetsbaarheden in de IT-beveiliging van hun slachtoffers, versleutelen de gegevens op die systemen, en eisen een betaling in ruil voor de sleutels die nodig zijn om de gegevens te ontgrendelen. Dit heeft grote maatschappelijke gevolgen omdat zo bedrijven, scholen en ziekenhuizen kunnen worden platgelegd, om nog maar niet te spreken over vitale infrastructuur zoals stroom en water.

Bij veel andere vormen van criminaliteit kan net zo goed (of zelfs beter) een andere waardedrager worden gebruikt. Maar ransomware werkt zo goed omdat bitcoin een wereldwijd digitaal geldsysteem is waar niemand kan censureren. Dat betalingen goed kunnen worden gevolgd en dat ze regelmatig een flink deel van de buit moeten inleveren is voor hen overkomelijk.

Om dit in te dammen is goede internationale samenwerking nodig om de criminelen op te sporen. Ook meer aandacht voor de beveiliging van IT-infrastructuur en een goed getest back-upsysteem zal helpen bij bestrijding van ransomware.

Philip Gradwell, hoofdeconoom bij Chainalysis, merkt op dat criminaliteit opsporen via de blockchain soms makkelijker is dan in de dollarwereld door de hoge kwaliteit van de data en de mogelijkheid om geld te volgen zonder te worden gestopt in *shell companies* en jurisdicties die geen gegevens verstrekken.

Ook in dit kader is het belangrijk om naar de trend te kijken. Daarin zien we dat het aandeel van criminelen in de activiteit op het bitcoinnetwerk steeds verder daalt, dat politie- en opsporingsdiensten beter worden in het omgaan met bitcoin, en dat wetgevers steeds beter passende regels introduceren waardoor het voor malafide spelers steeds lastiger wordt om bitcoin te misbruiken als hun speeltuin.

'Bitcoin wordt vanzelf ingehaald door een betere bitcoin'

Tussen 2005 en 2008 was MySpace het grootste socialmediaplatform van de wereld en in 2006 de meest bezochte website in de Verenigde Staten. In mei 2009 werd MySpace ingehaald door Facebook. Niemand heeft het meer over MySpace, terwijl Facebook bijna 3 miljard actieve gebruikers heeft en bij de grootste bedrijven ter wereld hoort.

Dit verhaal wordt vaak verteld als waarschuwing dat bitcoin ook zomaar kan worden ingehaald door een beter alternatief. Al honderden projecten noemden zich 'bitcoin killer' of 'bitcoin 2.0'. Tot nu toe zonder succes, maar gaat er ooit een betere bitcoin komen? Om die vraag te beantwoorden moeten we het hebben over het netwerkeffect. Stel je voor dat je een kopie maakt van Wikipedia. Dat is een fluitje van een cent, de software en de informatie zijn open source. Je brengt een paar heel slimme veranderingen aan, en voilà, een Wikipedia-killer. Of niet? Onze voorspelling is dat je project geen groot succes wordt. De reden is dat Wikipedia een enorm netwerkeffect heeft. De miljarden links op andere websites gaan naar wikipedia.org en niet naar jouw alternatief. De 20 miljoen wijzigingen die per maand worden aangebracht door vrijwilligers kun je in je eentje niet bijbenen. Wikipedia-apps staan bij velen op de telefoon en kinderen leren erover op school. Het is waarschijnlijker dat als jouw idee echt heel goed is, Wikipedia het gewoon overneemt.

Bitcoin is verankerd in portfolio's, financiële infrastructuur, wetgeving, toezicht, de techsector en allerlei dienstverlening. Het heeft meer dan 100 miljoen gebruikers en de beveiliging van het netwerk is enorm veel groter dan bij elke andere cryptomunt, waardoor het in de praktijk ook geschikt is voor het werken met grote bedragen.

Anders dan bij een sociaal netwerk of een encyclopedie moet je bij geld kiezen in welke valuta je het aanhoudt. Het is het een of het ander, terwijl je updates over je belevenissen gemakkelijk op twee social media kunt plaatsen. Omdat je bij geld een keuze móét maken, is er grote 'zwaartekracht' naar het netwerk met het grootste netwerkeffect. Dat zagen we bijvoorbeeld bij de verschillende splitsingen van bitcoin, zoals Bitcoin Cash en Bitcoin sv. Beide zijn inmiddels gekrompen tot een fractie van bitcoin in waarde, gebruik en veiligheid.

Bitcoin gedraagt zich meer als een protocol dan als een app of bedrijf. Het is meer te vergelijken met het elektriciteitsnetwerk, tcp/ip of usb dan met een bedrijf dat daar toepassingen voor maakt.

Ook bij protocollen proberen landen of bedrijven soms hun eigen *walled garden* te bouwen door een alternatieve standaard te introduceren. Dat lukt zelden. Apple stapte over van Thunderbolt naar USB-C en kreeg daarmee in één klap toegang tot het hele ecosysteem van fabrikanten en randapparatuur dat ook USB-C ondersteunt. In de jaren negentig wilden America Online en Het Net een 'nationaal internet' bouwen. De gebruikers stemden met hun voeten en kozen voor het grote, neutrale world wide web.

De kern van bitcoin is de munteenheid en het protocol waarin de regels zijn vastgelegd. De technologie eromheen kan veranderen en zal steeds beter worden gemaakt. Door upgrades van het bitcoinnetwerk zelf, door lagen boven op bitcoin of door technologie die eromheen gebouwd wordt. Bitcoin kan zo vernieuwingen van andere projecten adopteren of zelfs overstappen op een heel nieuwe technische basis als die beter is.

Waarschijnlijk is bitcoin zélf de betere bitcoin.

'Bitcoin kan niet werken, want...'

Digitaal geld dat niet door een overheid of bedrijf wordt uitgegeven, maar 'gewoon bestaat', is iets nieuws. Het lijkt op allerlei dingen die we kennen, maar het is telkens net anders. Dat maakt het voor veel mensen ongrijpbaar en lastig te plaatsen.

Het is verleidelijk om bitcoin in een hokje te stoppen en het te beoordelen als geld, als betaalsysteem, als techstart-up, als opensourcesoftware, als neutraal protocol of als sociaal netwerk. Maar met al deze individuele hokjes doe je het tekort. Net zoals het ook niet erg hielp om internet te vergelijken met een brief of een encyclopedie. Bitcoin is de eerste in een nieuwe categorie.

Dat maakt bitcoin moeilijk te taxeren. Een econoom kan met de gangbare theorie in de hand tot de conclusie komen dat bitcoin als geld niet kan werken. Een durfinvesteerder kan besluiten niet te investeren omdat onduidelijk is wie er in het ontwikkelteam zitten. Een informaticus kan oordelen dat er inmiddels betere technologie is. Ze kijken naar de schaduw op de muur en trekken conclusies zonder het object zelf te bestuderen.

Wij maken het meest bezwaar tegen het vergelijken van bitcoin als jonge, onvolwassen technologie met bestaande geldsystemen die al decennia zijn verfijnd en ontwikkeld. Alsof je de allereerste elektrische auto vergelijkt met de meest geraffineerde benzineauto en dan concludeert dat het niets zal worden met die elektrische auto's.

In 1993 werd xs4all opgericht, een van de eerste internetproviders voor particulieren. Met een modem (500 gulden) en een internetabonnement (30 gulden per maand) kon je inbellen op het world wide web (2 gulden per uur).

Het web, zoals het kortweg werd genoemd, was twee jaar daarvoor uitgevonden door Tim Berners-Lee. Hij werkte in 1989 bij cern, het Europese instituut voor kernfysica in Genève, toen hij een voorstel indiende bij het management. Hij beschreef een 'web' van teksten die naar elkaar verwijzen en zelfs afbeeldingen, foto's en video's zou kunnen bevatten. Hij kreeg toestemming om eraan te werken en in 1991 werd het 'world wide web' geboren. Berners-Lee bedacht het http-protocol, specificeerde de html-opmaaktaal en programmeerde de eerste browser.

Het internet in die jaren was anarchistisch, rauw, duur en traag. Het Wilde Westen. Ontoegankelijk ook. Zoekmachines kropen net uit hun ei en voor veel onderwerpen circuleerden lijsten met sites. Je moest worden ingewijd in een heel nieuwe wereld. Maar voor visionaire geesten toonde het al de belofte van een baanbrekende nieuwe technologie die de wereld op z'n kop zou zetten.

Bitcoin is nu nog een jonge technologie met veel scherpe randjes. Het is traag, duur en onhandig. Geld versturen via de blockchain van bitcoin duurt soms uren en kan enkele centen of tientallen euro's kosten. Als je je sleutels kwijtraakt, ben je je geld kwijt. Er is immers geen klantenservice die je kunt bellen. Maar in alle uithoeken van de wereld werken legio programmeurs, ontwerpers en ondernemers aan technologie, producten en diensten die dit de komende jaren gaan verbeteren.

Het is best zinvol om de bitcoin van vandaag langs de meetlat van de bestaande technologie te leggen. Zolang het nog onvoldoende scoort, zal de meerderheid van de gebruikers wegblijven. Geen probleem zolang de adoptie nog groeit van 1 naar 2 naar 4 naar 8 procent, maar wel problematisch als we de sprong van 16 naar 32 procent moeten maken. Maar bij het beoordelen van de slagingskans van bitcoin op lange termijn moet je niet de bitcoin van vandaag als uitgangspunt nemen, maar dat wat bitcoin kan worden.

Dat vereist dezelfde verbeeldingskracht die nodig was om in de jaren negentig te voorzien hoe internet decennia later kon uitpakken, toen Google, de smartphone en 5G nog uitgevonden moesten worden. Technologische ontwikkeling heeft een exponentieel karakter. Heel lang lijkt het langzaam te gaan, en ineens is het overal en kan het dingen die niemand voor mogelijk hield. Op een handjevol insiders na, natuurlijk.

Misvattingen

Laten we eens een aantal wat vaker gehoorde misvattingen op een rijtje zetten. We beginnen telkens met een stelling die we daarna bespreken. Zo kun je ze achteraf makkelijk terugvinden.

Er zijn te weinig bitcoins

Hoe kun je nu de wereldeconomie laten draaien op 21 miljoen bitcoins? Dat is veel te weinig om elke inwoner een bitcoin te geven, laat staan om er dingen mee te betalen.

Wat men hier over het hoofd ziet is dat we een bitcoin onbeperkt in kleinere stukjes kunnen opdelen. In het protocol van de blockchain wordt nu gerekend in satoshis, dat is een 100.000.000e van een bitcoin. Maar op het lightningnetwerk rekent men al in millisats, daar weer een duizendste van. Per wereldburger zijn er dus ruim 200 miljoen millisats, meer dan genoeg voor de kleinste betalingen die we zouden willen doen.

Hieraan gerelateerd is de misvatting dat bitcoin inmiddels te duur is voor kleinere investeerders. Ook dat gaat eraan voorbij dat je een fractie van een bitcoin kunt kopen.

Bitcoin is niet schaars

Als bitcoin inderdaad op te delen is in steeds kleinere stukjes, dan is er toch helemaal geen sprake van schaarste? Er is dan toch een oneindig aantal stukjes bitcoin te maken door te blijven opdelen?

Om te begrijpen waar dit misgaat, zetten we een pizza op tafel die we in acht stukken snijden. Een lekkere snack voor vier vrienden die elk twee punten pakken. Maar wat nu als je niet vier maar vierhonderd gasten hebt? Ach, dan snijd je de pizza toch gewoon in achthonderd stukken? Ieders maag gevuld?

Kortom: schaarste gaat niet om het aantal stukjes, maar om de omvang van de pizza. Iets waarvan je de totale hoeveelheid moeilijk of niet kunt laten groeien is schaars. Iets wat je in kleine stukjes kunt verdelen is goed opdeelbaar.

Je kunt bitcoin gewoon kopiëren

Een andere manier waarop bitcoin niet schaars zou zijn, is als je het gewoon kunt kopiëren en daarmee het aantal bitcoins kunt verdubbelen. De broncode is immers openbaar, wat houdt je tegen?

Als je je eigen bitcoin begint, zul je merken dat niemand daarin geïnteresseerd is. Je hebt dan 21 miljoen waardeloze munten in een netwerk met precies één deelnemer: jijzelf. Het is als het veranderen van de regels van het schaakspel. Dat kun je best doen, alleen niemand wil dan tegen je spelen.

De Chinese overheid zit achter bitcoin

Dezelfde stelling hoor je ook weleens met de FBI of een ander agentschap als onderwerp. Die zou dan een geheime achterdeur hebben, zodat China of de VS in de toekomst ineens de controle over het nieuwe geldsysteem kan overnemen.

Dit leest als een thriller, en als je een grote afstand hebt tot de onderliggende technologie is het een begrijpelijke zorg. Wat je weten moet, is dat bij bitcoin de broncode volledig openbaar is, in tegenstelling tot de systemen van Microsoft, Google, Facebook en de routers van Cisco en Huawei. Er zijn duizenden experts wereldwijd die al tien jaar de broncode bestuderen om te zien of er een kwetsbaarheid of achterdeurtje te vinden is. Die zijn tot op heden niet gevonden.

Bitcoin is makkelijk te hacken

Met enige regelmaat lees je in het nieuws dat bitcoin zou zijn gehackt. De conclusie is dan eenvoudig: bitcoin is onveilig om te gebruiken.

In werkelijkheid heeft de integriteit van bitcoin zelf nog nooit op het spel gestaan. Iedere keer dat zo'n verhaal in het nieuws is, betreft het een dienst die bitcoin gebruikt, zoals een handelsplatform of een partij die bitcoins van klanten in bewaring neemt. Dit soort gebeurtenissen zijn daarom beter vergelijkbaar met een hack van een bank of aandelenbeurs. Bitcoin en de onderliggende blockchain zijn nog nooit gehackt.

Hoewel bitcoin zelf veilig is, moeten gebruikers erop letten dat ze hun bitcoins veilig opslaan. Een belangrijke eigenschap van bitcoin is dat transacties onomkeerbaar zijn, en dat er geen tussenpersoon nodig is om een transactie te verwerken. Dat betekent ook dat als iemand controle krijgt over je wallet, hij de inhoud ervan naar een eigen adres kan sturen en dat er niets of niemand is die dat kan stoppen.

Gelukkig is er anno 2021 een breed scala aan gerenommeerde producten en diensten om daarbij te helpen, variërend van gereguleerde partijen die de opslag uit handen nemen, tot hardware wallets en andere beproefde oplossingen.

Bitcoin kan niet worden belast

In de meeste landen wordt bitcoin belast als bezit. Hoe dat uitpakt verschilt per jurisdictie. In Nederland bijvoorbeeld betaal je als particuliere bitcoinbezitter alleen vermogensbelasting, net zoals bij spaargeld, aandelen en een tweede huis. Op de aangifte inkomstenbelasting is er een vakje voor het bedrag aan cryptovaluta's die je bezit.

De gedachte dat bitcoin niet kan worden belast, is wellicht gestoeld op het idee dat het eenvoudig is om bitcointegoeden niet bij de Belastingdienst op te geven. Hierin is bitcoin niet uniek; voor meer assets geldt dat de Belastingdienst afhankelijk is van bereidwilligheid van de burger om zijn bezittingen aan te geven. Vanwege het digitale karakter van bitcoin verdwijnt dit risico overigens meer en meer naar de achtergrond. Steeds meer bewaar- en handelsplatformen geven tegoeden van hun klanten jaarlijks automatisch aan de fiscus door.

In lang niet alle landen is het regime zo gunstig als in Nederland.

In sommige landen betaal je belasting over de waardevermeerdering van je vermogen. Het meetmoment is wanneer je bitcoin verkoopt voor iets anders, bijvoorbeeld als je handelt op een exchange, maar ook als je het gebruikt om mee te betalen. Hoewel de administratie een stuk ingewikkelder is, kan ook daar bitcoin probleemloos worden belast.

Bitcoin schaalt niet

De basislaag van het bitcoinnetwerk ondersteunt maximaal zo'n zeven transacties per seconde. 'Dan kan het nooit een netwerk zijn waar de hele wereld gebruik van maakt', is de gedachte. Dat is immers veel minder dan wat bijvoorbeeld het Visa-netwerk aankan, zo'n vierduizend transacties per seconde.

Rond schaalbaarheid is het ten eerste belangrijk om expliciet te maken over welke toepassing er gesproken wordt. Voor het opslaan van waarde of het verplaatsen van grote bedragen is de huidige verwerkingssnelheid van bitcoin bijvoorbeeld geen enkel probleem. Dagelijks verwerkt het bitcoinnetwerk honderdduizenden transacties met een gezamenlijke waarde van tussen de 1 en 15 miljard dollar.

Kijken we naar het doen van alledaagse betalingen als toepassing, dan lopen we tegen het probleem aan dat er appels met peren vergeleken worden. Net als bij bitcoin het geval is, kent het reguliere financiële systeem gelaagdheid, waarbij Visa, Mastercard en PayPal producten zijn boven op een tragere onderlaag waar de transacties definitief afgewikkeld worden. In een poging de vergelijking te corrigeren, lijkt het lightningnetwerk een betere kandidaat om tegenover Visa te zetten. Daarmee vallen de verschillen in één keer weg en wordt de deur opengezet voor een scala aan nieuwe soorten betalingen, zoals microbetalingen tussen machines.

Je kunt alleen bitcoin sturen naar iemand die online is

De titel van de bitcoinwhitepaper introduceert bitcoin als een peer-to-peergeldsysteem. Voor sommige mensen roept dat de herinnering op aan uitwisselingsnetwerken zoals Bittorrent, Kazaa of Limewire. In dat soort netwerken geldt dat hoe meer mensen een bestand aanbieden, hoe sneller je dit kunt downloaden. Anders gezegd: iemand moet online zijn om gegevens te kunnen uitwisselen. De stap is snel gemaakt naar de gedachte dat beide partijen online moeten zijn om bitcoin te kunnen uitwisselen. Maar dat is niet hoe peer-to-peer bij bitcoin wordt gebruikt. Het wordt daar ingezet om de nodes in het netwerk kennis te geven van alle blocks en transacties zonder dat een centrale server dit coördineert. De gebruikers van bitcoin kunnen volledig onafhankelijk van elkaar en asynchroon geld versturen.

Er is eenmalig contact nodig tussen ontvanger en verzender: de ontvanger moet een adres verstrekken waarop die het bedrag wil ontvangen. Dat adres vertegenwoordigt de bestedingsvoorwaarden die in de blockchain worden vastgelegd. De verzender kan nu onafhankelijk van de ontvanger in zijn wallet een transactie opstellen en versturen naar het bitcoinnetwerk. Zodra die transactie is opgenomen in een block is het geld feitelijk van eigenaar gewisseld. De ontvanger is hier niet voor nodig en niet bij betrokken, en kan volledig optioneel z'n wallet in de gaten houden om te zien of het al binnen is.

De wereld verandert

Bitcoin is de eerste in een nieuwe categorie. De maatschappij, de economie, de politiek en omringende technologie hebben tijd nodig om zich aan te passen aan dit nieuwe fenomeen, dat zelf ook nog aan het uitzoeken is wat het eigenlijk is en elke paar jaar nog van vorm verandert. De wrijving en frustratie die dat oplevert zijn verspilling en vervuiling als blijkt dat dit allemaal tijdelijk was.

Maar dat ligt wat ons betreft niet in de lijn der verwachting. De wereld verschuift in rap tempo naar *digital first*. Digitale eigendommen spelen daarin een belangrijke rol, van creaties zoals muziek, beeld, tekst en 3D-ontwerpen tot diploma's, identiteitsgegevens en geld.

Bij fysieke eigendommen is het bezit niet afhankelijk van een derde partij. Je auto, stoel of nietmachine verdwijnen niet ineens als een bank failliet gaat of een overheidsinstantie wordt gehackt. Eenzelfde soort onafhankelijkheid en blijvendheid zijn nodig voor digitale eigendommen.

Bitcoin is het eerste, grootste en veiligste cryptogeld met de grootste netwerkeffecten, en heeft daardoor de beste kaarten in handen om het neutrale protocol te worden voor digitale waarde, zoals internet dat is geworden voor digitale informatie. Bitcoin als geld van het internet.

Of dat ook gaat gebeuren is onzeker. De vraagstukken in dit hoofdstuk gaan voornamelijk over onze verhouding tot en ons begrip van bitcoin. Het zijn belangrijke discussies, maar ze zijn alleen relevant als bitcoin daadwerkelijk de ruimte krijgt om volwassen te worden en niet voortijdig faalt. In het volgende hoofdstuk verkennen we het einde van bitcoin: onomkeerbare gebeurtenissen waarvan geen herstel mogelijk is.

7. Zwarte zwanen

'Ik weet zeker dat er over twintig jaar ofwel heel veel transacties plaatsvinden, of geen.'
– Satoshi Nakamoto, uitvinder van bitcoin

In het vorige hoofdstuk bespraken we kwesties waar nog onduidelijkheid of onzekerheid over is, of waarvoor we als (wereld)bevolking nog een oplossing moeten vinden. Geen daarvan tekent bij voorbaat het doodvonnis van bitcoin. De scenario's waarin bitcoin het niet overleeft en mislukt hebben we bewaard voor dit hoofdstuk. Daarbij zijn we vooral geïnteresseerd in de middellange termijn. Dat bitcoin er over duizend jaar niet meer is, vinden we niet zo'n ramp. En de kans dat bitcoin over een jaar nog bestaat is vrij groot. Maar hoe zit het met de periode ertussenin? Op welke manier kan het misgaan?

Thanksgiving

Op een boerderij leeft een groep kalkoenen. De boer geeft ze elke dag overvloedig te eten en te drinken. De boer is een fijne man, zo was de consensus onder de kalkoenen.

Een kleine groep opstandige kalkoenen was sceptisch en bleef roepen dat de boer niet te vertrouwen was. Om het protest te sussen stelden de kalkoenen een commissie in met daarin statistici en risicomanagers. Spreadsheets vol waarnemingen bevestigden hun vermoeden: de boer is een fijne vent. Elke dag hadden ze er meer bewijs voor en waren ze zekerder van hun zaak. Tot Thanksgiving aanbrak en ze allemaal werden geslacht.

Als ergens een hoogst onverwachte ramp plaatsvindt, noemt men dat weleens een 'zwarte zwaan'. Deze term verwijst naar een verrassende ontdekking die pas in 1697 werd gedaan. In Europa ging men er in die tijd van uit dat alle zwanen wit zijn. Elke nieuwe waarneming bevestigde het vermoeden: zwanen zijn wit. Tot de Nederlandse ontdekkingsreiziger Willem de Vlamingh aan het eind van de zeventiende eeuw vlak bij het Australische Perth ineens een zwarte zwaan zag.

De term *black swan* is men voor het eerst tegengekomen in het werk van de Schotse filosoof David Hume. Hij beschrijft het als een zeldzame, onwaarschijnlijke gebeurtenis met een enorme impact. Een schok die door geen enkel model wordt voorspeld. Iets waar de meeste mensen geen rekening mee houden en de wereld op z'n kop zet.

Denk aan de Eerste Wereldoorlog, de aanslagen van 11 september 2001 in New York en de opkomst van het internet. Achteraf kan iedereen het perfect verklaren, maar vooraf zag haast niemand de gebeurtenis en de extreem grote gevolgen aankomen. Het zijn de gebeurtenissen waarbij we de geschiedenis verdelen in de tijd ervoor en de tijd erna.

De slachtpartij met Thanksgiving was uiteraard alleen onverwacht vanuit het perspectief van de kalkoenen. De boer en de slager wisten er al van, net zoals de mensen in Australië al eeuwen wisten dat er zwarte zwanen zwemmen in de Swan River bij Perth.

'To finish first, you first have to finish'

Zondagen zijn fijne dagen. Ze brengen een bepaalde rust en vertraging die op andere dagen ontbreekt. De beste zondagen zijn die waarop er 's middags een formule 1-race is. Met het hele gezin op de bank. Biertje erbij. De appgroep met de zes mannen uit ons ouderlijk gezin (vijf broers en pa) binnen handbereik. Een van de terugkerende uitspraken van commentator Olav Mol bij zo'n race is 'to finish first, you first have to finish'. Deze gevleugelde uitdrukking in de motorsport vormt ook de essentie, de kern van dit hoofdstuk.

In het boek *Ergodicity* beschrijft Luca Dellanna een mooi voorbeeld van padafhankelijkheid. Hij vertelt over zijn neefje, geboren en getogen in de Franse Alpen, die op jonge leeftijd meedeed aan het wereldkampioenschap skiën. Ondanks zijn grote talent eindigde zijn carrière vroegtijdig door een reeks blessures. Van zijn neef leerde Dellanna dat de wereldkampioen skiën niet de snelste skiër is, maar de snelste skiër van alle skiërs die niet door blessures met de sport moesten stoppen: 'prestatie is ondergeschikt aan overleven'.

Stel je voor dat zijn neef per wedstrijd een kans van 20 procent heeft dat hij wint en 20 procent dat hij zijn knie breekt. Natuurlijk zijn deze kansen wat overdreven, maar dat maakt voor het idee niet uit. Hoeveel races verwacht je dat hij zal winnen in een seizoen met tien wedstrijden?

Intuïtief denk je misschien dat het er twee zijn: 20 procent van tien is twee. Dat zou waar zijn als elke wedstrijd onafhankelijk is van alle andere. De werkelijkheid is anders. Als je je knie breekt, kun je in de rest van het seizoen in geen wedstrijd meer starten en dus ook niet winnen. De kans dat je alle tien de wedstrijden kunt afmaken, is daarom maar 11 procent en het verwachte aantal overwinningen maar 0,7 in plaats van twee.

Op het pad naar het wereldkampioenschap kunnen gebeurtenissen plaatsvinden die onherstelbare schade opleveren, waardoor je uit de pool van mogelijke winnaars verdwijnt. Dat is wat padafhankelijkheid betekent: het maakt voor de eindsituatie uit wat de volgorde der dingen is.

Op korte termijn is prestatie het allerbelangrijkste. Wat is de allersnelste ronde die je kunt rijden? Hoeveel transacties per seconde kan een blockchain verwerken? Hoe weinig energie verbruikt een cryptomunt?

Op lange termijn is overleven het allerbelangrijkste. Zowel sporters als cryptomunten kunnen prestaties verhogen door meer risico te nemen. Net iets sneller door de bocht verhoogt het risico dat je eruit vliegt en crasht. Net iets meer centralisatie verhoogt het risico dat iemand in z'n eentje de macht grijpt.

Het woord ergodiciteit kom je in dit verband ook tegen. Bij een ergodisch proces kun je erop rekenen dat elke toestand ooit een keer voorkomt. Je kunt er dan van uitgaan dat je nergens 'dood' of 'failliet' gaat. Dat er geen *absorbing barriers* zijn, onomkeerbare gebeurtenissen waarvan geen herstel mogelijk is. Russische roulette is non-ergodisch: je kunt er níét van uitgaan dat elke toestand een keer voorkomt. Als je de eerste keer meteen de kogel krijgt, stopt het spel. De andere kamers zul je niet meer tegenkomen.

Enfin, tot zover wat theorie achter ergodiciteit en padafhankelijkheid. Als je benieuwd bent of een sporter, bedrijf, bewind, protocol, netwerk of technologie een lang leven beschoren is, let dan op het risico op een blessure waarvan geen herstel mogelijk is.

In dit hoofdstuk gaan we op zoek naar onomkeerbare gebeurtenissen voor bitcoin. De focus zou volgens Dellanna moeten liggen op de middellange termijn. Op korte termijn kan vrijwel alles succesvol zijn, zelfs een potje Russische roulette. Als je oneindig ver de toekomst in kijkt, blijkt vrijwel alles te falen. Het stuk daartussen, dat is waar het verschil wordt gemaakt tussen de 'eendagsvlieg' en de technologie die voor enkele decennia of eeuwen beeldbepalend is.

Een wereldwijd gecoördineerd verbod

Een digitaal geldsysteem waarover niemand de baas is, wat moet je daar nu mee als minister van Financiën? Behandelen als buitenlands geld, als verzamelobject, als investering in een bedrijf? Verbieden omdat je er geen macht over hebt? Negeren omdat dit hobbyprojectje vanzelf weer verdwijnt?

Toen in de loop van 2017 de koers van bitcoin in sneltreinvaart steeg, en consumenten geïnteresseerd raakten in de hype, moesten toezichthouders een standpunt innemen. Velen hadden verwacht dat wereldwijd de centrale banken, het IMF en landelijke overheden schouder aan schouder zouden staan om met harde hand in te grijpen.

Dat gebeurde niet. In toespraken en rapporten lieten toezichthouders op allerlei niveaus weten cryptovaluta's te gaan reguleren. Er zouden regels, voorwaarden en procedures komen. Wat is bitcoin voor soort ding? Hoe is eigendom geregeld? Welke belastingen moet je betalen? Aan welke regels moeten cryptobedrijven voldoen?

Onder bitcoiners is hier stevig over gediscussieerd. Voor een deel van hen is overheidsbemoeienis ongewenst. In de ideologie van bitcoin is niemand de baas, mag iedereen meedoen en is de munt neutraal en ongecensureerd. Er is scheiding tussen geld en staat.

Het is goed om te beseffen dat de essentie van bitcoin vastligt in de broncode en niet kan worden aangepast door overheden, centrale banken en lobbygroepen. Wel kan men het gebruik of bezit van bitcoin verbieden, of de regels zó streng maken dat gebruik ervan lastig is. In dat geval leeft bitcoin ondergronds, in een schaduweconomie, of in die landen die er nog geen positie over ingenomen hebben. Elke tien minuten komt er een block bij, dat vervolgens wordt verspreid door radio en satelliet.

Voor grootschalig gebruik en een levendige industrie is er echter meer nodig. De overgrote meerderheid van de mensen zal zich namelijk netjes aan de wet willen houden. Zelfs het niet-expliciet geregeld zijn, het ontbreken van duidelijkheid, is voor hen al reden om er niet mee bezig te zijn.

De beslissing om bitcoin te gaan reguleren, en niet te verbieden, is daarom heel belangrijk geweest. Intussen moet je je in Europese landen identificeren als je grote bedragen aan bitcoin wilt omzetten naar euro's of andersom. Minder vrijheid dus, maar ook officiële acceptatie en dus minder onzekerheid.

De laatste jaren ontstaat er een levendige industrie rondom bitcoin en andere cryptovaluta's. Techbedrijven, banken en advocatenkantoren gaan ermee aan de slag. Er ontstaan bitcoinafdelingen bij ministeries, toezichthouders, belastingdiensten en universiteiten. Men maakt jurisprudentie, beleid en dienstverlening voor bitcoin. De weg terug naar een verbod wordt elke week langer en minder eenvoudig begaanbaar.

Daarnaast zijn veel varianten van een verbod niet goed uitvoerbaar. Het bezitten van bitcoin betekent in feite het kennen van een heel lang getal: je geheime sleutel. Het versturen van bitcoin betekent het uitwisselen van enkele honderden bytes aan informatie, het equivalent van een kort tekstbericht. Men zou internetproviders kunnen verplichten om dataoverdracht van het bitcoinnetwerk te filteren, maar daar is makkelijk omheen te werken.

De makkelijkste optie is de verbinding tussen bitcoin en de nationale munten verbreken door het wisselen van bitcoins voor euro's en andersom te verbieden of tot een extreem laag bedrag te beperken. Ook dat is overigens geen garantie op succes. Er zijn diverse overheden die een poging hebben gedaan om de impact van het bestaan van bitcoin te dempen. Het meest recente voorbeeld komt uit Turkije. Daar werd gesproken over een verbod op het gebruik van cryptovaluta's, onder meer om de eigen economie te beschermen; de waarde van de eigen lira staat onder druk en verloor al 9 procent in 2021. Het gevolg? Een sterke toename van het handelsvolume op peer-to-peer exchanges, verhoogde interesse in het gebruik van bitcoin, en een centralebankbestuurder die moet ingrijpen om het probleem niet te verergeren: 'een verbod heeft nooit op tafel gelegen', was de deëscalerende toelichting van Şahap Kavacıoğlu op televisie. Telkens doet zich de paradox voor dat verscherping van regels rond bitcoin het gebruik en de adoptie ervan binnen de desbetreffende jurisdictie juist versnelt.

Toch is een wereldwijd gecoördineerd verbod een van de belangrijkste scenario's waarin bitcoin faalt. Het verbod in een enkel land heeft beperkt effect, maar als een grote groep landen samenwerkt en het bezit van bitcoin of het handelen in crypto strafbaar maakt met hoge geldboetes of gevangenisstraffen, dan zal een groot deel van de wereldbevolking de interesse verliezen.

Te weinig decentralisatie

Bitcoin lost iets op wat nog nooit eerder opgelost was: het overdragen van digitaal eigendom zonder centrale partij. Een enorme groep mensen die elkaar niet hoeven te kennen of te vertrouwen, die zelfs elkaars vijanden mogen zijn, bereikt samen consensus over wat van wie is.

De keerzijde van dit mechanisme is dat, zodra een enkele partij (ruim) meer dan de helft van de rekenkracht in het netwerk bezit, het bestaansrecht van bitcoin wegvalt: het is dan immers niet wezenlijk anders dan vertrouwen op een centrale partij. Dat verklaart een extreme focus van de bitcoingemeenschap op alle plekken waar centralisatie kan ontstaan.

De meeste aandacht gaat uit naar de miners. Zijn de individuele miners niet te groot? Hebben de mining pools niet te veel macht? Zijn de miners wel goed verdeeld over verschillende landen? Centralisatie kan in de kleinste details zitten. Zo wordt een groot deel van alle miningapparatuur gebouwd door Bitmain en die zou bijvoorbeeld een achterdeur in het besturingssysteem kunnen inbouwen.

Er wordt actief gewerkt aan het verminderen van al die vormen van centralisatie. Een verandering in het protocol zodat mining pools minder te zeggen hebben. Een opensourcebesturingssysteem voor miners. Nieuwe concurrenten voor Bitmain. Tot begin 2021 kwam grofweg de helft van de rekenkracht uit China. Omdat veel miners daar in de zomer van 2021 zijn weggestuurd, is er nu een betere geografische spreiding.

Ook op andere vlakken kan centralisatie op de loer liggen, bijvoorbeeld bij de controlerende rol die de tienduizenden bitcoinnodes hebben. Hoe groter de blockchain wordt, des te meer ruimte die inneemt. Voor voortdurende, wereldwijde verificatie van de blockchain moeten zo veel mogelijk mensen hun eigen full node kunnen blijven draaien, het liefst op simpele, goedkope, energiezuinige hardware. Hierover ging het debat over de grootte van de blocks, wat uitmondde in het afsplitsen van Bitcoin Cash (BCH) en Bitcoin SV (BSV). Met een *block size* van 1 gigabyte, zoals BSV wil, heeft een node 52 terabyte per jaar nodig. Die kun je alleen met een snelle internetverbinding ontvangen, en alleen met dure servers opslaan, verwerken en doorzoeken. De controlerende macht komt dan bij een handjevol grote partijen te liggen.

Dan centralisatie van bitcoinvermogen. In beginsel maakt het voor de werking van bitcoin niet uit hoe de bitcoins verdeeld zijn over verschillende eigenaren. Het bezit van bitcoin geeft je immers geen stemrecht. Maar er zijn best indirecte effecten denkbaar. Stel dat een enkele partij een groot deel van de bitcoins beheert, bijvoorbeeld een groot handelsplatform, en daar gaat iets mis. Als door een hack of een bug een enorme hoeveelheid bitcoin verloren dreigt te gaan, dan zou de verleiding kunnen ontstaan om in te grijpen. Dat vereist consensus onder miners of zelfs het hele ecosysteem, afhankelijk van hoe er kan worden ingegrepen, en het is maar de vraag of die er komt. Maar het is een risico.

Op dit moment lijkt de decentralisatie er prima voor te staan, en een onomkeerbare gebeurtenis waarvan geen herstel mogelijk is lijkt wat dit onderwerp betreft ver weg. Maar we moeten niet onderschatten hoe groot de aantrekkingskracht is van het vormen van grote machtige instanties. En als dat gebeurt rond de vitale onderdelen van bitcoin, dan is dat een risico voor het voortbestaan.

Onvoldoende gebruiksvriendelijk

In de voorgaande hoofdstukken ben je de term 'adoptie' regelmatig tegengekomen. Dat staat voor de ingebruikname van een product of dienst, en de manier waarop dat zich ontwikkelt en verspreidt binnen een groep mensen. Een veelgebruikte theorie hierover komt van de Fransman Gabriel Tarde, die populair gemaakt is door Everett Rogers in zijn boek *Diffusion of Innovations*.

Centraal in de theorie staat de beschrijving van de levenscyclus van een innovatie. Rogers onderscheidt daarin vijf stadia, elk met een eigen groep mensen die het nieuwe product of idee accepteren.

Eerst komen de vernieuwers, de groep mensen die het product als eersten willen hebben. Zij worden gevolgd door de pioniers, die ook uit zijn op nieuwe dingen, maar niet vooroplopen. Deze fase wordt gekenmerkt door een sterke groei van de verkoop. Dan komen de voorlopers, de eerste grote groep mensen die het product aanschaffen. Het product wordt nu door de massa opgenomen en bereikt volwassenheid. De achterlopers gaan nu ook overstag, waarna het

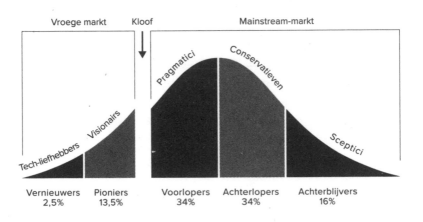

overgrote deel van de markt bekend is met het product. Ten slotte volgen de achterblijvers, die het product links laten liggen of pas overstag gaan op het moment dat het niet meer weg te denken is uit het dagelijks leven.

Het is niet precies bekend hoeveel mensen op dit moment bitcoin bezitten. Op basis van data van Glassnode weten we dat er zo'n 34 miljoen entiteiten zijn die bitcoin bezitten, maar daar zitten ook grote exchanges en institutionele partijen bij met miljoenen gebruikers. Het lijkt ons veilig om in te schatten dat er wereldwijd zo'n 100 tot 200 miljoen bitcoinbezitters zijn, niet meer dan 2,5 procent van de wereldbevolking. Kijk je naar specifieke regio's, dan kan dat percentage een stuk hoger liggen. Zo schat men dat zevenhonderdduizend Nederlanders bitcoin bezitten, meer dan 5 procent van alle volwassenen. Nog eens 3,5 miljoen Nederlanders zouden een aankoop overwegen. Dat betekent dat bitcoin volgens Rogers zich in het domein van de vernieuwers bevindt, en dat de pioniers zich er ook mee zijn gaan bemoeien. Als de groei inderdaad doorzet, volgt daarna de massa.

Vanzelfsprekend is dat echter niet. Geoffrey A. Moore beschrijft in zijn boek *Crossing the Chasm* dat veel innovatie strandt bij de omslag van de pioniers naar de voorlopers, het eerste deel van de grote meerderheid die bereikt moet worden. Die laatste groep is pragmatisch ingesteld en heeft hoge eisen aan hetgeen ze in gebruik nemen. Het moet passen bij hun belevingswereld, informatie moet eenvoudig te vinden zijn, apps en diensten moeten voldoen aan hoge standaarden, en de reputatie rond kwaliteit en dienstverlening moet in orde zijn.

Bij bitcoin zou de sprong van pioniers naar voorlopers weleens te maken kunnen hebben met gebruiksvriendelijkheid. Voor de pioniers is het niet zo erg dat het behoorlijk ingewikkeld en bewerkelijk is om bitcoin veilig op te slaan en te gebruiken, en dat er risico is op verlies van je geld door een subtiel foutje. Maar om de sprong te maken naar de meerderheid van de bevolking is het noodzakelijk dat privacy en beveiliging verborgen worden door gebruiksvriendelijke techniek. Denk aan hoe makkelijk het is om te betalen met je pinpas, of om je auto te starten.

'Gebruiksvriendelijkheid gaat over mensen en hoe zij dingen begrijpen en gebruiken, niet over technologie,' schrijft Steve Krug in zijn boek *Don't Make Me Think*. Iedereen die ervaring heeft met het bouwen van nieuwe producten weet dat er een enorm verschil zit tussen het maken van een simpel product en een product simpel maken. Dat laatste is wat voor massa-adoptie van bitcoin nodig is, en dat omvat meer dan privacy en veiligheid alleen. Het gaat over de beleving van kwaliteit, waarin snelheid, uiterlijk, fouttolerantie, en leerbaarheid van bitcoin zelf en de diensten eromheen een cruciale plaats innemen.

Misschien weet je nog hoe het was om in de jaren negentig in te bellen bij je internetprovider met een modem. Het installeren van de hardware, de drivers en de software. Het invullen van de juiste gegevens zoals protocol, telefoonnummer, en DNS-servers. Eén foutje ergens en het feest ging niet door.

Vergelijk dat met hoe de meeste mensen internet nu ervaren. Je krijgt een kastje opgestuurd, plugt de kabel erin, en alles werkt. De techniek zelf is niet simpeler geworden, integendeel, maar al die techniek is nu onzichtbaar voor de gebruiker. Het werkt gewoon. Hetzelfde geldt voor apps op je smartphone installeren, een draadloze speaker via bluetooth koppelen en je boodschappen online bestellen.

Lukt het niet om het vereiste niveau te halen? Dan is het onwaarschijnlijk dat voldoende mensen gebruik gaan maken van bitcoin. Het voldoet dan simpelweg niet als geldsysteem.

Te weinig budget voor miners

In theorie heb je een decentrale munt met drie miners die elk hun computer inzetten voor de beveiliging van het netwerk. Geen van hen heeft de absolute meerderheid en kan zomaar de regels veranderen en transacties tegenhouden of terugdraaien. Je voelt waarschijnlijk wel aan dat dit niet zo'n heel stevig bouwwerk is. Elk van de drie miners kan door een paar extra computers te kopen de controle over het netwerk overnemen, wat de munt in één klap van z'n bijzondere eigenschappen ontdoet. Die ene partij kan een deel van de geschiedenis terugdraaien, zijn eigen transacties voortrekken of die van een ander juist negeren.

Bij decentralisatie gaat het daarom niet alleen over hoe verdeeld de macht is, maar ook over hoe moeilijk het is om je aandeel te vergroten. Stel je een netwerk voor waarvan de rekenkracht evenredig verdeeld is over een groot aantal kleine miners. In die situatie lijkt de mate van decentralisatie dik in orde, maar schijn bedriegt: iemand kan er gemakkelijk een of enkele krachtige machines naast zetten, om zo in één keer een einde te maken aan die schijnbaar perfecte verdeling.

Het is van belang dat een enkele partij niet zomaar een groot deel van de rekenkracht kan bemachtigen of opbouwen. Op dit moment is dat goed geregeld. Het zou een jarenlange en bijzonder dure missie zijn om een miningoperatie op te zetten die de rest overtreft. Dat komt doordat het budget dat alle miners naar rato van hun rekenkracht mogen verdelen groot genoeg is. Zoals we eerder bespraken bestaat dat budget uit de block reward, en dat is op zijn beurt de optelsom van de block subsidy en de transactiekosten.

In de eerste helft van 2021 was dat budget gemiddeld zo'n 40 miljoen dollar per dag. De block subsidy heeft daarin het grootste aandeel en vormt zo'n 90 procent van het budget. Deze toelage zal elke vier jaar halveren en in 2040 nog maar 3 procent zijn van wat hij nu is, vrijwel verwaarloosbaar dus.

Dat betekent dat tegen die tijd het hele beveiligingsbudget moet worden opgehoest door de transactiekosten. En dat is alleen realistisch als bitcoin als gelaagd geldsysteem zoveel gebruikt wordt dat al dat gebruik bij elkaar miljoenen dollars per dag kan opbrengen. Een risico op een onomkeerbare gebeurtenis ontstaat als het budget steeds verder daalt, waardoor steeds meer miners ermee stoppen en hun apparatuur afdanken. Het wordt dan steeds meer haalbaar voor een enkele partij om makkelijk een grote hoeveelheid apparatuur en infrastructuur te bemachtigen om het netwerk te overheersen. Wellicht een overheid die het netwerk wil platleggen en daar wat budget voor overheeft.

Om over twintig jaar voldoende gebruik te hebben om ongeveer het beveiligingsbudget van vandaag op te hoesten, moet ook de grote meerderheid aan boord zijn, en niet alleen de vernieuwers en pioniers. En dus moet het tegen die tijd gebruiksvriendelijk genoeg zijn. Het is onrealistisch om te verwachten dat bitcoin nog dit jaar even handig wordt als pinnen en een Tikkie sturen, maar onbeperkt de tijd heeft het zeker niet!

Quantum computing

Door gebruik te maken van principes uit de kwantummechanica is een heel nieuw soort computer denkbaar waarmee op een andere manier berekeningen kunnen worden uitgevoerd dan met traditionele binaire computers. Dat is voor lang niet alles voordelig, maar bepaalde vraagstukken kunnen met *quantum computing* extreem veel sneller worden opgelost.

Een van de gebieden die een kwantumcomputer overhoop kan gooien is de cryptografie. In de context van bitcoin worden de volgende twee risico's vaak genoemd. Ten eerste dat iemand heel veel sneller kan hashen dan anderen, en zo de meerderheid van de rekenkracht in handen heeft. Ten tweede dat iemand bij een public key een private key kan vinden en daarmee andermans geld kan besteden.

Bitcoin maakt onder de motorkap gebruik van diverse (cryptografische) algoritmen om data te versleutelen of samen te vatten. Denk aan ECDSA en Schnorr voor het genereren van digitale handtekeningen, en aan SHA-256 voor het berekenen van een hash. Het is met conventionele computers praktisch onmogelijk om uit het resultaat van zo'n algoritme het origineel te herleiden. Dat verandert als er kwantumcomputers zijn met voldoende capaciteit.

Denk daarbij aan meer dan duizend zogeheten logische (fouttolerante) qbits. Dat is wat anders dan de hardwarematige qbits waar fabrikanten mee schermen. Daar zijn er soms honderden of duizenden van nodig om één logische te vormen. Als die capaciteit in zicht komt, een proces dat waarschijnlijk nog tientallen jaren duurt, dan is er nog een aantal jaren om bitcoin met een wijziging van de software, een fork, van een ander algoritme gebruik te laten maken waar kwantumcomputers geen voordeel hebben.

Voor mining heeft die fork meteen effect. Voor de digitale handtekeningen waarmee bitcoins besteed kunnen worden geldt dat niet. Mogelijk moet een deel van alle munten eenmalig opnieuw verstuurd worden. Als allereerste lopen de munten gevaar waar een public key als bitcoinadres is gebruikt. Dit zijn alleen de bitcoins uit de beginperiode, waaronder de munten van Satoshi. Geen pretje, maar ook nog (lang) geen acuut probleem. En bovendien een oplosbaar probleem.

Dat geldt overigens niet voor versleutelde gegevens die kwaadwillenden (of overheidsdiensten) van jou in handen hebben gekregen. Daar kunnen ze nu niet bij, maar met een kwantumcomputer wellicht wel. En dat is geen oplosbaar probleem. Die data bezitten ze nu eenmaal, versleuteld met de huidige algoritmen.

Een hack, een bug, een puinhoop

Op 15 augustus 2010 ging het mis. In block 74638 werd een transactie opgenomen die 184 miljard bitcoin vanuit het niets liet ontstaan. Het waren twee outputs van ruim 92 miljard bitcoin, of om precies te zijn 9.223.372.036.854.277.039 sats, waar uiteraard geen even grote input bij werd geleverd – zoveel bitcoin zou er immers nooit zijn.

De fout werd snel opgespoord en vijf uur later publiceerde Satoshi Nakamoto hoogstpersoonlijk een nieuwe versie van de software waarin de bug was opgelost en het nu niet meer geldige block 74638 werd afgewezen. Het bitcoinnetwerk bestond destijds uit een kleine groep mensen. Ze installeerden de nieuwe software en de boekhouding klopte weer.

Deze gebeurtenis werd niet licht opgevat. Er kwam een vergrootglas te liggen op het protocol, de regels, de beslissingen die Satoshi daarover nam en het probleem dat hij daarin alleen besliste. Een 'welwillende dictator' werd hij genoemd. In de maanden die volgden droeg Satoshi zijn werk over aan andere ontwikkelaars en verdween van het toneel.

Een bug zoals deze is een echte zwarte zwaan. Er kan iets gebeuren waardoor bitcoin onherstelbaar beschadigd raakt. De meest voor de hand liggende scenario's bevatten een hack of een bug waardoor geen consensus meer wordt bereikt over de inhoud van de blocks of de zekerheid dat alleen de eigenaar z'n geld kan besteden verdwijnt.

Maar dat alleen is niet voldoende voor een zekere dood van bitcoin. De gemeenschap zou bij het ontdekken daarvan kunnen besluiten het probleem op te lossen en verder te gaan vanaf het punt dat alles nog in orde was. Het moet dus een hack of bug zijn waarvan geen herstel mogelijk is. De makkelijkste manier om dat te bereiken is als de gemeenschap niet tot consensus komt over hoe het probleem moet worden opgelost. Het ontbreken van centraal leiderschap maakt het lastig om bij een acute crisis snel te coördineren.

Een ander scenario is dat de bitcoingemeenschap zo'n puinhoop maakt van de technologie van bitcoin dat hij onbruikbaar wordt. Hoe dat er precies uit zou zien weten we natuurlijk niet, dat is nu juist het venijnige van een zwarte zwaan.

Tot slot noemen we het scenario van een voortdurende, grootschalige aanval met als doel om bitcoin onbruikbaar te maken. Dat kan bijvoorbeeld op het niveau van het netwerk, door te voorkomen dat deelnemers transacties en blocks kunnen uitwisselen, of op het niveau van de miners door een gigantische hoeveelheid kwaadaardige rekenkracht te laten concurreren met de rest van de miners.

Dat laatste vereist een toelichting. Als je voor langere tijd in bezit bent van een ruime meerderheid van de rekenkracht, kun je een keten van lege blocks minen en de rest van de miners negeren. Omdat in jouw keten het meeste werk is verricht, is dat volgens het protocol de juiste keten. Dit zou een enorme operatie zijn die gigantische infrastructuur en investeringen vergt. Onze inschatting is dat dit voor een marktpartij al een tijdje niet meer haalbaar is, en dat alleen een land of groep landen dit zou kunnen proberen.

Solide monetair beleid

De meer dan 100 miljoen mensen wereldwijd die nu bitcoin bezitten hebben daar zelf voor gekozen. Het is ze niet opgelegd door wetten of regels. Ze zagen in bitcoin een bepaalde kwaliteit die voor hen waardevol was. Misschien de lage inflatie of de onafhankelijkheid van banken. Misschien de zekerheid over het monetaire beleid of de kans om rendement te maken. Als overheden en centrale banken wereldwijd een solide monetair beleid gaan voeren, wordt een flink deel van die redenen weggenomen.

Denk aan een nationale munt die z'n waarde vasthoudt, zodat het geld dat je verdient met de uren die je vandaag werkt over dertig jaar nog evenveel waard is. Je kunt dan de opbrengsten van je arbeid de toekomst in verplaatsen zonder dat je elk jaar een stukje inlevert aan inflatie.

Of financiële markten die niet kunstmatig opgepompt worden, zoals aandelen en vastgoed die gebruikt worden als alternatief voor spaargeld. Huizen worden weer betaalbaar en een jong stel hoeft niet op te bieden tegen grote investeerders. En een goede balans tussen privacy van burgers en het opsporen van misbruik. Een goede balans tussen zekerheid voor burgers en het aanpassen van de eigenschappen van het geld, zoals bestedingsvoorwaarden en houdbaarheid.

Als men dit op niet al te lange termijn realiseert, het liefst wereldwijd en zonder grenzen, dan neem je bitcoin zoveel wind uit de zeilen dat een flink deel van de mensen hun interesse zal verliezen. Het initiatief hiervoor ligt bij de politiek. Centrale bankiers hameren er sinds de kredietcrisis van 2008 en 2009 op dat ze niet veel meer kunnen doen dan tijd kopen voor de politici om de echte maatregelen te nemen om de economie te hervormen. 'Het enige wat een centrale bank kan doen, is in liquiditeit voorzien. En het enige wat liquiditeit kan doen, is tijd kopen. Vervolgens ligt het nemen van échte beslissingen over de economie in handen van politici en fiscale autoriteiten,' zei Paul Fisher van de Bank of England in 2012.

Sindsdien is er echter weinig hervormd en zijn er geen echte keuzes gemaakt. Dat is niet gek: het is een complex vraagstuk waarbij internationale coördinatie nodig is en veel landen pijnlijke ingrepen moeten doen. Wat dat betreft is de vergelijking met de energietransitie snel gemaakt. In dat licht is het onwaarschijnlijk dat bitcoin op deze manier aan z'n eind komt.

Bitcoin is (niet) onsterfelijk

- Het gaat niet om het boek, het gaat om de tekst.
- Het gaat niet om de cd, het gaat om de muziek.

- Het gaat niet om de blockchain, het gaat om de saldi.
- Het gaat niet om mining, het gaat om het protocol.

Veel van de manieren waarop bitcoin kan falen, gaan over de wijze waarop bitcoin nu technisch werkt. Denk aan het beveiligingsbudget voor miners, hacks en bugs. Maar in essentie is bitcoin niet de techniek, maar de informatie waarover we met behulp van deze techniek consensus hebben bereikt. En informatie is toch onsterfelijk?

De techniek kan falen, maar voor de informatie is herstel mogelijk. Het ecosysteem kan collectief beslissen om over te schakelen naar een ander consensusmechanisme of andere hashing-algoritmen. Of zelfs om de block subsidy in het protocol aan te passen.

Bitcoin is geen natuurkundige wet die ons is geschonken en waar we het maar mee moeten doen. We kunnen, als we dat willen, bitcoin aanpassen. Dat gebeurt ook voortdurend. Ontwikkelaars doen voorstellen voor verbeteringen van bitcoin door een gedetailleerde beschrijving en voorbeeldcode aan de rest van de gemeenschap voor te leggen. Het voorstel wordt uitgebreid besproken, getest en verbeterd. Tot het goed genoeg is om opgenomen te worden in de broncode. En dan is het aan de deelnemers van het netwerk om te beslissen of ze de nieuwe versie daadwerkelijk gaan gebruiken of niet.

Zoals je ziet vereist een verandering brede consensus in de gemeenschap. Onder normale omstandigheden duurt dat even. Maar dit zou weleens heel snel kunnen gaan als er een gebeurtenis voor de deur staat die het voortbestaan van bitcoin bedreigt. Zoals quantum computing. Of een te laag beveiligingsbudget voor miners.

Toch is bitcoin niet onsterfelijk. Zoals er een tijd was vóór bitcoin zal er ook een tijd zijn ná bitcoin. We weten alleen niet of dat over één, tien, honderd of duizend jaar zal zijn. Net zoals al bij honderden soorten geld is gebeurd, zal ook bitcoin ooit z'n monetaire waarde verliezen als mensen overschakelen naar een beter geld.

En daar zit de kern: als mensen niet meer geïnteresseerd zijn in bitcoin, dan verliest hij z'n waarde. Dat kan gebeuren wanneer wereldwijd alle overheden tegelijk bitcoin verbieden. Of als centrale banken wereldwijd een robuust monetair beleid gaan voeren. Of als de bitcoingemeenschap zo'n puinhoop maakt van de technologie van bitcoin dat hij onbruikbaar wordt.

Dan verliezen mensen hun interesse. Bitcoin verliest langzaam waarde. Miners zullen stoppen. Het overblijfsel van bitcoiners verzint een list om de blockchain veilig te houden. En uiteindelijk, een paar generaties later, is er niets meer van over.

Voorlopig zien we het tegenovergestelde. Er zijn inmiddels meer dan 100 miljoen mensen die bitcoin bezitten, en er komen er dagelijks meer dan honderdduizend bij. Zij maken allemaal individueel vrijwillig de keuze om bitcoin te gebruiken. Omdat het vandaag een probleem voor ze oplost of uit pure speculatie. Zou bitcoin ondanks de hete hangijzers en de zwarte zwanen een onderdeel kunnen zijn van de oplossing?

8. Bitcoin als oplossing

'We kunnen onze problemen niet oplossen met dezelfde denkwijze die we gebruikten toen we ze creëerden.'
– Albert Einstein, 1946

We zijn dit boek begonnen met een aantal lastige problemen waar ons huidige geldsysteem mee wordt geconfronteerd. Zou bitcoin onderdeel kunnen zijn van de oplossing? Om daarachter te komen, hebben we eerst bitcoin van verschillende kanten bekeken: hoe het werkt, wat er nog opgelost moet worden en hoe het kan mislukken. In dit hoofdstuk bekijken we allerlei manieren waarop bitcoin kan bijdragen aan het geldsysteem van de toekomst. Sommige invalshoeken zijn sterk en kansrijk, andere speculatief en ongewis. Bij elkaar geeft het een goed overzicht over bitcoin als oplossing.

Een neutrale meetlat

Bitcoin ontstond toen Satoshi Nakamoto de broncode schreef en publiceerde. Er ligt voor zover bekend geen plan van een bedrijf, ontwerp van een overheid of internationaal verdrag aan ten grondslag. Het is tegelijk van niemand en van iedereen. Geen land, cultuur, religie, ideologie of politieke stroming wordt door het protocol bevoordeeld. Bitcoin maakt net als internetprotocollen en het schaakspel geen onderscheid tussen arm of rijk, jong of oud, wit of zwart, oost of west. De regels zijn voor iedereen inzichtelijk en voor iedereen hetzelfde, zonder aanziens des persoons.

Bitcoin zou in de komende tien jaar kunnen uitgroeien tot een neutrale en universele meetlat waar elk ander financieel systeem zich aan kan toetsen. Deugt het monetaire beleid of ontbreekt de discipline om de geldhoeveelheid te beteugelen? Beschermt men de privacy van de gebruiker of sluipt er stilletjes steeds meer surveillance in het systeem? Heeft iedereen evenveel kans of wordt de een voorgetrokken en de ander buitengesloten?

Staten die zorgvuldig en rechtvaardig met hun burgers omgaan, hebben weinig te vrezen van bitcoin en kunnen hun goede beleid aantonen door bitcoin een plek te geven in het financiële systeem. Centrale banken die een solide monetair beleid voeren waarmee spaargeld z'n waarde behoudt en huizenprijzen in toom blijven, kunnen met een gerust hart bitcoin naast hun eigen munt laten bestaan.

Zo zou bitcoin de wereld kunnen verbeteren. Je begrijpt: we zijn aangekomen bij de optimistische, wellicht utopische kijk op bitcoin.

We hebben in de hoofdstukken hiervoor ruim aandacht besteed aan zwakke plekken, risico's en lastige kwesties. Bitcoin is een jonge technologie en er is geen enkele garantie dat het een groot succes wordt en ieders leven verbetert. We weten niet eens zeker of het over tien jaar nog wel enige rol van betekenis speelt.

Maar laten we eens aannemen dat bitcoin uitgroeit tot wat het kan worden, wat zou het de wereld dan kunnen brengen? In het eerste hoofdstuk schetsten we vier manieren waarop het huidige financiële stelsel tegen zijn grenzen aanloopt.

Ten eerste zorgt het noodgedwongen ruime beleid van overheden en centrale banken ervoor dat sparen niet meer loont en een eigen huis voor steeds meer jongeren buiten bereik ligt. Door de combinatie van torenhoge schulden en extreem lage rente kunnen we geen kant op. Geld stroomt van arm naar rijk en de schulden schuiven we door naar onze kinderen.

Ten tweede heeft het bankensysteem het zwaar. Door de lage

rente, de veelheid aan regels en de concurrentie van techbedrijven en centrale banken is hun toekomst onzeker, terwijl ze op dit moment wel een belangrijke rol spelen in de maatschappij.

Ten derde leeft een groot deel van de wereldbevolking in een land waar financiële surveillance en censuur aan de orde van de dag zijn, of waar de nationale munt jaarlijks tientallen procenten aan waarde verliest.

Ten vierde is het bestaande geldsysteem nu nog niet zo goed geschikt voor een mondiale, digitale toekomst. We zoeken programmeerbaar geld dat geschikt is voor *micropayments*, geen tegenpartijrisico kent en niet gekleurd is door een bepaald land.

Bitcoin lost niet alles op. Maar in dit hoofdstuk nemen we je mee langs een aantal manieren waarop bitcoin wel onderdeel kan zijn van de oplossing.

Cypherpunks

Misschien is het je weleens opgevallen dat WhatsApp bij een nieuwe chat een melding toont dat gebruikgemaakt wordt van end-to-end-encryptie. Dat betekent dat de inhoud van de berichten door niemand anders leesbaar is dan de mensen in de chat. Facebook, de eigenaar van WhatsApp, weet wel iets over met wie je contact had en op welk moment, maar niet waarover het ging.

Encryptie, of versleuteling, wordt op talloze plekken in ons dagelijks leven gebruikt om te voorkomen dat onze gegevens te stelen zijn of onze communicatie af te luisteren is. Denk aan je wifi-verbinding, bestanden in de cloud, accountgegevens in je wachtwoordkluis en een groot deel van het internetverkeer.

Dat is niet vanzelfsprekend. In de jaren negentig overwogen veel landen een verbod voor burgers en bedrijven om sterke versleuteling te gebruiken. Versleuteling moest zodanig zwak zijn dat geheime diensten haar gemakkelijk konden kraken. Vanuit sommige landen werd ook het exporteren van versleutelingsalgoritmen aan banden gelegd. De Verenigde Staten hadden *strong cryptography* geclassificeerd als munitie en daarmee gelijkgesteld aan chemische en biologische wapens, raketten en tanks. De straf voor het exporteren was in de orde van een miljoenenboete of jarenlange gevangenisstraf.

De cypherpunkbeweging zette zich sinds eind jaren tachtig actief in om elk individu met behulp van cryptografie te voorzien van betere privacy en digitale veiligheid. Zo lieten ze als protest drie regels perl-broncode op een shirt drukken waarmee RSA-versleuteling mogelijk was. Die viel onder de exportrestrictie, waardoor het strafbaar was om met dit shirt aan door de douane te lopen.

De naam cypherpunks werd in 1992 bedacht bij een van de eerste bijeenkomsten van een groepje cryptografen in San Francisco onder leiding van Eric Hughes, Tim May en John Gilmore. Ze zetten een mailinglijst op waar ze hun ideeën over cryptografie, wiskunde, informatica en privacy bespraken. Een jaar later schreef Hughes 'A Cypherpunk's Manifesto', waarin de belangrijkste overtuigingen goed worden samengevat.

'Privacy is noodzakelijk voor een open samenleving in het elektronische tijdperk,' start het manifest. 'Dat is iets anders dan geheimhouding. Een privézaak is iets waarvan iemand niet wil dat de hele wereld het weet, maar een geheime zaak is iets wat niemand mag weten. Privacy is de macht om zelf te kiezen wat je aan de wereld onthult.'

De cypherpunks voorzagen toen al dat de invloed van grote partijen flink zou groeien door de toename van automatisering, en dat ze niet uit zichzelf privacy zouden bieden. 'We kunnen niet verwachten dat regeringen, bedrijven of andere grote, anonieme organisaties ons privacy verlenen,' schreven ze. 'We moeten onze eigen privacy verdedigen als we daarover later nog willen beschikken.'

Een belangrijk principe voor cypherpunks is om het niet bij denken en praten te houden, maar in actie te komen. Ze namen daarom deel aan overheidsconsultaties over versleuteling en ze voerden rechtszaken om versleuteling legaal te maken. Maar het liefst maken ze software. 'We zijn toegewijd aan het bouwen van anonieme systemen. We verdedigen privacy met cryptografie, met anonieme *mail forwarding*-systemen, met digitale handtekeningen en met elektronisch geld. Cypherpunks schrijven code die voor iedereen gratis is, wereldwijd. Het maakt ons niet zoveel uit als je de software die we schrijven niet goedkeurt. We weten dat software niet kan worden vernietigd en dat een wijdverbreid systeem niet kan worden afgesloten.'

In de jaren die volgden maakten ze dit waar. De cypherpunks stonden aan de wieg van technologie zoals PGP voor versleutelde e-mails, OTR voor versleutelde chat, TOR voor versleuteld webverkeer en Bittorrent voor het oncensureerbaar versturen van bestanden. Bekende cypherpunks zijn Marc Andreessen als oprichter van Netscape en bedenker van SSL voor versleuteling van webverkeer, Julian Assange als oprichter van Wikileaks en Rop Gonggrijp als oprichter van de Nederlandse internetprovider XS4ALL.

Bitcoin heeft zijn wortels in de cypherpunkbeweging. De bitcoinwhitepaper verwijst bijvoorbeeld naar *b-money* van Wei Dai en *hashcash* van Adam Back, beide cypherpunks. Ook de allereerste gebruikers van bitcoin waren cypherpunks, zoals Hal Finney, die de eerste bitcointransactie ontving. Adam Back, de man die de drie regels perlcode schreef die in de jaren negentig op T-shirts werden gedrukt, heeft later Blockstream opgericht om de ontwikkeling van bitcoin en het ecosysteem eromheen te bevorderen.

Hoewel we niet weten wie Satoshi Nakamoto is (of zijn), krijgen we zo wel een goed beeld bij de principes en ideologie van waaruit bitcoin bedacht is.

Tegelijk moeten we onderkennen dat bitcoin geen eigendom is van de cypherpunks. Bitcoin wordt gebruikt door vriend en vijand, eerbaar burger en crimineel, progressief en conservatief. Het betekent ook dat allerlei ideologieën bitcoin vanuit hun eigen perspectief waarde toekennen. Van libertariërs die een kleinere rol voor de overheid willen tot socialisten die een neutrale, publieke tegenmacht willen tegen het kapitalisme.

Bitcoin maakt het allemaal niets uit. Het project mag dan voortkomen uit een bepaalde ideologie, het protocol zelf heeft geen mening over hoe het wordt gebruikt. Net als in eerste instantie voor de producten van de cypherpunks gold, moet een deel van de toepassingen van bitcoin nog worden uitgevonden. En al die tijd is het netwerk voor iedereen toegankelijk en produceert het elke tien minuten een block.

Bitcoin als parachute

De roots van bitcoin brengen ons bij een interessant vraagstuk. Bitcoin voldoet niet aan de oorspronkelijke wens van de cypherpunks om de gebruiker volledige privacy te bieden bij elektronische betalingen. Bitcoin is niet anoniem, maar pseudoniem. Iedereen kan de administratie van transacties inzien. Als je eenmaal weet wie er bij een bitcoinadres hoort, kun je toekomstige en historische transacties onder de loep nemen. Gespecialiseerde analysebedrijven kunnen zo heel aardig inzicht krijgen in hoe geldstromen lopen.

Tegelijkertijd hebben gebruikers wel enige beslotenheid en de ontwikkelingen aan bitcoin wijzen in de richting van toenemende privacy. Zo zijn betalingen via het lightningnetwerk veel lastiger te inspecteren dan betalingen op de basislaag. En steeds meer wallets helpen de gebruiker om hun privacy te vergroten, bijvoorbeeld door nooit een adres te hergebruiken.

Er wordt door twee krachten aan bitcoin getrokken. Aan de ene kant ontwikkelaars die, gedreven door ideologie, veranderingen aanbrengen in de technologie om meer privacy mogelijk te maken. Aan de andere kant overheden die wetgeving en toezicht introduceren om hun inzicht in de financiën van burgers juist te vergroten.

De motieven om meer surveillance te willen, zijn daarbij overigens niet per se kwaadaardig. Overheden willen dat iedereen netjes belasting betaalt en dat criminaliteit kan worden aangepakt. Maar zelfs in een samenleving waar de overheid het beste voorheeft met haar burgers ontstaan structuren en systemen met onplezierige bijwerkingen.

Sommigen zullen de dupe worden van discriminatie, zoals het ten onrechte intrekken van toeslagen op basis van over jou vastgelegde gegevens. Anderen voelen zich onvrij door de wetenschap dat hun hele doen en laten wordt vastgelegd in databases en in de toekomst tegen hen gebruikt kan worden.

Organisaties zoals Bits of Freedom en Privacy First komen op voor de privacy en vrijheid van burgers door bezwaar te maken tegen de honger naar data en surveillance van overheid en bedrijven. In verschillende landen leidt dit tot verschillende evenwichten. Vergeleken met bijvoorbeeld China hebben we het hier in Nederland niet slecht, ondanks de sleepwet, de vele datalekken en het toeslagenschandaal.

Zo'n evenwicht zou in de toekomst best kunnen verschuiven naar meer surveillance en inperking van vrijheden. De macht over het geldsysteem speelt hierin een belangrijke rol. Je zou het bestaan van bitcoin kunnen zien als een publieke voorzorgsmaatregel. Op een plek waar iedereen elkaar vertrouwt en niemand kwaadaardige motieven heeft, lijkt bitcoin een dure voorzorgsmaatregel. Het voelt als overbodige luxe. Maar het probleem van voorzorgsmaatregelen is dat je ze pas gaat waarderen als je ze nodig hebt. Denk aan parachutes, airbags en kreukelzones.

Het is goed denkbaar dat er een periode voor de deur staat waarin de neutraliteit van het geldsysteem (verder) onder druk komt te staan. Als we overstappen op digitaal programmeerbaar geld, dan kan een centrale bank of een supranationale organisatie volledig inzicht hebben in hoe je je geld besteedt. Een donatie aan een milieubeweging. Een lidmaatschap van een religieuze politieke partij. Een hapje eten in een fastfoodrestaurant.

Sterker nog, ze kunnen zelfs gaan bepalen hoe je je geld kunt besteden en hoelang het z'n waarde behoudt. Agustín Carstens, hoofd van de Bank voor Internationale Betalingen (BIS), zei dit op 19 oktober 2020 zo: 'Centrale banken zullen de absolute beheersing hebben over de regels die bepalen hoe je het geld kunt gebruiken, en ook de technologie om dat af te dwingen.' Landen die privacy en vrijheid van de burgers hoog in het vaandel hebben, zouden die verworvenheid kunnen delen met de rest van de wereld door bitcoin als neutraal wereldwijd geldsysteem te accepteren en te promoten. Privacy en vrijheid als exportproduct!

Bitcoin als gelijkmaker

Internet democratiseerde informatie en kennis. Datgene waar je een halve eeuw geleden een cursus of studie voor moest volgen of een dure encyclopedie voor moest aanschaffen, is nu voor iedereen vrij beschikbaar. Vijftig jaar geleden was publiceren voorbehouden aan een kleine groep die toegang had tot de grote media, uitgeverijen en zendtijd. Blogs, social media, YouTube en podcasts hebben iedereen ter wereld een gratis podium gegeven om zijn inzichten te delen.

Dat levert ontegenzeggelijk nieuwe problemen op, zoals fraudeurs die met fake news mensen misleiden en een zondvloed aan onzin. Maar het signaal in de ruis is dat je over praktisch elk onderwerp gedegen kennis kunt opdoen: van programmeren en hardlooptechniek tot het verbouwen van groente.

Bitcoin democratiseert geld. Het enige wat je nodig hebt om mee te doen, is een smartphone met een internetverbinding. Wist je dat er ruim 1 miljard mensen zijn die niet beschikken over een bankrekening, maar wel een smartphone hebben? Inclusiviteit en toegankelijkheid zijn in het bitcoinprotocol vastgelegd, en ieder jaar worden de diensten en producten die eromheen gebouwd zijn beter, goedkoper en eenvoudiger in gebruik.

Bij veel grote innovaties, van treinen en auto's tot drones en robotica, was het erg lastig voor een normale particulier om vroeg te investeren en mee te profiteren van de enorme waardetoename die volgde. Bitcoin is nu ook zo'n jonge technologie, en toch zijn toegang tot de juiste kringen en een minimale inleg van miljoenen niet nodig om mee te kunnen doen.

Een professional op Wall Street en een millennial van het Nigeriaanse platteland handelen tegen dezelfde koers. Een Indiër heeft toegang tot alle bitcoindata zonder dat hij daarvoor een Bloombergterminal van tienduizenden dollars per jaar nodig heeft. Een Argentijn kan met geld programmeren en nieuwe toepassingen lanceren zonder te betalen voor Amerikaanse juristen. Een Filipijn kan verifiëren dat een transactie geldig is zonder te vertrouwen op bankiers aan de andere kant van de wereld.

Het voorrecht van toegang tot een stabiele munt is niet langer voorbehouden aan de inwoners van de rijkste landen. En internationaal geld versturen zonder dat de transactiekosten een hap uit je inkomsten nemen, helpt vooral de armsten vooruit. Helpt bitcoin zo om de wereld iets minder ongelijk te maken?

Hoe het ecosysteem van bitcoin er over tien of twintig jaar uitziet, weten we nog niet. Maar als het internet een goede voorbode is, dan zou het signaal weleens kunnen zijn dat het praktisch elke financiële dienst toegankelijk maakt voor iedereen.

Bitcoin als optie

Een porseleinen kopje is fragiel. Laat het vallen en het is kapot, in scherven. Een blok beton is robuust. Laat die vallen en er is niets aan de hand. Ze lijken elkaars tegenpolen, maar Nassim Taleb bepleit dat er eigenlijk nog een derde categorie ontbreekt: antifragiel.

Als 'fragiel' schade ondervindt van schokken en 'robuust' neutraal is, dan zou 'antifragiel' beter moeten worden van schokken en baat hebben bij stress, wanorde, prikkels, variatie, toeval en tijd. Het fragiele zoekt rust en haat het onverwachte. Het robuuste is onverschillig. Het antifragiele houdt van avontuur, risico en onzekerheid. Op een doos met fragiele spullen plak je een sticker waar 'breekbaar' op staat. Op een doos met robuuste spullen staat helemaal niets. Zit er iets antifragiels in de doos, dan zou je er 'gooi mij a.u.b.' op moeten zetten.

'Antifragiliteit is het tegengif voor de zwarte zwaan,' schreef Taleb in de proloog van zijn boek *Antifragiel*. 'We weten veel minder over overstromingen die eens in de honderd jaar plaatsvinden dan over overstromingen die eens in de vijf jaar plaatsvinden.'

Bij een ramp die maar heel zelden voorkomt, kun je je wellicht niet op de precieze gebeurtenis zelf voorbereiden, maar wel op de mogelijke gevolgen. Je hoeft bijvoorbeeld niet te weten welke natuurramp je precies zal treffen om voorbereid te zijn op een periode van een week dat je jezelf redden moet. Je hoeft niet te weten waarom de stroom bij het ziekenhuis uitvalt – een zonnestorm, raketaanval, botte pech – om een noodstroomvoorziening te installeren. Je hoeft niet te weten wanneer en waarom je werkloos wordt om andere opties achter de hand hebben.

Een van de manieren om antifragieler te worden is het verzamelen van opties. Met een optie kun je voordeel halen uit de positieve kant van onzekerheid, zonder de bijbehorende schade van de negatieve kant ervan te ondervinden.

Een optie betekent dat je iets mag of kunt, maar dat het niet verplicht is. Je kent het woord misschien van de financiële markten. Een optie op een aandeel is het recht (maar niet de plicht) om dat aandeel tegen een bepaalde prijs te kopen of verkopen. Of misschien heb je weleens een optie genomen op een vlucht, vakantiehuis of auto. Die is dan gereserveerd voor jou; je hebt het recht om te kopen, maar niet de plicht.

Een optie is asymmetrisch. Je hebt *zeker* weinig nadelen en *mogelijk* veel voordelen. Anders gezegd: je koopt tegen vooraf bekende lage kosten de mogelijkheid om onbekende hoge opbrengsten te genieten. De beste opties zijn gratis opties: Geen *downside*, mogelijk wel *upside*.

Optionaliteit is een geweldig instrument bij handelen en beslissen in onzekerheid. Hoe meer opties je hebt, hoe minder precies je hoeft te weten wat er gaat gebeuren. En andersom geldt ook dat hoe meer onzekerheid, risico, stress en wanorde er zijn, des te waardevoller het is om opties te hebben.

Sommige mensen zien het bestaan van bitcoin als een optie voor de wereld en het bezitten van bitcoin als een optie voor het individu. Er is fundamentele onzekerheid over de toekomst, niemand weet hoe die eruitziet, maar er is een hele waaier aan toekomsten te bedenken waarin het bestaan of het bezitten van bitcoin gunstig uitpakt.

Utopische toekomsten waarin bitcoin als neutrale standaard de wereldwijde welvaart vergroot, en de mensen die hier al vroeg in geloofden bovengemiddeld profiteren van de waardestijging. Dystopische toekomsten waarin het bestaande systeem faalt met bijvoorbeeld een ernstige bankencrisis, een periode van heel hoge inflatie of een wereldwijde schuldsanering. Of steeds verder afnemende vrijheid en toenemende surveillance. Bitcoin kan dan een alternatief bieden.

Dergelijke scenario's worden nogal eens afgedaan als overdreven zwartgallig, maar historicus Niall Ferguson, hoogleraar aan Harvard en de London School of Economics, drukt ons met de neus op de feiten: 'De geschiedenis vertelt ons dat heel grote crises echt plaatsvinden, en soms zelfs vaker dan één keer per eeuw.' Dat het er nu allemaal nog prima uitziet, biedt geen soelaas: 'Ik [ben] tot het besef gekomen dat er weinig zaken moeilijker nauwkeurig te voorspellen zijn dan de timing en de omvang van financiële crises, omdat het financiële systeem zo ontzettend complex is en omdat zoveel van de relaties in het geldwezen niet-lineair en zelfs chaotisch zijn.'

Een optie kan de symmetrie terugbrengen in relaties waarin

de ene partij macht heeft over de andere. De werkgever bepaalt de aard van de werkzaamheden en houdt toezicht, de werknemer heeft de optie om ontslag te nemen. Het bestaan van een optie heeft daarom niet alleen waarde voor de mensen die de optie benutten, maar ook voor alle anderen. Als huishoudens, bedrijven, vermogensbeheerders en zelfs landen door bitcoin een neutraal alternatief hebben, dan houdt dat allerlei machthebbers scherp. Het disciplineert.

Het houdt overheden scherp in hoeveel financiële surveillance ze doen, er is immers een alternatief waar je behoorlijk wat privacy hebt. Het houdt centrale banken scherp in hoe extreem ze het monetaire beleid maken, er is immers een alternatief waar niemand onbeperkt van kan bijdrukken. Het houdt grote wereldmachten scherp in hoe sterk ze hun wil opdringen aan kleine landen, er is immers een alternatief voor de dollar als handelsmunt. Het houdt commerciële banken scherp in de kwaliteit van de diensten, er is immers een alternatief waarmee sparen, betalen, lenen, handelen en verzekeren misschien wel sneller, goedkoper of veiliger zijn.

Merk op dat bitcoin dit nu nog niet ten volle kan bieden. Het is er nog te klein en onvolwassen voor. Maar geef het een decennium en dan zou het er weleens heel anders uit kunnen zien!

Een bitcoinstandaard

In zijn boek *De Bitcoin Standaard* verkent Saifedean Ammous hoe de wereld eruit zou kunnen zien als men bitcoin in gebruik zou nemen als geldsysteem. Dit valt samen met wat men soms *hyperbitcoinization* noemt, het punt waarop bitcoin het meestgebruikte geld op de wereld wordt.

Zijn visie is geworteld in de Oostenrijkse school, een stroming in de economie die het handelen van het individu en interacties tussen mensen als vertrekpunt neemt, en die niets opheeft met theorieën en modellen die werken met aggregaten en gemiddelden zoals werkloosheid, economische groei en CPI. Onderdeel van die visie is dat mensen uit zichzelf het meest solide geld zullen verkiezen boven zwakkere alternatieven. En naar de overtuiging van Ammous is bitcoin dat meest solide geld.

Een belangrijk uitgangspunt in zijn boek is dat bitcoin, als het eenmaal wereldwijd in gebruik is genomen en grote koersschommelingen verleden tijd zijn, bijzonder goed z'n waarde behoudt. Dat komt doordat de geldhoeveelheid vastligt, en vermogen niet door inflatie verwatert. Als de economie groeit, dan zal de koopkracht van het geld zelfs langzaam groeien. En dat heeft gevolgen voor alle facetten van het leven.

Omdat de koopkracht van spaargeld onder een bitcoinstandaard elk jaar een beetje toeneemt, hoeven mensen van hun verdiende geld geen vastgoed of aandelen meer te kopen alleen maar om de koopkracht te bewaren, een spaarrekening is voldoende. Een eigen huis wordt weer betaalbaar en aandelen worden weer gewaardeerd op de werkelijke waarde en potentie van het bedrijf.

Centrale banken kunnen de rente niet meer kunstmatig laag houden, waardoor die weer het werkelijke risico op bankroet van de lener zal weerspiegelen. Natuurlijk worden er nog wel schulden gemaakt, maar geld lenen voor de aanschaf van iets onbenulligs doe je niet meer en bedrijven lenen alleen als er echt een goed plan aan ten grondslag ligt, en niet om de eigen aandelen in te kopen.

Als sparen weer zin heeft, verstomt de opzwepende prikkel om zo snel mogelijk je geld te besteden. Er ontstaat weer ruimte om na te denken over de lange termijn, over je toekomst en die van je kinderen. We kunnen de deflatoire kracht van innovatie omarmen, in plaats van proberen die te compenseren door koste wat kost inflatie te veroorzaken. Mensen kunnen dan juist wat minder gaan werken in plaats van meer. Dat zorgt wellicht voor een hechtere gemeenschap en minder stress en welvaartsziekten.

Als je geld elk jaar meer waard wordt, geef je het alleen uit aan spullen die je echt nodig hebt en die lang meegaan. Voor de energietransitie zou dat niet verkeerd zijn. Minder productie, minder transport, minder reisbewegingen. Wellicht is het ontwerp van het huidige geldsysteem wel de grootste belemmering in vergroening van de economie. Het huidige systeem, gericht op veel produceren en veel consumeren, heeft de wereld grote welvaartsgroei gebracht. Maar wat ons hier bracht, brengt ons dat ook verder? Of moeten we het op schulden en lenen gerichte systeem inwisselen voor een op bezit en sparen gericht systeem?

In het boek schetst Ammous een zonnig vooruitzicht waarin solide geld zorgt voor meer toekomstgerichtheid, beter gebruik van kapitaal, soepeler handel, meer aandacht voor cultuur en kunst, en niet in de laatste plaats: minder oorlogen. Ammous redeneert dat als overheden de belasting moeten verhogen om een oorlog te financieren, in plaats van wat extra inflatie te veroorzaken, dat er dan veel minder oorlogen zullen worden gevoerd: 'Een overheid met toegang tot een geldprinter kan blijven vechten tot het de volledige waarde van het geld vernietigd heeft, en niet slechts tot het geld op is.'

Een groot vraagteken is wat ons betreft het gevolg van een vaste geldhoeveelheid op de economie. Daardoor zal er in bitcoin uitgedrukt sprake zijn van deflatie: de koopkracht van een bitcoin neemt elk jaar toe. Nu is niet elke vorm van deflatie slecht, zoals we in hoofdstuk 2 bespraken, maar veel economen hebben toch de opvatting dat er grote problemen ontstaan als de geldhoeveelheid niet kan meegroeien met de economie.

Verder is er te weinig aandacht voor de weg vanuit het huidige geldsysteem naar de beoogde bitcoinstandaard. Men springt meteen naar een toekomstige wereld waarin de samenleving en economie al zijn aangepast aan het nieuwe geld. Waarin het normaal is geworden dat lonen en uitkeringen af en toe iets lager worden. Waarin mensen wellicht een tijdje hun hand op de knip hebben gehouden, maar uiteindelijk toch gewoon weer zijn gaan consumeren en investeren. En waarin we gewend zijn geraakt aan een wat scherpere afstraffing van bedrijven die onvoldoende winstgevend zijn en werknemers van wie de vaardigheden verouderd zijn.

Als dit scenario al realiteit zou worden, dan plaatsen wij het enkele tientallen jaren verder in de toekomst. Tot die tijd zal bitcoin hoogstens bestaan naast andere munten.

Een nieuw monetair anker

Tijdens zijn werk voor een Amerikaanse denktank beschreef politicoloog Joseph Overton het mechanisme dat later bekend werd als het Overton-venster. Hij rangschikte opvattingen op een schaal van ondenkbaar naar radicaal, acceptabel, verstandig, populair tot aan huidig beleid.

Binnen het venster valt al het gedachtegoed dat op z'n minst acceptabel is voor politiek en publieke opinie. Alles wat nu beleid is, daar hoef je het niet over te hebben. Met populair en verstandig scoor je punten. En acceptabel is weliswaar nog niet algemeen aanvaard, maar het is bespreekbaar. Opvattingen kunnen in de loop der tijd over de schaal bewegen van ondenkbaar via radicaal naar acceptabel, en zo in het Overton-venster komen. Dat kan heel langzaam gaan en tientallen jaren duren, of heel plotseling, bijvoorbeeld bij een acute crisis.

Zo is er een opkomende stroming in de economie, genaamd modern monetary theory (MMT), die bepleit dat overheden juist maximaal gebruikmaken van de vrijheid die fiatgeld hun geeft. Het ontbreken van een fysieke beperking aan de geldhoeveelheid is volgens hen een zegen omdat het de overheid in staat stelt op een andere manier naar geld te kijken. 'Het tekort van de overheid is automatisch het overschot van burgers, bedrijven en buitenland,' legt MMT-econoom Stephanie Kelton uit in haar boek *The Deficit Myth*. Daardoor zouden (grote) overheidstekorten geen probleem zijn, maar juist de oplossing.

Een overheid die over z'n eigen geld gaat en geen schulden heeft in andere valuta's* kan niet failliet gaan, omdat de rente en aflossing altijd kunnen worden voldaan door meer geld uit te geven. De landen met een stabiele munt waar veel vraag naar is, zouden volgens MMT'ers het begrotingstekort veel verder moeten laten oplopen. Ze zouden enorme investeringen moeten doen in een nieuwe technologische revolutie, vergelijkbaar met de missie in de jaren zestig om naar de maan te vliegen. Wat zo'n missie vandaag moet zijn? Voor iedereen ter wereld overvloedig goedkope hernieuwbare energie of het genezen van ziekten en verlengen van levens bijvoorbeeld.

De gedachte is dat deze investeringen voor geweldige economische groei gaan zorgen, waardoor alle problemen als sneeuw voor de zon verdwijnen. En daar zal de hele wereld van profiteren. Enerzijds door de voortgebrachte nieuwe technologie, anderzijds omdat deze rijke landen in de tussentijd veel importeren uit armere landen, die hierdoor sterker en rijker kunnen worden.

Het plan is dat de overheid voor biljoenen aan investeringen doet. De enige beperkende factor is consumentenprijsinflatie. Zodra die stevig begint op te lopen zou de overheid wat gas terug moeten nemen. Tot die tijd kunnen alle remmen los. Dat kan indirect doordat de centrale bank meteen alle schulden van de overheid opkoopt, of direct door de centrale bank en het ministerie van Financiën te fuseren en het geld rechtstreeks op de rekening wordt bijgeschreven.

Op dit moment wordt deze denkrichting nog als tamelijk losbandig gezien, en de steeds grotere overheidsschulden als uitsteltactiek. Maar het is al een heel eind opgeschoven van ondenkbaar richting acceptabel. In de VS kregen burgers al rechtstreeks cheques van de overheid als coronasteun en in Canada kocht de centrale bank tijdens de pandemie vrijwel meteen alle nieuwe staatsobligaties op.

---

* Merk op dat dit hoofdzakelijk geldt voor de grote, rijke landen. Armere landen hebben vaak schulden in dollars en kunnen wel degelijk failliet gaan.

De tweede opvatting die de afgelopen jaren in het Overton-venster is geschoven, is dat bitcoin een serieuze rol kan spelen in het financiële systeem van de toekomst. Terwijl het in 2013 een onschaalbare, experimentele munt voor nerds en criminelen was, zien we nu grote banken er diensten voor maken en beursgenoteerde bedrijven het op hun balans zetten. Techinvesteerders zoals ARK Invest en tech-CEO's zoals Jack Dorsey (Twitter) en Elon Musk (Tesla) spreken hun steun uit.

De derde opvatting die de afgelopen jaren langzaam richting het Overton-venster schuift is dat er een nieuw monetair anker nodig is. Een renovatie van het wereldwijde financiële systeem. Een minder prominente rol voor de dollar en een nieuwe samengestelde wereld-reservemunt, zoals de gouverneur van de Britse centrale bank Mark Carney in 2019 bepleitte.

'De wereldeconomie heeft een nieuw valuta-anker nodig,' schreef hoogleraar economische en monetaire politiek Wim Boonstra in juni 2021. Omdat er geen land meer is dat een overweldigende hegemonie heeft, zoals de VS in de jaren veertig, helpt het niet om een andere munt dan de dollar het valuta-anker te maken. Ook één munt voor de hele wereld is volgens hem geen oplossing: 'Een objectieve standaard is beter, maar wereldgeld is een illusie.' Hij stelt voor om de SDR, het valutamandje van het IMF, in te zetten als valuta-anker.

Hij eindigt met: 'Dit alles is een proces van (zeer) lange adem. Alle grote landen moeten meewerken en dat is op dit moment politiek ondenkbaar.' Kortom, het valt nog niet in het Overton-venster. Publicaties zoals die van Boonstra dragen bij aan het acceptabel maken van het idee. Net zoals de in hoofdstuk 2 genoemde uitspraken van IMF-directeur Georgieva die oproept tot een nieuw Bretton Woods-moment om 'een beter morgen' te bouwen.

Zo worden dit decennium wellicht drie opvattingen tegelijk acceptabel en misschien zelfs verstandig en populair. Ten eerste de overheid die het fiatgeldsysteem omarmt en met enorme investeringen op jacht gaat naar een technologische revolutie en daardoor economische groei: een levensverlengende operatie van het huidige geldsysteem. Ten tweede bitcoin als neutraal, wereldwijd, digitaal geld waarmee men kan sparen en betalen. Ten derde de noodzaak van een nieuw monetair anker voor de wereld, dat beter past bij de machtsverhoudingen van de komende decennia.

Het is onmogelijk om te voorspellen hoe dit precies uitpakt. Wij kunnen ons een heel spectrum van mogelijke toekomsten voorstellen. Bitcoin blijft een onafhankelijk systeem naast het officiële geldsysteem. Bitcoin wordt als top 10-munt onderdeel van het valutamandje van het IMF. Bitcoin wordt onderdeel van de reserves van centrale banken en nationale munten verhouden zich tot bitcoin. Of geen enkele rol natuurlijk, als het wordt verboden en vernietigd.

Analisten van Citibank schreven in maart 2021 in een rapport: 'Waar staat bitcoin over een jaar of zeven? Het rapport ziet het voordeel van bitcoin in wereldwijde betalingen, waaronder het decentrale ontwerp, het ontbreken van wisselkoersrisico, snelle (en mogelijk goedkopere) geldbewegingen, veilige betaalkanalen en traceerbaarheid. Deze eigenschappen, gecombineerd met bitcoins wereldwijde bereik en neutraliteit, zouden het kunnen voortstuwen om de voorkeursmunt te worden voor internationale handel.'

Over een paar jaar zijn de economieën van de VS en China even groot en de eurozone zit daar niet ver vandaan. Hoe gaan die zich ten opzichte van elkaar verhouden? Wie krijgt de voordelen (en nadelen) van de macht over de wereldreservemunt? In welke munt prijzen we de olie en rekenen we de internationale handel af? Als bitcoin daar een rol in speelt, zoals de analisten van Citibank suggereren, dan is dát misschien wel de eerste voorzichtige bitcoinstandaard.

Bitcoin als publiek goed

Eeuwen geleden gebruikten boeren gemeenschappelijk land voor hun vee. Het land was niet in eigendom van één enkele partij maar werd gedeeld, en de gebruikers moesten regels en etiquette volgen om te mogen blijven deelnemen. Een protocol, zou je kunnen zeggen. In sommige gevallen kan zo'n gemeenschappelijk bezit meer en efficiënter waarde leveren dan een marktpartij of overheidsregulering. Opensourcesoftware is een goed voorbeeld. Toch is deze vorm van samenwerking de afgelopen honderd jaar volledig overschaduwd door grote bedrijven en instituten. Bij het gezamenlijk gebruiken van een gemeenschappelijke bezit ligt misbruik op de loer. *The tragedy of the commons*, heet dit verschijnsel, waarbij 'the commons' of in het Nederlands 'de meent' verwijst naar het gemeenschappelijke stuk land.

Als een enkele boer besluit om meer koeien te laten grazen op de gemeenschappelijke weide, dan zijn de opbrengsten voor hem (extra melk) en de kosten voor het collectief (minder gras per koe). Moderne voorbeelden zijn het leegvissen van de zeeën en luchtvervuiling als gevolg van autoverkeer. Als mensen gebruikmaken van een publiek goed, zoals land, bos, zee of schone lucht, dan krijgen ze niet de volledige rekening van hun gebruik gepresenteerd.

Traditioneel bevecht men de tragedy of the commons door de overheid regels te laten opstellen of marktpartijen eigenaar te maken van een bepaalde schaarse bron. Totdat econoom Elinor Ostrom dit vraagstuk bestudeerde en principes opstelde waarmee commons kunnen worden bestierd door een groep mensen: 'Er is geen reden om te geloven dat bureaucraten en politici, hoe goed ze het ook bedoelen, beter zijn in het oplossen van problemen dan de mensen ter plaatse, die de sterkste prikkel hebben om het precies goed op te lossen.' Ze kreeg er in 2009 de Nobelprijs voor economie voor.

Hoe goed haar ideeën ook zijn, ze zijn gemaakt voor een situatie waarin iedereen elkaar kent en elkaar kan aanspreken op de gemaakte regels. Niet bruikbaar op landelijke schaal, laat staan mondiaal. Een neutraal protocol zoals bitcoin zou precies dat kunnen doen: het laten opschalen van de commons. Het bestuur ligt in handen van miljoenen deelnemers die ervoor zorgen dat niemand de regels zomaar kan aanpassen en verifiëren dat iedereen de regels volgt.

Techondernemer Rutger van Zuidam spreekt over *digital commons*, publieke digitale infrastructuur die van niemand is en waar iedereen kan meedoen. Hij betoogt dat onze digitale infrastructuur, en de bijbehorende persoonlijke gegevens, niet in handen zouden moeten zijn van een overheid of een groot techbedrijf. Het levert monopolies op, zoals Uber die de infrastructuur voor personenvervoer beheerst, of Twitter die de infrastructuur voor microblogging beheerst.

Met dat laatste is Twitter-CEO Jack Dorsey zelf ook niet gelukkig. Hij onderkent dat Twitter een gesloten platform heeft gebouwd in plaats van een open protocol, en dat dit ongewenste gevolgen heeft voor de gebruikers. Eind 2019 heeft hij een afdeling opgezet waar men werkt aan een open en decentraal protocol voor social media: de gebruiker blijft eigenaar van zijn eigen data en iedereen mag aansluiten op het netwerk door de open standaard te gebruiken. Twitter gaat zelf ook gebruikmaken van deze publieke infrastructuur, als een van de vele apps.

Volgens Dorsey maakt bitcoin dit mogelijk, enerzijds als onderliggende infrastructuur en anderzijds als 'geld van het internet' dat heel nieuwe businessmodellen mogelijk maakt. In 2021 vertelde hij dat Twitter experimenteert met het integreren van het lightningnetwerk waarmee twitteraars elkaar microbetalingen kunnen sturen.

Merk op dat het voor een wereldwijd, neutraal protocol onvoldoende is om 'een blockchain' te gebruiken. Het voldoet pas als er geen censuur of uitsluiting mogelijk is en niemand de regels zomaar kan aanpassen. Op dit moment kan alleen bitcoin deze rol vervullen, en ethereum maakt kans zich daar in de toekomst bij aan te sluiten. Bij alle andere blockchains is er grote mate van centralisatie en ligt de macht, als het erop aankomt, bij een paar partijen. Simon Lelieveldt, voormalig hoofd toezicht en financiële markten van de Nederlandse Vereniging van Banken, noemt bitcoin daarom een publiek goed: 'Het hebben van een open source, transparant en functioneel digitaal notarieel systeem dat het mogelijk maakt om wereldwijd waarde te versturen is haast een publiek goed.' Publieke goederen zijn bijvoorbeeld een gezamenlijke taal, schone lucht, dijken, vuurtorens, straatverlichting en vrije opensourcesoftware. De beschikbaarheid van publieke infrastructuur waarop digitale bezittingen kunnen worden vastgelegd – of dit nu geld, aandelen, auteursrechten of identiteitsgegevens betreft – is misschien wel een van de waardevolste uitvindingen van de eenentwintigste eeuw. Lelieveldt: '[Bitcoins] waarde als publiek goed is erg hoog en onbetwistbaar (...). We zouden het niet moeten criminaliseren, maar waarborgen dat het legaal z'n rol als publiek goed kan vervullen.'

Een digitale wereld

Techondernemer en publicist Balaji Srinivasan betoogt dat als historici over honderd jaar terugkijken naar deze tijd, dat ze 2020 zullen aanwijzen als het jaar waarin het internettijdperk écht begon en 'fysiek eerst' plaatsmaakte voor 'digitaal eerst'.

In Nederland hebben we al bijna dertig jaar internet. In 1993 begonnen de eerste commerciële internetproviders zoals XS4ALL en Knoware hun diensten. Internet is al jaren niet meer weg te denken uit ons dagelijks leven. Werken, leren, shoppen, daten, reizen: there's an app for that. Dus hoezo, in 2020 begon het internettijdperk? Srinivasan stelt dat internet tot nu toe niet veel meer bood dan een (soms vage) reflectie van de tastbare 'echte' wereld. Fysieke interacties waren het uitgangspunt van de digitale wereld die ernaast gebouwd werd: *the primary and the mirror* noemt hij die afspiegeling.

Als voorbeeld noemt hij de krant. Toen in 1996 *The New York Times* z'n eerste website lanceerde, was de krant the primary en stond online the mirror. Een artikel werd geschreven voor de papieren krant, met alle beperkingen in vorm en lengte die daarbij horen. Inmiddels produceert men interactieve artikelen voor het web die in de papieren krant nauwelijks af te beelden zijn. Vroeger was er eerst een krant, en daarna als afgeleide een artikel online. Er was eerst een conferentie, en als afgeleide een videoregistratie of een livestream. Vergaderen gebeurde in een vergaderzaal, waar je fysiek aanwezig was. Alleen als je er echt niet bij kon zijn, belde je in. In de toekomst is digitaal the primary en fysiek the mirror. Kranten schrijven en ontwerpen eerst voor online, en de fysieke versie is een afgeleide. Vergaderingen zijn in principe digitaal, bijzondere ontmoetingen gebeuren eventueel fysiek.

De overgang gaat heel langzaam en bestrijkt een periode waarin beide naast elkaar bestaan en het oude geleidelijk terrein prijsgeeft aan het nieuwe. Er waren al winkels die eerst op internet bestonden, en daarna ook fysiek. Er waren al media die eerst op internet publiceerden, en daarna ook fysiek. Dat was de uitzondering, dat wordt de regel. En 2020 was het kantelpunt.

De coronapandemie heeft dit in een stroomversnelling gebracht. Kijk bijvoorbeeld naar de digitale ruimte die Rutger van Zuidam in 2020 bouwde voor Odyssee Momentum, waar zestienhonderd mensen, bedrijven, overheidsinstellingen en universiteiten tegelijkertijd samenwerkten, als vervanging van de fysieke conferentie. Andere voorbeelden zijn digitaal ondertekenen in plaats van bij de notaris langsgaan, een digitaal consult van de dokter in plaats van in de wachtkamer zitten en contactloos betalen in plaats van contant geld.

Dit markeert ook een omkering in de klank van het woord. Vroeger waren digitaal, elektronisch en online synoniem voor luxe. Een dure smartphone, snelle internetverbinding of nieuwe flatscreen. Digitaal was de bonus. Straks is het andersom. Een digitaal concert is de standaard. Wil je fysiek aanwezig zijn op een festival? Dan moet je diep in de buidel tasten. Een bruiloftsfeest is primair een digitale ontmoeting. Een fysiek bruiloftsfeest is premium en niet voor iedereen weggelegd.

Klinkt absurd en ver van je bed? Beeld je dan in hoe technologische ontwikkeling gaat: niet lineair maar exponentieel. Eerst heel langzaam en dan ineens heel snel. Natuurlijk is een bijeenkomst via Zoom of Teams nog behelpen. Maar hoe is dat als we allemaal gewend zijn aan virtual reality? Voor jongeren is dat niet zo onwerkelijk als het voor sommige ouderen klinkt. In videogames is alles digitaal: geld, reputatie, contacten.

In de overgang van fysiek naar digitaal kun je vaak drie fasen onderscheiden. Het begint met 'fysiek geboren'. Daarna volgt een overgangsfase met een gedigitaliseerde vorm van fysiek. Het eindigt met 'digitaal geboren'. Veel ongeloof en pessimisme over de waarde van deze digitale transformatie wordt veroorzaakt in de tweede fase, waarin een gedigitaliseerde vorm van het fysieke overheerst en nog niet duidelijk is hoe het volledig digitale eruitziet.

Denk aan het verschil tussen een beschreven papier (fysiek), een gescand papier (gedigitaliseerd) en een Word-document (digitaal). Een ander voorbeeld betreft de 'digitale handtekening', nu nog vaak een afbeelding van een fysieke handtekening. Dat is dus de overgangsfase. Een echte digitale handtekening is cryptografie. En wat te denken van 'digitaal geld' op je bankrekening als afgeleide van fysiek geld? Je saldo is een getal in een database, en verwijst naar fysiek geld dat je (in theorie) zou kunnen komen ophalen bij de balie. Bitcoin en digitaal centralebankgeld zijn digitaal van geboorte.

We hadden het net over de verschuiving van het consult van een arts van fysiek naar online. Dat is eigenlijk pas de overgangsfase. De onversneden digitale versie is dat de dokter een zogeheten *phys admin* is en jouw enorme stroom aan digitale medische data uit je smartwatch of andere wearable proactief analyseert, en je belt als er iets loos is.

Digitaal onderwijs is niet het verplaatsen van de klas naar een Zoom-meeting. Dat is slechts het digitaliseren, of scannen, van het fysieke onderwijs. Echt digitaal onderwijs zal er heel anders uitzien. Hoe? Dat weten we nog niet precies. Het vereist verbeeldingskracht. Als (hoger) onderwijs 'digital first' is, verdwijnt misschien de behoefte aan een groot instituut dat in een centraal register diploma's bewaart als bewijs dat je vijf leerjaren hebt afgerond met daarin vijf blokken waarin je tien vaardigheden leert. Je zou per vaardigheid een digitaal cryptografisch token kunnen krijgen waarmee je kunt bewijzen over een vaardigheid te beschikken, waarmee je op de arbeidsmarkt meteen in aanmerking komt voor bepaalde opdrachten of functies.

We leven in een tijd waarin we op steeds meer gebieden overstappen van 'eerst fysiek dan digitaal' naar 'eerst digitaal dan fysiek'. Wat we voorheen digitaal noemden, was vaak niet meer dan een gedigitaliseerde versie van het fysieke. Dat verandert naar iets wat digitaal geboren is. In die toekomst kan bitcoin als neutraal en open netwerk een belangrijke rol spelen, in de eerste plaats voor het afwikkelen van financiële transacties, maar ook voor het onveranderlijk opslaan van andere digitale informatie, zoals de uitkomst van smart contracts, NFT's, vingerafdrukken van documenten, digitale identiteitsgegevens en assets waarvan we het bestaan nu nog niet kennen.

Geld van de toekomst

Een voor de hand liggende suggestie is dat hier de digitale euro in beeld komt, en zo nog tientallen andere digitale munten van centrale banken wereldwijd.

Maar daar zijn wel wat kanttekeningen bij te maken. De digitale euro is er pas in 2026, op z'n vroegst. Om een digitale bankrun te voorkomen en commerciële banken de tijd te geven zich aan te passen, zal het bedrag dat je maximaal mag bezitten waarschijnlijk de eerste tijd beperkt zijn tot enkele duizenden euro's. En hoewel centrale banken de mogelijkheden verkennen om hun digitale munten op elkaar aan te laten sluiten, is wereldwijd gebruik nog lang geen uitgemaakte zaak.

Hoe het ook uitpakt: centrale banken zullen de touwtjes van het monetaire beleid en de bestedingsvoorwaarden van je digitale geld stevig in handen houden. Dat is prima als aanvulling op het bestaande geldsysteem en een handige tool voor overheden die de economie nog verder willen stimuleren door met begrotingsbeleid het geld rechtstreeks bij de burger in de portemonnee te stoppen. Verplicht uitgeven binnen drie maanden en alleen aan voedsel, kleding en huisraad.

Het is echter niet bepaald het neutrale, wereldwijde geld dat past bij het digitale tijdperk dat voor ons ligt. Een onafhankelijk netwerk waarop onze digitale bezittingen zich bevinden: geld, aandelen, diploma's, het auteursrecht van ons boek en digitale kunst.

Als we onze digitale bezittingen tientallen jaren willen vasthouden, willen we dat die bezittingen op zichzelf staan en niet afhankelijk zijn van een bedrijf of instantie. Misschien ken je de frustratie dat je een e-book kocht dat na een paar jaar niet werkte op je volgende e-reader. Of dat je na honderden uren in een spel een ervaren karakter hebt met waardevolle bezittingen en dat je dat niet kunt meenemen naar een ander spelsysteem. Dergelijke nadelen zijn voor deze voorbeelden nog overkomelijk, maar als het om je volledige vermogen gaat, ligt dat anders.

Hier komt bitcoin in beeld als open en onafhankelijke infrastructuur, niet verbonden aan een bepaald land of bedrijf. Het overstijgt lokale ecosystemen, het komen en gaan van nationale munten, en het veranderende beleid van overheden en centrale banken. Het heeft de potentie om over honderd jaar nog te bestaan, terwijl de wereldkaart er tegen die tijd waarschijnlijk heel anders uitziet. Dit is een mooi voorbeeld van bitcoin als publiek goed.

In een digitale wereld zullen mensen niet alleen handmatig hun betalingen doen en hun digitale bezittingen beheren. We zullen slimme apps en machines bouwen die daar veel beter in zijn en namens ons handelen. Bitcoin is programmeerbaar geld en een open protocol waar iedereen toepassingen op kan bouwen, vergelijkbaar met internetprotocollen zoals TCP/IP en HTTP. Dat opent een heel nieuwe wereld aan mogelijkheden.

- Je kunt als vermogensbeheerder slimme regels bedenken voor wie een geldbedrag mag besteden en wanneer. Of misschien moet geld wel automatisch verdeeld worden tussen verschillende mensen of onder bepaalde voorwaarden worden vrijgegeven.
- Machines kunnen elkaar gaan betalen. Bijvoorbeeld auto's die elkaar betalen voor het leveren van kennis over de situatie op de weg, of de energiemaatschappij die jouw accu's betaalt voor het gebruik van jouw stroom.
- Micropayments zijn heel kleine betalingen voor gebruik van een dienst, zoals een AI-dienst in de cloud die je helpt beslissen. *Streaming payments* zijn een voortdurende stroom van kleine betalingen tijdens het gebruik van een dienst, zoals het bekijken van een voetbalwedstrijd op tv.

En dan zijn dit alleen nog maar de meest voor de hand liggende dingen, het topje van de ijsberg. Naarmate de technologie volwassener wordt, zullen totaal nieuwe toepassingen zichtbaar worden.

Dat de koers van bitcoin-de-munt nu nog flink kan schommelen hoeft hiervoor overigens geen belemmering te zijn. Veel diensten zullen zo worden opgezet dat ze elke valuta als bron en bestemming kunnen gebruiken. Als het nodig is, wordt een andere eenheid *on-the-fly* omgewisseld in bitcoin om deze razendsnel en supergoedkoop naar de andere kant van de wereld te verplaatsen, waar ze wordt gewisseld naar de bestemmingsmunt. Of het blijft bitcoin, afhankelijk van wat de ontvanger wil. Dat kan door een koppeling met het bankensysteem of door gebruik te maken van een stablecoin, een cryptomunt die de koers volgt van de euro, de dollar of een inflatiemandje zoals de CPI.

Laten we nog even teruggaan naar de essentie van de innovatie van bitcoin, het kunnen overdragen van een digitaal eigendom zonder dat een centrale partij de administratie bijhoudt. Het maakt digitaal bezit draagbaar. Je kunt het meenemen. Het staat op zichzelf. Je bent niet afhankelijk van het voortbestaan of de betrouwbaarheid van een instituut ergens op de wereld. De grootste en verst gevorderde toepassing daarvan is digitaal geld, maar dat is pas het begin.

Ten eerste zijn er meer soorten digitale eigendommen waarvan het nuttig is dat ze draagbaar zijn en kunnen worden overgedragen. Bijvoorbeeld digitale creatieve werken zoals muziek, beeld, tekst en 3D-ontwerpen, en ook concertkaartjes en domeinnamen. In een heel andere hoek vind je identiteitsgegevens zoals rijbewijs, diploma's en je patiëntendossier.

Ten tweede zijn er allerlei toepassingen die kunnen worden gebouwd met die digitale eigendommen en dat digitale geld. Denk aan financiële dienstverlening zonder dat er banken, verzekeraars of pensioenfondsen nodig zijn – decentralized finance. Of aan heel nieuwe vormen van financiering en eigenaarschap van een creatief werk – *decentralized publishing*.

Veel van deze nieuwe technologie wordt momenteel gebouwd op ethereum. Dat is de nummer twee op de ranglijst van cryptovaluta's, met een sterke focus op programmeerbaarheid. Het project is een stuk jonger dan bitcoin, er wordt veel meer aan veranderd en er is op verschillende fronten meer centralisatie. Het is nog lang niet zo gehard als bitcoin, maar niettemin een boeiende proeftuin. Of nieuwe technologie in de toekomst naar het bitcoinnetwerk migreert of dat bitcoin en ethereum naast elkaar blijven bestaan en aan elkaar gekoppeld blijven, weten we nog niet en zal ook afhangen van hoe ethereum zich ontwikkelt.

Nu is er naast bitcoin en ethereum nog een hele bak aan blockchainplatformen die zich presenteren als sneller en beter. Door grote mate van centralisatie biedt geen ervan echter bescherming tegen censuur, het terugdraaien van transacties en het naar believen veranderen van de regels. In een experimentele setting kun je prima dingen bouwen zonder een neutraal protocol zoals bitcoin, daar is immers niemand die kwaad wil en iedereen kent elkaar en vertrouwt elkaar. Zodra je wilt dat het wereldwijd bruikbaar is – door vriend en vijand – houdt dat echter geen stand.

Het is verleidelijk om te zeggen dat al die innovatie prima is, en dat we daar bitcoin (en ethereum) niet voor nodig hebben. Dan onderschat je echter de aantrekkingskracht van een wereldwijde, open, neutrale standaard. Zoals 'Het Net' en 'America Online' het moesten afleggen tegen het wereldwijde internet zullen lokale, gesloten eigendomssystemen het ook afleggen tegen bitcoin.

Vergeet niet dat bitcoin voortdurend wordt doorontwikkeld. Als nieuwe functionaliteit nuttig is en voldoende getest, kan die in een toekomstige versie aan bitcoin worden toegevoegd. Dat gaat niet van vandaag op morgen, of zoals Facebook-CEO Mark Zuckerberg ooit als motto had: 'move fast and break things'; de belangen zijn immers groot. Maar dat bitcoin nu iets niet kan of heeft, betekent niet dat dit altijd zo zal blijven.

Zelfrijdende banken

Al meer dan een halve eeuw vormen zelfrijdende en vliegende auto's het decor van sciencefictionfilms. Een paar jaar geleden leek die toekomst nog ver weg, tot Tesla z'n autopilot lanceerde en de eerste auto's zich nu verbazingwekkend zelfstandig door het verkeer loodsen.

Hoewel decennia aan de technologie werd gewerkt, kwam de doorbraak toch als een verrassing, ook voor regelgevers. Veel verkeersregels, zoals richting aangeven en alcohol in het verkeer, zijn er om te beschermen tegen gevaarlijke bestuurders, niet tegen gevaarlijke auto's. Het is voorpaginanieuws als een autonoom voertuig bij een ongeluk betrokken is. Wie is er verantwoordelijk? Moeten we dat wel toestaan? We missen daarbij vaak dat er een fundamenteel verschil is tussen menselijke fouten en technologische fouten. Menselijke fouten zijn vluchtig. We kunnen wel systemen, regels, toezicht en opleiding aanpassen en iedereen bijscholen, maar mensen blijven afgeleid worden, blinde vlekken ontwikkelen en talloze redeneer- en inschattingsfouten maken.

Technologische fouten zijn plakkerig. Een fout vervliegt niet, maar kan worden gevangen en als verbetering in de technologie worden doorgevoerd. Succesvolle technologie is de accumulatie van heel veel fouten, mislukkingen en uitglijders.

Een botsing van een zelfrijdende auto maakt alle zelfrijdende auto's beter. Een botsing van een mens maakt niet alle chauffeurs beter. Is het een kwestie van tijd voordat door een mens bestuurde auto's als belachelijk onveilig worden gezien?

Financiële dienstverlening ondergaat dezelfde transformatie. Op dit moment zitten mensen achter de knoppen bij financiële instellingen waar men leent, uitleent, spaart, handelt, verzekert, vermogen beheert en een pensioen opbouwt. De technologie die hier verandering in brengt heet decentralized finance (DeFi).

Bitcoin bouwt door decentralisatie een digitaal geldsysteem waar geen centrale partij nodig is. Monetair beleid ligt vast in de broncode en met een digitale handtekening bewijst een betaler dat hij het recht heeft om een bepaalde transactie te doen. Decentralized finance doet hetzelfde, maar dan niet voor geld maar voor de financiële diensten eromheen.

Neem bijvoorbeeld lenen en uitlenen tegen rente, een van de eenvoudigste voorbeelden van een DeFi-protocol. Een lener leent niet van een centrale partij, maar van een stukje programmacode dat geld in beheer heeft. Die programmacode staat opgetekend in een zogeheten *smart contract*, dat weer is vastgelegd in een blockchain. Dat werkt zo.

Het smart contract beheert een *liquidity pool*, een grote bak geld, waaraan je kunt uitlenen en waaruit je kunt lenen. Als je kapitaal overhebt, kun je dat naar het smart contract sturen en in ruil daarvoor krijg je een digitaal bewijs in bezit dat voortdurend meer waard wordt door de rente die je ontvangt. Als je wilt lenen, leen je vanuit dezelfde liquidity pool. Je leent van het collectief en niet van een individuele uitlener. Om te kunnen lenen, moet je wel onderpand inbrengen.

De rente wordt bepaald door vraag en aanbod, vastgelegd in een formule in het smart contract. Is maar een klein deel van de pool uitgeleend, dan is de rente laag, wat het interessant maakt voor nieuwe leners om te lenen. Is de pool bijna leeg, dan is de rente hoog, wat het enerzijds oninteressant maakt voor leners om te lenen, en anderzijds nieuwe uitleners aantrekt om de pool te vergroten.

Al deze interacties vinden plaats zonder tussenkomst van een centrale partij. Er bestaat alleen programmacode die decentraal wordt uitgevoerd door de deelnemers aan het netwerk, die samen verifiëren of alles klopt en niemand valsspeelt.

Elke DeFi-dienst is een bouwblok waarmee je steeds ingewikkelder diensten kunt bouwen. Men noemt het ook wel *money legos*, verwijzend naar legosteentjes die allemaal in elkaar passen en waarmee je grote bouwwerken kunt bouwen. Vaak wedijveren meerdere projecten met elkaar om de beste oplossing voor een bepaald bouwsteentje. Survival of the fittest, maar dan met technologie.

Na geldmarkten volgen handelsplatformen, derivaten, indexen en handelsstrategieën – alles gedecentraliseerd, onafhankelijk van een centrale partij, gebaseerd op algoritmen.

De groei van decentralized finance is indrukwekkend. Volgens defipulse.com was er begin 2020 nog 600 miljoen dollar in beheer van de smart contracts, in de zomer van 2021 was dat al met een factor honderd gestegen naar 60 miljard dollar. Niettemin is de technologie nog zeer experimenteel en riskant. Het is nog (lang) niet bruikbaar voor de schaal en professionaliteit waarop institutionele partijen nu werken. Maar net zoals we vaak overschatten hoeveel we in een jaar kunnen doen, onderschatten we vaak hoeveel we in tien jaar kunnen bereiken. Heel lang is de technologie nauwelijks bruikbaar en ineens is ze baanbrekend en verandert ze de wereld. Als de zelfrijdende auto zijn intrede doet, ontstaan heel nieuwe mogelijkheden. Waarom zou je nog een auto willen bezitten als je via een app binnen een minuut een auto kunt laten voorrijden? Woonwijken vol auto's en binnensteden vol parkeergarages zijn verleden tijd. Een heel nieuwe indeling van onze leefomgeving wordt mogelijk. Dat betekent niet dat voor de autoindustrie of taxibranche als geheel de dagen geteld zijn. Er is een enorme kans voor de bedrijven die voldoende verbeeldingskracht hebben om te zien wat er voor de deur staat. Technologie-investeerder ARK Invest schat in dat de markt voor *mobility-as-a-service* in 2030 meer dan 10 biljoen dollar groot is.

Evenzo liggen er voor financiële instellingen wezenlijke vragen op tafel. Waarom zou iemand in 2030 nog klant worden bij een bank, verzekeraar of pensioenfonds? Op welke manier moeten zij meebewegen met technologische en maatschappelijke veranderingen om over tien jaar aan de verwachtingen te voldoen van huidige en nieuwe klanten? Er groeit nu een nieuwe generatie van *digital natives* op, mensen die zijn opgegroeid met internet en apps. Ze ontmoeten elkaar in Fortnite en gaan in een virtuele wereld met elkaar naar een concert. Voor hen is vertrouwen op een algoritme, boven menselijk oordeel, de gewoonste zaak van de wereld. Zij vertrouwen straks op een zelfrijdende auto voor hun vervoer, en op een zelfrijdende bank voor hun geldzaken.

Dat door een computer uitgevoerde regels bij beslissen en oordelen minder fouten maken dan mensen, is al tientallen jaren bekend. In het boek *Ruis* schrijft Daniel Kahneman: 'Zelfs de simpelste modellen en algoritmen hebben een groot voordeel ten opzichte van menselijke beoordelaars: ze zijn ruisvrij en laten zich niet leiden door complexe, doorgaans niet-valide inzichten over de voorspellers.' Hij beschrijft hoe mensen denken een onvervangbare gave te hebben om precies goed te oordelen in strafzaken, bij sollicitatiegesprekken en bij de aanvraag van een lening of uitkering van een verzekering, maar dat blijkt onterecht. Algoritmen doen dat beter. Ze kunnen net als mensen ook bias hebben, een structurele afwijking, vaak omdat ze getraind zijn met beslissingen van mensen. Ze hebben echter geen ruis, ongewenste variatie tussen verschillende beoordelaars en zelfs van dezelfde beoordelaar, afhankelijk van het weer en of de favoriete voetbalclub heeft gewonnen.

Een algoritme maakt dan misschien niet de fouten waar mensen berucht om zijn, zoals te veel risico nemen, fraude en voortrekken, maar introduceert wel een heel spectrum aan nieuwe vraagstukken en vereist een nieuw soort toezicht. We hebben nog best wat tijd om dat te regelen, maar het zou mooi zijn als we daar geen jaren mee wachten. Want het lijkt nog ver weg, maar zoals vaak met technologie: ineens is het er.

Een digitale Picasso

Elke euro is onder te verdelen in honderd centen, waarbij het van groot belang is dat die centen onderling uitwisselbaar zijn. De ene cent is evenveel waard en even nuttig als de andere cent. Die uitwisselbaarheid noemen we *fungibility*. Het is nuttig voor geld om heel uitwisselbaar te zijn. Als ik jou een tientje leen, dan hoef ik niet exact hetzelfde tientje terug, en twee vijfjes is ook best.

Die uitwisselbaarheid is niet binair – wel of niet uitwisselbaar. Het is eigenlijk een schaal van totaal niet uitwisselbaar naar perfect uitwisselbaar. Zo zijn er landen waar maagdelijk briefgeld geliefder is dan zwaar gebruikt briefgeld, omdat je daarbij kans loopt dat het niet wordt geaccepteerd.

Ook bij bitcoin is perfecte uitwisselbaarheid geen gegeven. Dat komt omdat je van elk bitcoinbedrag in de blockchain de volledige transactiegeschiedenis kunt achterhalen. Zit daar een smetje op, bijvoorbeeld doordat een privacyverhogende techniek is gebruikt waar de toezichthouder niet blij mee is, dan zouden die bitcoins minder waard kunnen zijn dan maagdelijke bitcoins die net door een miner in omloop zijn gebracht.

Voor geld is fungibility een wenselijke eigenschap, maar voor de meeste andere dingen in de wereld juist niet. Als je 's ochtends je kind naar het kinderdagverblijf brengt, dan wil je 's avonds precies hetzelfde kind terug, en niet een willekeurig exemplaar. En als je van een goede vriend een Picasso leent, dan kun je niet een willekeurig schilderij van ongeveer dezelfde afmetingen teruggeven. Het zal exact die Picasso moeten zijn, bij voorkeur in exact dezelfde staat. Hetzelfde geldt voor auto's, flessen wijn, sieraden, huizen of het auteursrecht van een boek. Die zitten aan de niet-uitwisselbare kant van het spectrum.

Een *non-fungible token* (NFT) is een digitaal eigendomsbewijs dat net als een fungible token, zoals bitcoin, met een cryptografisch bewijs kan worden overgedragen aan een ander. Maar het verschil is dat een NFT niet-uitwisselbaar en uniek is. Simpelweg omdat dat token verwijst naar een uniek object, of dat nu digitaal of fysiek is.

Een bitcoin heeft waarde omdat het geheel van bitcoins waarde heeft: het netwerk, de diensten eromheen, het nut van het geldsysteem als geheel voor alle gebruikers. Een NFT heeft waarde onafhankelijk van alle andere NFT's. Dat kan zijn omdat het een verzamelaarsobject is, zoals (digitale) kunst, of omdat het nuttig is, zoals een domeinnaam, of omdat er toekomstige inkomstenstromen aan gekoppeld zijn, zoals een bepaald recht of bezitting.

Het maken van een NFT is een simpel klusje en in de basis stelt een NFT niet zoveel voor: een vingerafdruk van het object, wat andere beschrijvende gegevens en een handtekening. Het interessante gedeelte komt daarna.

Een NFT is programmeerbaar. Je zou bijvoorbeeld kunnen vastleggen dat bij verkoop van een NFT de maker telkens ook een deel van de opbrengst krijgt. Als de kunstenaar een werk verkoopt voor 1000 euro, en de eerste eigenaar het doorverkoopt voor een ton, dan profiteren beide van de waardestijging.

Je kunt een NFT bij het maken opknippen in honderd of duizend 'aandelen' en die verhandelbaar maken. Je zou ze zelfs van tevoren kunnen verkopen om zo geld op te halen om een kunstwerk te gaan maken. Crowdfunding waarbij je van tevoren een deeltje van het eigenaarschap koopt en dat direct kunt verhandelen. Zo kunnen heel nieuwe businessmodellen voor makers ontstaan. Je zou iedereen met een bepaalde NFT toegang kunnen geven tot een afgeschermde website of app. Of misschien organiseer je een exclusief evenement waar alleen de grootste fans kunnen komen, te bewijzen door bezit van een NFT. Het geeft artiesten en sporters een directere band met hun fans.

Net als bij DeFi is het ecosysteem van NFT's een stuk jonger dan dat van bitcoin. Artiesten, sporters, consumentenmerken en musea experimenteren ermee. Het digitale kunstwerk van Beeple dat voor 69 miljoen dollar werd verkocht, was een spectaculaire uitschieter.

Voor veel van wat we hierboven beschreven, moeten nog protocollen en standaarden ontstaan. Er moet nog van alles worden gebouwd aan platformen en apps. We moeten de identiteit van de maker nog slimmer aan de NFT koppelen. We moeten nog uitvogelen hoe dit juridisch precies werkt, en dan bij voorkeur zodanig dat het wereldwijd geldig is en niet slechts in één jurisdictie. In augustus 2021 schreef de Amerikaanse danceproducer 3LAU: 'Als je vandaag een van mijn NFT's bezit, dan zul je binnenkort ook de rechten van mijn muziek bezitten, wat ook betekent dat je recht hebt op de opbrengsten uit die muziek.'

Als je wilt investeren in deze technologische ontwikkeling, realiseer je dan dat 'een NFT' op zichzelf niets waard is. Dat Beeple het token dat hoort bij zijn collage van vijfduizend foto's verkocht heeft voor 69 miljoen dollar betekent niet dat elke andere NFT ook zoveel waard zal worden. Om de toekomstige waarde van een NFT te kunnen inschatten, moet je dus verstand hebben van de kunst(enaar) en niet van de technologie.

Een succesvolle kunsthandelaar heeft zich hoogstwaarschijnlijk jarenlang verdiept in een bepaald stukje van de kunst. Zestiende-eeuwse landkaarten, moderne beeldende kunst of jazzmuziek. Het hele landschap van NFT's is nu nog minuscuul in vergelijking met kunst, maar als dit een grote vlucht neemt, dan zegt 'handelen in NFT's' net zoveel als een kunsthandelaar die gespecialiseerd is in 'dingen'.

Als je gelooft dat NFT's een grootse toekomst wacht, en je wilt daarvan profiteren, dan zijn er twee degelijke opties. Of je verdiept je in een bepaald domein, bijvoorbeeld *in-game items* of *meme art*, en je maakt een goed onderbouwde inschatting van de toekom-stige waardeontwikkeling van deze zaken, en dus van de daaraan gekoppelde NFT's. Of je investeert in de technologie. Denk aan de infrastructuur waarop NFT's worden uitgegeven, geprogrammeerd en verhandeld. Dan zeg je eigenlijk: ik weet niet welk schilderij de volgende *Mona Lisa* wordt, maar ik geloof wel dat er een grote markt voor schilderijen kan ontstaan.

Maar val niet ten prooi aan onbeheersbare *fear of missing out*. Ren niet achter de kudde aan die blind elke NFT koopt die op SuperRare. com verschijnt. Want de markt voor jouw unieke NFT kon weleens heel klein zijn. Zeg maar nul. En dan zit je voor eeuwig met een waardeloos ERC-721-token in je ethereumwallet.

Digitale identiteit

Het internet heeft ons veel gebracht, maar niet zonder bijwerkingen. De schadelijkste is misschien wel dat gegevens over onze identiteit, waaronder onze bezittingen, relaties en gedrag, in talloze databases wereldwijd terechtgekomen zijn. Ondanks de plechtige beloften om de privacy van de gebruikers te respecteren, horen we geregeld over gegevens die worden verkocht of gebruikt om ons te beïnvloeden. En dan hebben we het nog niet over de datalekken waarmee je gegevens op straat komen te liggen, gemakkelijk verkrijgbaar voor iedereen die op jouw naam een huis wil huren of een bankrekening wil openen. Identiteitsfraude verwoest levens.

De beste manier om te voorkomen dat je gegevens in verkeerde handen vallen, is ervoor zorgen dat ze helemaal niet worden opgeslagen. Maar soms lijkt het onvermijdelijk. Een webshop heeft toch je adres nodig om het pakje op te sturen? En je geboortedatum om te kunnen aantonen dat je een volwassene bent? Dit is het punt waar *self-sovereign identity* (ssi) om de hoek komt kijken. Het doel daarvan is dat de gebruiker zijn digitale identiteit zelf in beheer heeft, en alleen onthult wat strikt noodzakelijk is. En dat is veel minder dan je misschien zou denken omdat slim gebruik wordt gemaakt van cryptografie.

Het begint met het in je *identity wallet* (soms ook digitale assistent genoemd) verzamelen van allerlei digitaal bewijsmateriaal over jezelf, digitaal ondertekend door uitgevende instanties zoals de gemeente, de Belastingdienst, een onderwijsinstelling, je werkgever of de rdw. Dit noemen we *verifiable credentials* en die zijn net als nft's of bitcoins digitaal eigendom. Op basis van die credentials kun je gegevens delen met een ander. Je adres, geboortedatum of inkomen bijvoorbeeld. Je maakt daarvoor een *decentralized identifier* aan en geeft die aan de andere partij. Die kan met die identifier de gegevens bij je opvragen en hoeft ze niet zelf op te slaan. Jij kunt de toegang intrekken als je vindt dat de ander er niet meer bij mag, bijvoorbeeld als het pakketje van de webshop bij je thuis is afgeleverd.

Voor veel vraagstukken hoef je niet eens gegevens af te geven, maar volstaat een cryptografisch bewijs. Met een *zero-knowledge proof* kun je aantonen dat je ouder dan achttien jaar bent zonder je geboortedatum te onthullen. De ontvanger kan jouw bewijs verifiëren zonder toegang tot de onderliggende gegevens. Je kunt zo bewijzen dat je in een bepaalde plaats of regio woont zonder je adres af te geven. Als je een lening wilt afsluiten kun je bewijzen dat je inkomen tussen bedrag x en y zit zonder informatie te onthullen over je werkgever of je exacte salaris. Als je een auto wilt huren kun je bewijzen dat je een geldig rijbewijs hebt zonder het rijbewijs zelf te tonen.

Om ervoor te zorgen dat je credentials, identifiers en proofs op zichzelf staan en net als bitcoin onafhankelijk zijn van een derde partij die de administratie bijhoudt, worden ze vaak vastgelegd op een blockchain. Dat voorkomt bijvoorbeeld dat je diploma z'n waarde verliest als de universiteit ophoudt te bestaan. Microsofts ION is een *decentralized identifier network* dat als tweede laag boven op bitcoin gebouwd is. Bitcoin als munt speelt hierin geen rol, maar het netwerk betaalt wel de benodigde transactiekosten in ruil voor de onveranderlijke en oncensureerbare vastlegging van jouw identifiers in een neutraal netwerk.

Voor de onderdelen van ssi zijn open standaarden in ontwikkeling bij het World Wide Web Consortium (w3c), dat sinds 1994 de belangrijkste internetstandaarden beheert. Zo kunnen uiteindelijk verschillende centrale en decentrale systemen naast elkaar bestaan en toch samenwerken, zoals ook totaal verschillende apparaten een webpagina naar een browser kunnen sturen.

Naast ION zijn er andere netwerken in ontwikkeling, met zo hun eigen voor- en nadelen en hun eigen mate van decentralisatie en bijbehorende neutraliteit. Mensen die willen voorkomen dat ze geboycot worden, bijvoorbeeld vanwege hun uitgesproken rol in de samenleving als oppositieleider of demonstrant, of diegene die veel waarde hecht aan fundamentele privacyrechten, doen er wellicht goed aan te kiezen voor een netwerk dat is gebaseerd op bitcoin.

Wereldveranderend

In dit hoofdstuk hebben we vanuit verschillende perspectieven gekeken naar bitcoin als oplossing. Voor burgers die te maken hebben met financiële surveillance, buitengesloten zijn van financiële producten en diensten, of zoeken naar een optie tegen het falen van het bestaande geldstelsel, een periode van heel hoge inflatie, of de gevolgen van een wereldwijde schuldsanering. Voor overheden die een omslag van schulden naar sparen najagen, en overmatig consumeren willen indammen. Voor supranationale organisaties die zoeken naar een beter monetair anker, een objectieve standaard voor internationale handel. Voor de digital natives, met bitcoin als publiek goed in de digitale wereld, waar het voor allerhande transacties gebruikt kan worden, van kleine betalingen tussen auto's tot aan digitale identiteiten waarover de gebruiker ervan beschikt.

De problemen waar bitcoin invloed op kan uitoefenen zijn hardnekkig en complex. Voor dergelijke vraagstukken bestaan geen eenvoudige en (ogenschijnlijk) magische oplossingen, de zogeheten *silver bullets*. Voor iedere invalshoek geldt dat de weg nog niet geëffend is en dat onbekend is waar de route precies naartoe leidt. Maar er zijn voldoende aanknopingspunten om de wegen niet bij voorbaat te blokkeren en ze te verkennen. Stuiten we daarna toch op een doodlopende route? Dan zijn de kosten beperkt. Mocht het wel slagen, dan kan het weleens wereldveranderend zijn.

9. En nu verder

'Dit is je laatste kans. Hierna is er geen weg meer terug. Je neemt de blauwe pil – het verhaal eindigt, je wordt wakker in je bed en gelooft wat je maar wilt geloven. Je neemt de rode pil – je blijft in Wonderland en ik laat je zien hoe diep het konijnenhol gaat.'
– Morpheus, *The Matrix*

De vele gezichten van bitcoin

We zijn aangekomen bij het laatste hoofdstuk. In het voorwoord beschreven we bitcoin als onbegrepen innovatie. De eerste in een nieuwe categorie, en daardoor ongeschikt om te beoordelen met bestaande modellen en theorieën. Je moet dus iets fundamenteel nieuws onderzoeken op basis van wat het in de toekomst kan worden. Die reis bracht ons langs verschillende perspectieven op wat bitcoin is:

- Een mechanisme om mensen die elkaar niet kennen of zelfs hoeven te vertrouwen consensus te laten bereiken over de staat der dingen.
- Een technologische innovatie om digitale eigendommen over te dragen zonder centrale coördinatie.
- Een schaarse bezitting, een beetje zoals grond op Manhattan maar dan digitaal, en daardoor een manier om je vermogen te bewaren over lange tijd.

- Een open, neutraal en wereldwijd geldsysteem waar iedereen aan mee kan doen en geen enkele transactie kan worden voorgetrokken, tegengehouden of teruggedraaid.
- Een gelaagd geldsysteem waarbij op hogere lagen, zoals het lightningnetwerk, heel goedkoop en snel wereldwijd geld kan worden verstuurd.
- Een nieuwe asset class met een lage correlatie met andere asset classes, die door de grote mogelijke upside interessant kan zijn in een beleggingsportefeuille.
- Een neutrale meetlat die machthebbers in toom kan houden die extreem monetair beleid willen voeren of financiële surveillance en dwang willen toepassen.
- Een nieuwe manier om over geld en waarde te denken, met meer focus op de lange termijn en minder op snel en veel consumeren.
- Een technologische basis voor heel veel innovatie waarbij centrale partijen worden vervangen door gedecentraliseerde algoritmen.
- Een jonge technologie waaraan nog heel veel moet worden gefixt voor het door iedereen kan worden gebruikt, en die nog op allerlei manieren kan falen.
- Een publieke infrastructuur waarop digitale bezittingen kunnen worden vastgelegd, of dit nu geld, aandelen, auteursrechten of identiteitsgegevens betreft.

Alle individuele beschrijvingen hierboven doen het geheel tekort. Het is goed mogelijk dat niet elk perspectief tot wasdom komt, en zeker niet allemaal tegelijk. En dan zullen zich vermoedelijk nog heel nieuwe perspectieven openbaren, zoals we van het vroege internet ook nog niet precies wisten hoe het zich zou ontwikkelen.

Dat alles uiteraard op de voorwaarde dat bitcoin blijft bestaan, zich onderweg niet onherstelbaar beschadigt, en dat we het de kans geven om zich te bewijzen. Of we dat doen, hangt af van of we het de tijd en energie waard vinden om een of meer van die perspectieven te blijven verkennen.

Is bitcoin het waard?

De opkomst van bitcoin heeft allerlei schadelijke bijwerkingen, zoals kwetsbare burgers die hun laatste spaargeld vergokken in de verwachting snel rijk te worden of denken bitcoin te kopen maar hun geld overmaken naar een fraudeur. Denk ook aan de ransomware-aanvallers die de traceerbaarheid van bitcoin voor lief nemen omdat het onovertroffen is als grenzeloos digitaal geld. Het meeste hiervan wordt veroorzaakt door de nieuwheid van de technologie, waardoor we als maatschappij nog onwennig zijn, volwassen toezicht ontbreekt en de werking nog onvoldoende gebruiksvriendelijk is.

Bij elke nieuwe technologie zien we een dergelijk vraagstuk. Het internet bracht phishing, fake news, de fabeltjesfuik en digitaal pesten. Het verbruikt een veelvoud van de energie van bitcoin. En toch vinden we de opbrengsten zwaarder wegen dan de kosten, waardoor de aandacht verschuift naar het oplossen en onschadelijk maken van de bijwerkingen en de vraag hoe we de benodigde energie duurzaam gaan opwekken.

Hoe ligt die balans bij bitcoin? Brengt het de wereld meer dan het de wereld kost? Dat is lastig te meten bij een jonge technologie die op z'n vroegst pas over tien jaar volwassen is. Haast niemand voorzag in 1995 dat we vijfentwintig jaar later via internet zouden kunnen beeldbellen met familie aan de andere kant van de wereld, navigeren door een vreemde stad en realtime zien hoe druk het is, en samenwerken met tien collega's tegelijk in één tekstdocument. Voor een bescheiden vast bedrag per maand, razendsnel en vrijwel overal draadloos via 5G en wifi beschikbaar.

Niemand kan garanderen dat bitcoin een grandioos succes wordt en de wereld op allerlei manieren beter maakt. Net zomin is zeker dat bitcoin zal mislukken en alle inspanningen en bijwerkingen voor niets zijn. De mensen die aan een van beide uiteinden van het spectrum gaan staan, spreken voor hun beurt.

Er zijn twee groepen die wij belangstellend volgen, omdat hun oordeel over bitcoin weleens richtinggevend kan zijn: de jongeren en de mensen met een slecht functionerend geldsysteem.

Douglas Adams, schrijver van de scifi-klassieker *The Hitchhiker's Guide to the Galaxy* merkte op dat leeftijd een rol speelt in onze reactie op nieuwe technologie: alles wat al bestaat tijdens je kindertijd is normaal en vanzelfsprekend, alles wat wordt uitgevonden tussen je vijftiende en vijfendertigste levensjaar is interessant en opwindend, en alles wat na je vijfendertigste wordt uitgevonden 'gaat tegen de natuurlijk orde der dingen in'.

Wij zien bij bitcoin een vergelijkbaar patroon als bij het internet twintig jaar geleden. Het zijn de jongeren die de potentie zien, zich erin verdiepen, ermee experimenteren, hun studie ervoor afbreken, nieuwe toepassingen bedenken en bedrijven oprichten. Voor de digital natives is het natuurlijk dat een digitaal eigendom waarde heeft. Voor hen is het virtuele net zo echt als het fysieke.

Uit marktonderzoeken in verschillende landen blijkt telkens dat jongeren veel vaker bitcoin en andere digitale assets bezitten dan ouderen en dat ze er positiever tegenover staan. 'Jongeren hebben beduidend meer vertrouwen in bitcoin dan ouderen,' schrijft onderzoeksbureau Markteffect, dat schat dat een kwart van alle Nederlandse jongeren in bezit is van cryptovaluta's. In de vs heeft meer dan 50 procent van de millennials een positief beeld van bitcoin en is de kans twee keer zo groot dat ze het bezitten in vergelijking met andere leeftijdsgroepen. Uit Chinees onderzoek blijkt dat 60 procent van de investeerders in cryptovaluta's jonger is dan achtentwintig.

Oudere generaties kijken er hoofdschuddend naar en wijzen vooral op de risico's, gevaren en onzekerheden. Het kan niet werken en moet wel in tranen eindigen. Hebben ze een goed punt of zitten ze vast in een oud paradigma? Hebben ze een open blik of beschermen ze een overjarig systeem dat hun rijkdom heeft gebracht, maar toekomstige generaties niets meer te bieden heeft?

De twintigers en dertigers van nu zullen in de komende decennia het roer overnemen, en de wereld vormgeven waarin zij hun kinderen zien opgroeien en in de tweede helft van deze eeuw hun oude dag beleven. Het is aan de huidige generatie ministers, voorzitters en CEO's om de visie van de jongeren mee te wegen in de keuze voor wat ze stimuleren en faciliteren, en wat ze verbieden en dwarszitten.

Een andere aanwijzing kan komen uit de landen waar mensen niet of nauwelijks toegang hebben tot een goed functionerend geldsysteem. Ze zouden bitcoin kunnen gebruiken om in een keer vanuit grote achterstand op voorsprong te komen, een verschijnsel dat bekendstaat als *leapfrogging*. Dat kan wanneer een overheid daarvoor kiest, zoals in El Salvador, of wanneer mensen daar individueel voor kiezen. China lijkt verder te gaan op de lijn van totalitaire beheersing, maar voor andere landen in Azië, Afrika en Zuid-Amerika liggen de opties nog open.

Analysebedrijf Chainalysis beschrijft in het rapport *Geography of Cryptocurrency* in welke landen cryptovaluta's het meest gebruikt worden door burgers voor sparen en betalen. Ze filteren alle handelaars en institutionele partijen eruit, en rekenen gebruik om naar de lokale koopkracht. Deze landen stonden in september 2021 bovenaan: Vietnam, India, Pakistan, Oekraïne, Kenia, Nigeria en Venezuela. Op plek acht komen pas de VS en van Europa is in de top 20 niets te bekennen.

Als wij de balans opmaken, dan biedt de potentie van bitcoin voor ons voldoende aanknopingspunten om het ten minste een kans te geven. De mogelijke opbrengsten zijn veel groter dan de mogelijke kosten.

Utopie of dystopie?

Je hebt vast weleens een boek gelezen of een film gezien waarin de hoofdrolspelers vastzitten in een dystopie, een samenleving met louter akelige kenmerken waarin je beslist niet zou willen leven. Zelden herkennen ze zelf dat ze zich in een dystopie bevinden, zelfs niet wanneer ze hun buren afgevoerd zien worden voor 'ondermijnende gedachten'. Dat suggereert dat, zouden wijzelf nu in een dystopie leven, we het misschien niet eens zouden opmerken. Wellicht zouden we bepaalde technieken voor gedragsbeïnvloeding of gegevensverzameling dystopisch noemen, maar we geloven dat we er nog niet helemaal zijn, dat er in onze wereld nog steeds ruimte is voor persoonlijke vrijheid en blijheid. Is dit een lachwekkende waanvoorstelling? Of bevinden we ons al in de techdystopie waar dergelijke verhalen op gebaseerd zijn?

Jonathan Zittrain, hoogleraar internationaal recht aan de Harvard Law School, antwoordt bevestigend: 'In die zin dat veel van ons het idee hebben dat technologie tegen ons gebruikt wordt, in plaats van dat het ons sterker maakt. Dat geldt nog meer wanneer de technologie zich presenteert alsof ze enkel bestaat om ons te helpen.'

Zittrain beschrijft sommige veelbelovende technologieën als asbest. 'Denk aan *machine learning*. Het wordt in grote hoeveelheden verwerkt in producten en diensten, dus we weten niet eens wanneer we het gebruiken. Het wordt alomtegenwoordig omdat het zo goed lijkt te werken, zonder dat het publieke belang daarbij wordt meegewogen. Het is moeilijk om er rekening mee te houden, laat staan te verwijderen, als het eenmaal op zijn plaats zit. Maar het brengt wel de mogelijkheid van grote schade met zich mee, zowel nu als later.'

In 2020 vroeg de Amerikaanse website Gizmodo zes experts, onder wie Zittrain, om te reflecteren op dit thema. Ze delen allen de zorg over de ogenschijnlijk roekeloze inzet ervan, maar geen van hen is anti-tech, integendeel. Technologie heeft de wereld voor velen ten goede veranderd, van het verlengen van de levensverwachting tot het gemak waarmee we met elkaar in contact kunnen blijven. Maar niet iedereen plukt er evenveel vruchten van, en van sommige technologieën is helemaal niet duidelijk wat nu de netto-opbrengst is. 'Technologie op zichzelf is noch goed noch slecht; het is de manier waarop de samenleving ervoor kiest om het in gebruik te nemen die de problemen veroorzaakt,' zegt Albert Gidari, privacyadvocaat en voormalig directeur van Stanford Law School.

Gidari raakt daar aan de zes wetten van technologie, enkele decennia geleden beschreven door historicus Melvin Kranzberg, hoogleraar aan het Georgia Institute of Technology. 'Technologie is noch goed, noch slecht; en het is ook niet neutraal,' luidt de belangrijkste van die zes. Kranzberg begreep dat de impact van technologie zou worden bepaald door geografische en culturele invloeden. Dit betekent dat technologie tegelijk goed én slecht kan zijn. Denk aan Facebookgroepen die als steun dienen voor ouders met kinderen die aan een zeldzame ziekte lijden, en Facebookgroepen waarin politieke extremisten radicaliseren.

'Technologie is in staat om geweldige dingen te doen,' zei Applebaas Tim Cook in een toespraak voor studenten van het Massachusetts Institute of Technology. 'Maar ze wil geen geweldige dingen doen. Ze wil niets. Het punt is dat, ondanks de kracht ervan, hoe we technologie inzetten aan ons is.' Ook Cooks woorden lijken geïnspireerd door die van Kranzberg. 'Technologie is een zeer menselijke activiteit,' luidde zijn zesde wet. 'Veel van onze aan technologie gerelateerde problemen ontstaan vanwege onvoorziene gevolgen wanneer ogenschijnlijk goedaardige technologieën op grote schaal worden toegepast.'

Een van de veel geziene bijwerkingen draait om de centralisatie van macht. 'Zouden we nadenken over een technologische utopie, zou die gebaseerd moeten zijn op het ontwikkelen van technologie die bijdraagt aan het algemeen welzijn, in plaats van de macht en het bereik van een handvol bedrijven,' zegt McKenzie Wark, hoogleraar cultuur en media aan The New School in New York. 'Technologie is nu vooral hoe bedrijven proberen dominantie over markten te bereiken en elkaars aanspraak op dominantie af te weren. Daarom hebben we nu technologie die menselijke behoeften ondergeschikt maakt aan de macht van het bedrijfsleven. Je zou dat dystopisch kunnen noemen als je wilt, maar misschien is het iets ergers. Wat we nodig hebben, is een technologiebeweging van en voor mensen.'

Hoewel bitcoin, net als andere technologieën, voor goede én slechte doeleinden kan worden ingezet, is het decentraliseren van macht fundamenteel onderdeel van zijn ontwerp. Is het daarmee een technologiebeweging van en voor mensen, net zoals de producten van cypherpunks de grip van bedrijven en overheden op persoonlijke gegevens, gedrag en behoeften hebben verzwakt? Volgens Alex Gladstein, hoofdstrateeg van de Human Rights Foundation, vervult bitcoin nu al die rol. 'Misschien heb jij bitcoin nu niet nodig. Of begrijp je het niet. Misschien heb je genoeg aan PayPal, Venmo, of je bankrekening. Maar schrijf bitcoin niet af. Voor miljoenen mensen over de hele wereld is het een ontsnappingsluik aan tirannie, en is het niets minder dan vrijheidsgeld.'

De kritiek op analyses van voorstanders van bitcoin is dat ze te makkelijk over risico's, onzekerheden en kwalijke neveneffecten heen stappen. Ze zijn in die redenering niet neutraal omdat ze belang hebben bij een koersstijging, en dus maar al te graag een te rooskleurig beeld schetsen.

De kritiek op analyses van economen en techneuten op traditionele posities in media, overheid, academie en financiële sector is dat ze selectief kansen, ontwikkelingen en toepassingen weglaten. Zo zie je rapporten over de schaalbaarheid van bitcoin waar het woord 'lightning' niet in voorkomt, worden valse vergelijkingen aangewend om het energieverbruik van bitcoin mee te duiden, en kijkt men voor het nut van bitcoin niet verder dan de eigen landsgrenzen. Zij zouden niet neutraal zijn omdat ze belang hebben bij het in stand houden van gecentraliseerde macht: don't bite the hand that feeds you.

We hebben geprobeerd om een gebalanceerd boek te schrijven en alle kanten van het verhaal een plek te geven. Wat voor ons onder de streep overblijft, is een technologische innovatie die de potentie heeft om uit te groeien tot een beweging van en voor mensen. In een tijdperk waarin we meer en meer technologische asbest plaatsen, is wat ons betreft elke euro geld en elke joule energie hieraan goed besteed.

De rol van Nederland

Digitaal geld gaat er komen. Nationale munten worden digitaal, techbedrijven komen met hun eigen betaalmiddelen, er zijn onafhankelijke varianten zoals bitcoin, en dan zijn er nog de honderden andere cryptomunten waarvan de kwaliteiten uiteenlopen. De vraag is welke rol ons land hierin gaat spelen. Omarmen we het en zitten we in de kopgroep? Zoeken we het veilige midden en drijven we mee met de landen om ons heen? Of duwen we het weg en laten we andere landen bepalen hoe onze toekomst eruitziet?

China loopt jaren voor in de digitalisering van het geldsysteem en de plannen liggen klaar om ook andere landen hieraan deel te laten nemen. Europa maakt serieuze plannen voor een digitale euro, maar heeft het risico vertraging op te lopen door de grote verschillen tussen landen. De vs zijn nog niet eens serieus begonnen aan een digitale overheidsmunt. Sommige experts verwachten dat Amerika aan de dollar gekoppelde stablecoins zal omarmen om dit gat te vullen. Door ze stevig gereguleerd aan te sluiten op het reguliere geldsysteem kan men het leven van de dollar aanzienlijk verlengen. Innovatie rond cryptovaluta's, virtuele werelden, en betalingen tussen machines blijven dan de dollar als belangrijkste eenheid gebruiken.

Hoe het nieuwe geld er ook uit zal zien, of we het verwelkomen of zien als bedreiging, het is de politiek die het vormgeeft. Helemaal aan het einde van de podcastserie *Het Nieuwe Geld* spreekt journalist

Reinjan Prakke met Arnoud Boot, hoogleraar ondernemingsfinanciering en financiële markten aan de Universiteit van Amsterdam. Ze evalueren een rondetafelgesprek over macro-economische risico's voor ons financiële stelsel, gevoerd tussen een twaalfkoppige commissie van Tweede Kamerleden en DNB, het Centraal Planbureau en de AFM.

Prakke beschrijft in de eerste plaats zijn bevreemding bij het binnenstappen van de vergaderzaal. 'Mijn handen zijn ietwat klam van de zenuwen als ik begeleid word naar de Troelstrazaal. De deur wordt voor me opengedaan en ik zie tot mijn grote verbazing naast de Tweede Kamerleden helemaal niemand. Ik zit alleen op de perstribune. Wat inmiddels in mijn eigen hoofd was verworden tot het belangrijkste gesprek van het jaar, wordt door anderen blijkbaar anders geclassificeerd. Hoe gaan we de kansen en risico's inschatten van ons huidige beleid? Laat staan die van nieuwe technologieën? Als we niet de tijd nemen om ons ermee bezig te houden, zijn we dan zelf de grootste bedreiging van ons systeem?'

De vragen én antwoorden die Prakke observeert, zijn ronduit onbevredigend en gaan inhoudelijk meestal niet dieper dan die van een bezorgde burger. Boot prikt daar resoluut doorheen. 'Ons financieel systeem blijft alleen maar overeind, omdat het inmiddels iedereen duidelijk is dat linksom of rechtsom overheden en centrale banken het zullen redden,' zegt hij. 'Dat is een failliet systeem. Dat is een systeem dat niet de toekomst heeft.'

In de politiek is weinig aandacht voor de uitwerking van ons huidige geldstelsel, laat staan de toekomst ervan. Mahir Alkaya is vrijwel het enige Kamerlid dat zich er actief mee bezighoudt, en is mede daarom samen met Aukje de Vries van de VVD aangesteld als rapporteur Digitaal Centralebankgeld. Hoe hij de commissievergadering verliet? 'Met het gevoel van onmacht, eigenlijk. Want je merkt dat er veel beslissingen worden genomen door technocraten. Beslissingen die heel veel impact hebben op onze samenleving. (...) En niemand heeft daar echt invloed op. Er wordt gezegd dat de

Europese Centrale Bank onafhankelijk is en daarmee is de discussie vaak afgelopen.'

Een ver-van-ons-bedshow dus, waar we toch weinig aan kunnen doen. 'Je zou verwachten dat het een kwestie van politiek debat is,' vertelt Alkaya. 'Dat is helaas niet meer zo. Het antwoord op veel maatschappelijke vraagstukken is helaas tegenwoordig: "Daar gaan wij niet meer over." Dat is buiten de democratie geplaatst. De politiek gaat niet meer over de belangrijkste ontwikkelingen in de samenleving. Dat wekt bij mij ook een soort ongemak op.'

Onze oproep aan bestuurlijk Nederland is om een koppositie in te nemen. Erken dat het huidige geldstelsel aan hervorming toe is. Start het publieke debat over een maatschappelijk verantwoord geldstelsel, ook al hebben we er slechts indirect vat op. Bevorder kennis en bewustwording over de rol en invloed van geld op het (dagelijks) leven. Voorkom dat bij voorbaat bepaalde innovaties uitgesloten worden, zoals bitcoin en decentralized finance. Steun sectoren die daarmee experimenteren, en zorg ervoor dat zij de basismiddelen tot hun beschikking hebben om te ondernemen, zoals een duidelijk juridisch kader en toegang tot een bankrekening.

'Je hoeft zelf geen bitcoin te bezitten om de waarde ervan in te zien, of jezelf bitcoiner te noemen,' zegt Alkaya. 'De realiteit is: bitcoin is here to stay. De vraag is hoe we in Nederland omgaan met de wereld die om ons heen verandert. Nemen we een leiderschapsrol in, met een vernieuwend ondernemersklimaat dat daarbij past, of volgen we pas nadat andere landen een grote voorsprong op ons hebben?'

Fix the money, fix the world

Ons geld is stuk. Dat lijkt een vreemde stelling in een tijd dat het beter met ons gaat dan ooit. Peter Hein van Mulligen, hoofdeconoom bij het Centraal Bureau voor de Statistiek (cbs), schreef hier in 2020 over: 'Economisch zijn we er de afgelopen decennia alleen maar op vooruitgegaan. (...) Of je het nu hebt over het inkomen, het vermogen, of wat je daarmee kunt doen. Kinderen van nu groeien in meer voorspoed op dan die van vorige generaties (...) en ook volwassenen hebben het nooit zo goed gehad.' Annegreet van Bergen beschreef in de twee geweldige boeken *Gouden jaren* en *Het goede leven* hoe die welvaart sinds de jaren vijftig ons leven onherkenbaar veranderde: 'De wekelijkse teil werd een dagelijkse douche, het papieren loonzakje een digitale bankrekening en de boterham met tevredenheid een broodje gezond.'

Voor de oplossing van deze schijnbare tegenstrijdigheid moeten we niet alleen kijken naar onze positie op de welvaartsranglijst, maar ook in ogenschouw nemen hoe we daar zijn gekomen. Het is namelijk tegelijk waar dat we nu op ons hoogste punt ooit zijn, én dat het geldsysteem dat ons daar heeft gebracht op z'n eind loopt. De motor rammelt. Zoals een verslaafde steeds meer narcotica nodig heeft voor dezelfde roes, heeft de economie steeds extremere stimuli nodig voor een miezerig beetje groei.

In augustus 2021 was het precies vijftig jaar geleden dat de Amerikaanse president Nixon de koppeling tussen de dollar en goud verbrak. Het markeerde het begin van een tijdperk waarin overheden en centrale banken meer vrijheid hebben in het bepalen van monetair beleid. De uitgangspositie in 1971 was gunstig: de overheidsschuld was laag, in de vs lag die onder de 40 procent van het bbp, en de rente was hoog. Anders gezegd: we konden nog veel lenen en de economie nog veel stimuleren door de rente omlaag te brengen.

En dat hebben we gedaan. Mensen met veel vermogen en vermogensbeheerders zoals banken, verzekeraars en pensioenfondsen hebben geweldig geprofiteerd. Hun bezittingen zijn enorm in waarde gestegen. Aandelenbeurzen vestigden record na record. Maar belangrijker is wellicht dat obligaties meer waard werden met het dalen van de rente. Komt daar nu een einde aan, nu de rente op 0 procent is aangekomen? Is het potentieel van dit systeem uitgeput?

Denk nog even terug aan de kalkoenen in hoofdstuk 7. De economen van de kalkoenenmaatschappij waren zeer te spreken over de staat van de economie op de dag voor Thanksgiving. Maar resultaten uit het verleden zijn geen garantie voor de toekomst.

Balaji Srinivasan bepleit dat we het niet moeten hebben over arme en rijke landen, maar over stijgende en dalende economieën. Het gaat op lange termijn om de richting en niet om het meetpunt. Zijn observatie is dat landen als China en India opkomen en dat de Verenigde Staten weliswaar heel hoog op de ranglijst staan, maar is begonnen met dalen. Hij verwijst daarbij onder andere naar toenemende ongelijkheid, de wanorde in steeds meer steden, de vastgelopen bureaucratie en het dalende aandeel in de wereldeconomie.

Over ongelijkheid van inkomen en vermogen is de afgelopen tijd veel geschreven. Wat we vaak missen is de dynamiek van de ongelijkheid. Hoe makkelijk is het voor iemand met weinig vermogen om daar verandering in te brengen en door hard werken en spaarzaamheid vermogen op te bouwen? Welke instrumenten heeft iemand tot zijn beschikking? Daarin speelt het geldsysteem een belangrijke rol.

Zo is het normaal dat jongeren, aan het begin van hun werkzame leven, een klein vermogen hebben, misschien zelfs negatief door een studieschuld. Gedurende hun leven groeit dat, gemiddeld genomen, aan door sparen, investeren en erven. Eerdere generaties profiteerden van hoge economische groei, positieve reële rente, stevige opbouw van pensioenen en een enorme stijging van de waarde van hun eigen woning. Welk middel daarvan is nog over voor de huidige jongeren?

Hoe zien de komende vijftig jaar eruit? We staan aan de vooravond van een nieuwe technologische revolutie waarin onder andere machine learning, robotica, 3D-printing en virtuele werelden een rol spelen. De wereld wordt digitaler, nog meer verbonden en gekenmerkt door grote overvloed. Voor ons ligt een transitie naar ruim beschikbare, goedkope hernieuwbare energie. De machtsverhoudingen in de wereld veranderen, zeker als je niet kijkt naar 'rijk' en 'arm', maar naar 'opkomend' en 'stagnerend'.

Hoe ziet een geldsysteem eruit dat past bij de halve eeuw die voor ons ligt? Wat gebeurt er als we bestaande structuren loslaten en dit opnieuw ontwerpen? Wat wordt de rol van centrale banken, monetair beleid, begrotingsbeleid, publiek geld en privaat geld? 'Who controls money, controls the world.' Er zijn maar weinig dictators die hun absolute macht vrijwillig hebben neergelegd door een democratie te vestigen. Controle over het geldsysteem geeft macht. Kunnen zij die nu die macht hebben een zuivere taxatie maken van een ander geldsysteem als dat impliceert dat ze een deel van hun macht moeten afleggen?

Die macht wordt alleen maar groter en ingrijpender naarmate de technologie vordert en geld digitaler wordt. Preciezer bepalen wie z'n geld waaraan mag uitgeven en hoe snel iemands geld minder waard wordt. Meekijken met betalingen en er een stokje voor steken als het riekt naar iets onwelgevalligs. Dat begint met censuur waar iedereen achter staat, zoals het financieren van terrorisme of mensenhandel, en eindigt wellicht met een betaling die wijst op een verkeerde mening, uiteraard netjes verpakt als fake news of iets dergelijks.

'Fix the money, fix the world.' Wij vinden het geldsysteem veel te belangrijk om over te laten aan groepen technocraten bij grote supranationale instellingen en centrale banken met bestuurders die niet gekozen zijn en over de invulling van hun mandaat geen verantwoording afleggen. Het is in ons aller belang om in een toekomstig geldsysteem, naast nationale munten, ook een neutrale, wereldwijde standaard te hebben. Bitcoin.

Hier kun je ons volgen

Wil je met ons in contact komen of ons werk rond financiële technologie en bitcoin volgen? Op Twitter zit je dicht bij het vuur en vind je ons als @bslagter en @pesla.

LekkerCryptisch

Wij vinden het leuk om complexe materie begrijpelijk te maken. In 2017 hebben we kennisplatform LekkerCryptisch.nl opgericht om dat te doen voor alles op het snijvlak van technologie en economie. Daar zit bitcoin, maar ook bijvoorbeeld decentralized finance, NFT's en digitaal centralebankgeld. Onze missie is het scheiden van signaal en ruis. Je vindt er daarom geen eindeloze stroom aan nieuwtjes. Wel verdieping en uitleg, samenvattingen van podcasts waar we aan bijdragen en af en toe een opiniestuk. Op Twitter te vinden als @LekkerCryptisch.

Bitcoin Alpha

Voor abonnees van onze betaalde nieuwsbrief Bitcoin Alpha gaan we door het vuur. We plaatsen gebeurtenissen rondom bitcoin in perspectief en leggen uit wat de impact kan zijn op verschillende termijnen. Dat varieert van de macro-economie en geopolitieke context tot technische uitleg en manieren om je risico's te beperken. We ontzenuwen misvattingen en delen onze vroege gedachten. We geven wekelijks in de Alpha Roundup onze analyse van de markt en onze selectie van wat interessant is om te lezen, te kijken en te luisteren. Inschrijven kan op bitcoinalpha.nl, en deze nieuwsbrief is op

Twitter te vinden als @BitcoinAlpha_. Lezers van het boek krijgen de eerste maand 50 procent korting met de code ONSGELDISSTUK.

Satoshi Radio
De beste podcast van Nederlandse bodem over bitcoin, (macro-) economie en technologie. Satoshi Radio is opgericht door Bart Mol, en wij schuiven iedere week aan als host om samen met Bart zo'n ruim anderhalf uur te praten over wat er in en om de bitcoinwereld gebeurt. Satoshi Radio is op Twitter te vinden als @RadioSatoshi, en de podcast zelf vind je op bekende kanalen als Spotify, iTunes, en YouTube.

Verdere verdieping

We hebben je in dit boek meegenomen langs de hoofdlijnen van de thema's die bitcoin raken. Maar over elk hoofdstuk zou je een boek op zich kunnen schrijven. Het zijn allemaal *rabbit holes* waarin je stuk voor stuk maanden kunt vertoeven. Lijkt je dat wat? Dan helpen we je graag aan lees- en luistervoer waarmee je je kunt verdiepen.

Boeken

Saifedean Ammous – *The Bitcoin Standard*
Bitcoin vanuit het perspectief van geld, monetaire economie, geschiedenis en geopolitiek. Hoe zou het leven eruitzien in een wereld waar geen enkele overheid of centrale bank zomaar geld kan bijdrukken? Met de bitcoinstandaard wordt sparen weer mogelijk en verschuift de focus van snel consumeren naar kwaliteit en lange termijn. Geld uitgeven aan politieke hobby's en oorlogen wordt lastig.

Andreas M. Antonopoulos – *Mastering Bitcoin*
Voor een heldere technische uitleg over hoe het bitcoinprotocol exact te werk gaat, is dit boek van techondernemer Antonopoulos een goed startpunt. Van adressen tot bloomfilters, elke bouwsteen van bitcoin komt aan bod.

Nik Bhatia – *Layered Money*
Dit boek neemt je mee op een verkenning van modern geld, van de geboorte van dubbel boekhouden in het Florence van de dertiende eeuw tot aan het ontstaan van digitaal centralebankgeld en bitcoin.

Jeff Booth – *The Price of Tomorrow*
Veel economen stellen dat inflatie nodig is om een gezonde en groeiende economie te hebben. Maar is dat wel zo? Jeff Booth komt met een tegengeluid en noemt inflatie het vooruitschuiven van schuld, en houdt in dit boek een pleidooi voor deflatie.

Kalle Rosenbaum – *Grokking Bitcoin*
Stap voor stap neemt de schrijver je mee in de techniek van bitcoin. Met schema's, voorbeelden en oefeningen leer je hoe hashing en asymmetrische cryptografie werken, hoe blocks en transacties zijn opgebouwd, en hoe je in de taal van bitcoin complexere bestedings-voorwaarden programmeert.

Nassim Taleb – *Antifragiel*
Het werk van Taleb draait om handelen en beslissen in onzekerheid. Hoe kun je ervoor zorgen dat je niet alleen overleeft in een wereld waar toeval, risico en wanorde regeren, maar er zelfs van profiteert? De vijf boeken in de reeks *Incerto* zijn allemaal de moeite waard, maar *Antifragiel* is een goede om mee te beginnen.

Diverse auteurs – *21 Lessen*
Wat is bitcoin? Deze korte vraag is lastig te beantwoorden. Een computernetwerk? Een nieuwe vorm van geld? Een financiële revolutie? Een vreedzame vorm van protest? Dit boek probeert niet om uit te leggen wat bitcoin is, maar kiest voor een andere aanvliegroute. Diverse auteurs beantwoorden een persoonlijke vraag: 'Wat heb ik van bitcoin geleerd?'

Diverse auteurs – *Het kleine bitcoinboekje*
Een beknopte en toegankelijke introductie, geschreven door tien auteurs van over de hele wereld. Zij delen hun eigen ervaringen over wat bitcoin voor hen betekent door hun eigen lokale omstandigheden als uitgangspunt te nemen en te beschrijven welke rol bitcoin hierin kan spelen.

Podcasts

Satoshi Radio
Een Nederlandstalige podcast waarin de hosts Bart, Bert en Peter alle kanten van bitcoin en het ecosysteem eromheen belichten. Het zijn lange afleveringen met veel aandacht voor de levendige community en verschillende onderwerpen, en eens per maand een liveshow.

Cryptocast (BNR)
De op de cryptowereld gerichte podcast van BNR, onder de bevlogen leiding van Herbert Blankesteijn. BNR weet regelmatig interessante gasten aan tafel te krijgen, met unieke gesprekken als gevolg. Zo nu en dan werkt Bert of Peter mee aan een aflevering als *co-host*.

Het Nieuwe Geld
Ons geldstelsel staat onder hoogspanning. Is het toekomstbestendig? En wat is de rol van cryptovaluta's in de toekomst? In deze podcast gaat Reinjan Prakke op zoek naar de toekomst van ons monetaire systeem. Een erg mooie productie van BNR in de stijl van een documentaire.

Bitcoin, Explained
Een Engelstalige podcast door de Nederlanders Aaron van Wirdum en Sjors Provoost waarin ze technische concepten begrijpelijk uitleg-

gen. Aaron is journalist en schrijver voor BitcoinMagazine.com en Sjors is ontwikkelaar aan de bitcoinsoftware.

What Bitcoin Did

In deze populaire podcast maakt Peter McCormack complexe bitcoinonderwerpen toegankelijk door zelf de positie van niet-expert in te nemen. Hij slaagt erin om een brede selectie van interessante gasten voor z'n microfoon te krijgen en blijft vragen stellen tot hij het snapt, en met hem zijn luisteraars.

Bankless

Hosts Ryan en David vallen op door hun nieuwsgierigheid en de constructieve invalshoek waarmee ze een breed scala aan onderwerpen onder de loep nemen. De rode draad is *bankless*, een financieel stelsel dat vrij toegankelijk is en waar tussenpersonen zoals banken tot het verleden behoren.

The Investor's Podcast Network

Onder deze vlag maakt Preston Pysh de serie 'Bitcoin fundamentals', waarin hij bitcoin laat uitleggen door de interessantste sprekers uit de bitcoinwereld. Hij richt zich op een niet-technisch publiek dat wel redelijk onderlegd is in de financiële wereld.

Stephan Livera Podcast

Vanuit Australië laat Stephan alle hoeken van bitcoin langskomen, maar wel altijd vanuit het perspectief van de Oostenrijkse economische school en het libertarisme. Hij roemt bitcoin om z'n monetaire eigenschappen en de soevereiniteit die het het individu biedt.

The Pomp Podcast

Anthony 'Pomp' Pompliano praat onbevangen met gasten uit de crypto- en Wallstreet-wereld. Hij geeft de gast veel ruimte, maar zoekt ook de pijnlijke en verboden vragen op. De doelgroep ligt wat meer aan de institutionele kant van het spectrum: business, finance en investeerders.

Tales from the Crypt

Een vrij technische en diepgaande podcast over bitcoin met bovengemiddeld veel aandacht voor mining en technische ontwikkelingen. De hosts vertegenwoordigen een vrij scherpe cultuur van bitcoin-maximalisme, waarin geen genade is voor andere cryptoprojecten dan bitcoin.

Dankwoord

'Als ik verder heb gezien dan anderen, dan was dit doordat ik
op de schouders van reuzen stond.'
— Isaac Newton, Brits wis- en natuurkundige en filosoof

Wat is bitcoin nu echt? Met deze vraag in het voorwoord begon je
reis langs de verschillende gezichten van bitcoin. We hopen dat je
daarmee zin hebt gekregen om de handen uit de mouwen te steken,
of je nieuwsgierigheid hebben aangewakkerd om op onderzoek uit
te gaan. Zelf gebruiken we daar vaak de term 'rabbit hole' voor, een
metafoor gebaseerd op Lewis Carrolls klassieker *Alice's Adventures in
Wonderland*. Het verwijst naar een uiterst boeiend en tijdrovend onderwerp en het proces dat je doorloopt om daar meer over te leren.

Het wonderlijke van bitcoin als rabbit hole is dat je al snel tegen
vertakkingen aanloopt die je naar heel andere domeinen transporteren, zoals computernetwerken, cryptografie, economie en monetair
beleid, financiële markten en meer. Het is niet gek als je je daardoor
overdonderd voelt, niet alle concepten in één keer begrijpt, of anderen nodig hebt om ze uit te leggen. Datzelfde overkomt ons ook
met enige regelmaat. We zijn daarom dankbaar voor alle ontwikkelaars, economen, politici, schrijvers en podcastmakers die delen
ervan toegankelijk hebben gemaakt, al dan niet in een persoonlijk
gesprek.

Ook tijdens het schrijven van dit boek hebben we veel gehad aan
de inzichten van anderen. We willen in het bijzonder diegenen noemen en bedanken die uitgebreid de tijd hebben genomen om ons

werk onder het vergrootglas te leggen, weeffouten bloot te leggen, en ons daarop – al dan niet subtiel – te attenderen:

- Lex Hoogduin, hoogleraar economie en voormalig DNB-directeur
- Teunis Brosens, hoofdeconoom bij ING
- Paul Buitink, econoom en directeur Aunexum Precious Metals Group
- Bart Mol, IT-auditor en oprichter podcast Satoshi Radio
- Tom Stammis, forensisch IT-specialist en bitcoin-nerd
- Wouter Constant, economisch historicus en bitcoin-betweter
- Sep Bosma, bankier
- Jacob Boersma, identity- en blockchainexpert
- Willem-Jan Smits, advocaat en oprichter WatsonLaw
- Rutger van Zuidam, *metaverse*-specialist en oprichter Odyssey.org
- Simon Lelieveldt, voormalig hoofd toezicht en financiële markten van de NVB
- Sjors Provoost, ontwikkelaar *bitcoin core*

Onze grootste dank gaat uit naar onze gezinnen voor het creëren van de ruimte om een project van deze omvang aan te gaan, met onze vrouwen Judith en Kirsten als vangnet én drijvende kracht. Ten slotte willen we de andere Slagter-mannen bedanken, pa, Chris, Robin, en Bram, voor hun werk als proefkonijn en criticaster.

Zonder jullie was het niet half zo goed geweest!

Gebruikte bronnen

Data-analyse

Door het hele boek heen kom je cijfers tegen over financiële markten en bitcoin. Data die betrekking hebben op de blockchain van bitcoin komen van Glassnode, Coin Metrics, en ByteTree. Rond het energieverbruik van bitcoin gebruikten we gegevens van de Universiteit van Cambridge (CBECI) en van het Bitcoin Mining Council, een samenwerkingsverband van bitcoinminers gericht op transparantie en educatie. Gegevens over malafide gebruik van bitcoin komen van blockchainanalysebedrijf Chainalysis.

Voor macro-economische gegevens hebben we vertrouwd op de Amerikaanse Federal Reserve (Federal Reserve Economic Data), de Europese Centrale Bank (ECB Statistical Data Warehouse), het Centraal Bureau voor Statistiek (CBS StatLine), het Internationaal Monetair Fonds (IMF Data), en het Institute of International Finance (IIF).

Boeken

De volgende boeken en standaardwerken hebben ons in meer of mindere mate geïnspireerd:
Ammous, S. (2018). *The Bitcoin Standard*. Wiley.
Antonopoulos, A. M. (2017), *Mastering Bitcoin* (2de ed.). O'Reilly Media, Inc, USA.

Bhatia, N. (2021). *Layered Money*. Nikhil Bhatia.

Bier, J. (2021). *The Blocksize War*. Amazon Digital Services LLC - KDP Print US.

Boonstra, W. (2018). *Geld* (1ste ed.). Amsterdam University Press.

Booth, J. (2020). *The Price of Tomorrow*. Amsterdam University Press.

Dellanna, L. (2020). *Ergodicity*. Luca Dellanna.

Ferguson, N. (2019). *Het belang van geld* (1ste ed.). Hollands Diep.

Gladwell, M. (2000). *The Tipping Point*. Abacus.

Harvey, J. T. (2015). *Contending Perspectives in Economics*. Edward Elgar Publishing.

Hayek, F. (1976), *The Denationalization of Money*. Institute of Economic Affairs.

Hazlitt, H. (2010). *Economics in One Lesson*. Crown.

Heijne, S., & Noten, H. (2020). *Fantoomgroei* (1ste ed.). Reed Business Education.

Kahneman, D., Sibony, O., Sunstein, C.R. (2021), *Ruis*. Nieuw Amsterdam.

Kelton, S. (2020). *The Deficit Myth*. Amsterdam University Press.

Keynes, J. M. (1965). T*he General Theory of Employment, Interest, and Money* (1ste ed.). Amsterdam University Press.

Mazzucato, M. (2021). *Moonshot* (1ste ed.). Nieuw Amsterdam.

Mokyr, J. (2011). *The Gifts of Athena*. Amsterdam University Press.

Moore, G. A. (2014). *Crossing the Chasm* (3de ed.). HarperCollins.

Mujagić, E. (2016), *Boeiend en geboeid*. Monetairegeschiedenis.nl.

Rawls, J. (1999). *A Theory of Justice*. Amsterdam University Press.

Rosenbaum, K. (2019). *Grokking Bitcoin*. Manning.

Shiller, R. J. (2019). *Narrative Economics*. Amsterdam University Press.

Song, J. (2019). *Programming Bitcoin*. Van Duuren Media.

Syed, M. (2015). *Black Box Thinking* (1ste ed.). Penguin Putnam Inc.

Taleb, N. N. (2009). *De Zwarte Zwaan* (1ste ed.). Nieuwezijds.

Taleb, N. N. (2012). *Misleid door toeval* (1ste ed.). Nieuwezijds.

Taleb, N. N. (2013). *Antifragiel* (1ste ed.). Nieuwezijds.

Taleb, N. N. (2018). *Skin in the game* (1ste ed.). Nieuwezijds.

Turrin, R. (2021). *Cashless*. Van Haren Publishing.

Van Mulligen, P. H. (2020). *Met ons gaat het nog altijd goed* (1ste ed.). Prometheus.

Artikelen en citaten

In diverse hoofdstukken vind je een citaat van een derde partij of persoon. Op onze website, onsgeldisstuk.nl, kun je van elke aanhaling de bron vinden. Ook artikelen, blogs, papers en podcasts die ons hebben geholpen bij de vorming van dit boek vind je daar terug.

Woordenlijst

Adoptie

Het in gebruik nemen van een nieuwe technologie zoals bitcoin. Vaak volgt adoptie een karakteristiek verloop: van de vernieuwers via de pioniers naar de grote massa. Voor bitcoin wordt er een verband gelegd tussen adoptie en koersontwikkeling. Ook is tussen 2030 en 2040 grootschalig gebruik noodzakelijk om de beveiliging op orde te houden.

Bitcoinstandaard

Een maatgevende rol voor bitcoin in het wereldwijde geldsysteem. Met 'de bitcoinstandaard' wordt vaak bedoeld dat bitcoin het enige of dominante geld in de wereld is, zoals het gelijknamige boek van Saifedean Ammous beschrijft.
De term komt aan de orde in de hoofdstukken 2 en 8.

Block

Miners bundelen nieuwe transacties in een block en voegen die samen met een verwijzing naar het voorgaande block toe aan de blockchain. Zie je de blockchain als een kasboek, dan is een block een bladzijde van het kasboek.

Block reward   De totale beloning die miners krijgen bij het toevoegen van een block aan de blockchain, bestaande uit de block subsidy en de transactiekosten. Alle block rewards in een bepaalde periode vormen het beveiligingsbudget voor de miners.

Block subsidy   Het aantal nieuwe bitcoins dat een miner per block in omloop brengt als onderdeel van de block reward. Begon op 50 bitcoin per block, en halveert elke 210.000 blocks, grofweg vier jaar. Tussen 2020 en 2024 is de subsidy 6,25 bitcoin per block.

Bretton Woods   In de plaats Bretton Woods in de vs is in 1944 het huidige geldsysteem in gebruik genomen, waarbij de dollar een centrale rol vervult als wereldreservemunt. De dollar was tot aan 1971 tegen een vaste koers inwisselbaar voor goud.

Cantillon-effect   Richard Cantillon beschreef in de achttiende eeuw dat als de geldhoeveelheid wordt vergroot, de eerste ontvangers van het nieuwe geld profiteren ten nadele van latere ontvangers, omdat zij het geld kunnen uitgeven nog voordat de prijzen stijgen.

Censuur

Het verbieden, verwijderen of tegenhouden van een uiting of een handeling. In de context van een geldsysteem betekent dit dat iemand kan bepalen waar, hoe en waaraan je je geld mag besteden.

CPI

Afkorting van consumentenprijsindex. De CPI meet hoeveel de prijzen zijn gestegen (of gedaald) van een elk jaar opnieuw vastgesteld mandje met producten en diensten die representatief zijn voor wat consumenten kopen. Investeringen zoals aandelen of een koophuis worden hierbij niet meegerekend.

Cryptografie

Een eeuwenoud vakgebied waarin het gaat om het versleutelen van een bericht zodat alleen degene voor wie het bestemd is het kan lezen. De laatste decennia worden cryptografische technieken voor veel meer gebruikt dan geheime communicatie, bijvoorbeeld voor digitaal ondertekenen of bewijzen dat een bericht ongewijzigd is.

Custodian

In de context van bitcoin is dit een bewaarpartij die gespecialiseerd is in het bewaren en beveiligen van bitcoinvermogen voor anderen. Een goede custodian is *full reserve*, bewaart bitcoins *in cold storage*, en heeft uitgebreide procedures voor sleutelbeheer.

Cypherpunks	Een beweging die zich sinds de jaren negentig sterk maakt voor het gebruik van sterke versleuteling en technologie die privacy vergroot. Ze stonden aan de wieg van PGP voor versleutelde e-mails, OTR voor versleutelde chat, TOR voor versleuteld webverkeer en BitTorrent voor oncensureerbaar versturen van bestanden.
DAO	In een decentralized autonomous organization (DAO) is het beleid vastgelegd in de broncode van smart contracts en ligt het bestuur in handen van een niet-centraal aangestuurde groep gelijken. Het is een experimentele organisatievorm die in de meeste jurisdicties nog niet verankerd is in wetgeving.
Decentraal	In de context van dit boek duidt dit op een structuur waarbij niet één enkele partij de touwtjes in handen heeft, maar macht, coördinatie en regie verdeeld zijn over een groot aantal onafhankelijke spelers die elkaar niet hoeven te kennen of te vertrouwen.
Deflatie	De tegenhanger van inflatie. Hierbij dalen de prijzen, waardoor de koopkracht van je geld stijgt. Als dit komt door technologie en innovatie dan is dat positief. Als het komt doordat mensen hun bestedingen uitstellen door een sombere toekomstverwachting, dan is dat negatief.

DeFi Afkorting van decentralized finance. Omvat een breed spectrum aan technologie die financiële diensten kan leveren zonder dat er een centrale partij bij betrokken is. Denk aan lenen en uitlenen tegen rente, handelsplatformen, stablecoins, derivaten en verzekeringen.

Difficulty Elke 2016 blocks (een periode van grofweg twee weken) stelt het bitcoinnetwerk opnieuw vast hoeveel werk een miner gemiddeld gedaan moet hebben voordat een block geldig is: de difficulty. Hiermee wordt de tijd tussen twee blocks op gemiddeld tien minuten gehouden.

Digitaal centrale-bankgeld Digitaal geld dat wordt uitgegeven door de centrale bank. Het lijkt op contant geld omdat het bestaat onafhankelijk van een bedrijf of bank. Het lijkt op giraal geld omdat je er elektronisch mee kunt betalen. Soms wordt ook de afkorting CBDC gebruikt.

Digitale identiteit / SSI SSI staat voor 'self sovereign identity' en maakt het individu weer eigenaar van z'n identiteitsgegevens. Denk aan persoonsgegevens, paspoort, rijbewijs, medische gegevens en financiële gegevens. De stukjes informatie over jezelf zijn digitale eigendommen die met cryptografie kunnen worden overgedragen.

Fiatgeld	Geld dat enkel waarde heeft omdat de overheid dat middels wet- en regelgeving bepaalt, en niet doordat het inwisselbaar is voor (of gemaakt is van) zilver of goud. Er is daardoor geen fysieke beperking aan de geldhoeveelheid.
Fork	Een verandering aan de regels van het protocol. Afhankelijk van het soort wijziging is het een soft of hard fork. Bij een hard fork worden de regels ruimer, waardoor nieuwe blocks ongeldig zijn voor oudere software. De blockchain splitst (forkt) dan in tweeën, tenzij iedereen de nieuwe regels accepteert.
Halving	Elke 210.000 blocks, grofweg vier jaar, halveert het aantal nieuwe bitcoins dat een miner per block in omloop brengt. Van de 50 bitcoin per block bij de start is in 2020 nog maar 6,25 bitcoin over. Omstreeks 2040 zal de block subsidy halveren naar 0,2 bitcoin per block en is 99,6 procent van alle bitcoin in omloop.
Hash	Een cryptografische vingerafdruk van een stuk tekst waaruit het origineel niet te herleiden is. Het rekenwerk van miners bestaat uit het genereren van heel veel hashes door kleine variaties aan te brengen in het block, totdat ze er een gevonden hebben die voldoet aan de difficulty.

Hyperbitcoiniza-tion	Als bitcoin het meest gebruikte geld is in een bepaald gebied (of de hele wereld), dan is daar sprake van hyperbitcoinization. Het woord wordt ook gebruikt voor het massaal overstappen van het bestaande geld naar bitcoin.
Hyperinflatie	Extreem snelle prijsstijging van bezittingen, producten en diensten omdat de koopkracht van geld afneemt. De overheid heeft de inflatie niet meer onder controle en de prijzen stijgen met meer dan 50 procent per maand. Vaak is een munt niet meer te redden omdat men het vertrouwen kwijt is, en moet een nieuwe munt worden geïntroduceerd.
IMF	Afkorting van Internationaal Monetair Fonds. Een VN-organisatie voor internationale samenwerking op monetair gebied waar 190 landen lid van zijn.
Inclusiviteit	In de context van geld: de mate waarin mensen mee kunnen doen in het geldsysteem. Hoe minder mensen zijn uitgesloten van financiële diensten door technische, praktische of juridische drempels, des te inclusiever een geldsysteem is.

Inflatie	Er zijn verschillende soorten inflatie. Als het zonder toevoeging wordt gebruikt, betekent het de stijging van prijzen van consumptie, zoals gemeten door de CPI.
Jongeren / millennials / digital natives	Mensen die geboren zijn tussen 1981 en 1996 (millennials) of tussen 1997 en 2021 (generation z) zijn opgegroeid met computers en het internet. Voor een groot deel van hen is online en virtueel net zo echt als offline en fysiek. Ze beoordelen nieuwe technologie daardoor anders dan eerdere generaties.
Lightningnetwerk	Een snel en goedkoop betaalnetwerk als tweede laag boven op de bitcoinblockchain. Het is net als de eerste laag peer-to-peer en zonder centrale coördinatie. Het is een jonge, opkomende technologie, maar de verwachting is dat het door de decentrale opzet bijzonder goed schaalt.
Meme	In de context van internet is een meme een idee, gedrag of stijl die zich snel van persoon tot persoon verspreidt. Vaak via sociale media en vaak met een element van humor. Memes verbinden soms mensen die een interesse of overtuiging delen door zich af te zetten tegen andere overtuigingen.

Mempool	Een nieuwe betaling wordt door het bitcoin-netwerk in de wachtruimte geplaatst voor opname in het volgende block: de mempool, verkorting van memory pool. Hoelang het duurt voordat een transactie wordt vastgelegd in een block hangt af van de drukte en de betaalde transactiekosten.
Micropayments	Betalingen van heel kleine bedragen, soms maar een fractie van een cent, bijvoorbeeld voor toegang tot bepaalde informatie. Veel bestaande betaalsystemen zijn hiervoor ongeschikt omdat de transactiekosten veel te hoog zijn.
Mining	Bitcoinminers ordenen nieuwe transacties in blocks en maken die daarmee onderdeel van de blockchain. Ze passen heel precies de regels toe, want als ze dat niet doen, zal hun block niet worden geaccepteerd door het netwerk en krijgen ze de beloning niet.
Monetair beleid	De maatregelen die een centrale bank neemt om de munt stabiel te houden. Het meest gebruikte middel is het instellen van de rente waartegen commerciële banken kunnen lenen bij de centrale bank.

Multisig   Voor een strenger beveiligingsregime kun je in de bestedingsvoorwaarden van een bitcoinbedrag opnemen dat meerdere handtekeningen nodig zijn om het te kunnen besteden: multi-signature of multisig. Daarin zijn allerlei varianten mogelijk, zoals dat drie van de vijf partijen moeten tekenen.

Netwerkeffect   Veel producten en diensten worden nuttiger en waardevoller voor de gebruiker naarmate meer anderen ze ook gaan gebruiken. Je kunt direct met die anderen interacteren en er ontstaat infrastructuur en ondersteuning voor het product. Bij geld speelt dit een grote rol omdat je moet kiezen in welke valuta je een bepaald bedrag aanhoudt.

NFT   Afkorting van non-fungible token. Een NFT is een digitaal eigendomsbewijs dat net als bitcoin met een cryptografisch bewijs kan worden overgedragen aan een ander. Een NFT is niet-uitwisselbaar en verwijst naar een uniek object, of dat nu digitaal of fysiek is.

Node   In de context van het bitcoinnetwerk is een full node een computer die verifieert dat alle blocks en transacties voldoen aan de regels. Kloppen de handtekeningen? Is het geld niet al eerder uitgegeven? Ongeldige blocks worden terzijde geschoven, en maken geen onderdeel uit van de blockchain.

Opkoopprogram-ma	Ook bekend als kwantitatieve verruiming of *quantitative easing* (QE). Hierbij kopen centrale banken op grote schaal effecten, zoals staatsobligaties, bedrijfsobligaties en soms zelfs aandelen. Dit zorgt (indirect) voor lagere rentes, hogere aandelenkoersen en een grotere geldhoeveelheid.
Optionaliteit	De mate waarin je verschillende opties hebt om uit te kiezen. Het helpt bij handelen en beslissen in onzekerheid. Hoe meer opties je hebt, hoe minder precies je hoeft te weten wat er gaat gebeuren. En hoe meer onzekerheid, risico, stress en wanorde er is, des te waardevoller het is om opties te hebben.
Overton-venster	Je kunt opvattingen rangschikken op een schaal van ondenkbaar naar radicaal, acceptabel, verstandig, populair tot aan huidig beleid. Binnen het Overton-venster valt al het gedachtegoed dat op z'n minst acceptabel is voor politiek en publieke opinie.
Peer-to-peer	In een peer-to-peernetwerk zijn alle deelnemers (computers, nodes) gelijkwaardig aan elkaar. Er is geen hiërarchie waarin bepaalde deelnemers meer privileges hebben dan andere en er is geen sprake van centrale coördinatie.

Privacy	Het vermogen om zelf te bepalen wat je over jezelf onthult, wanneer, en aan wie. Het wordt ook omschreven als het recht om met rust te worden gelaten. Privacy is een universeel mensenrecht, een fundamentele vrijheid en een grondrecht.
Programmeerbaar geld	Digitaal geld waarvan eigenschappen of gedrag kunnen worden geprogrammeerd. Bijvoorbeeld wie het kan uitgeven, waar(aan) het kan worden besteed of hoe het moet worden verdeeld. Dit kan heel nuttig zijn, maar ook worden gebruikt om vrijheid te beperken.
Proof of work	Een mechanisme waarmee een groot aantal spelers – die elkaar niet hoeven te kennen of zelfs te vertrouwen – het eens kunnen worden over de administratie: wat is van wie? De spelers zijn de miners die moeten bewijzen dat ze veel werk hebben verricht voordat hun block wordt geaccepteerd door de rest.
Private key / public key	Sleutels komen in paren: een geheime en een publieke sleutel die bij elkaar horen. Staat bij een bitcoinbedrag een publieke sleutel als bestedingsvoorwaarde? Dan kun je dat bedrag alleen besteden als je de bijbehorende geheime sleutel in bezit hebt. In de praktijk regelt je wallet dit voor je.

Recovery seed	Bij het in gebruik nemen van je wallet krijg je doorgaans een herstelcode van twaalf of vierentwintig woorden, een recovery seed. Hiermee kun je op een ander apparaat dezelfde sleutels genereren, en zo de inhoud van je wallet terughalen. Bewaar je seed zorgvuldig en vul hem nergens zomaar in.
Satoshi Nakamoto	De naam of het pseudoniem van de uitvinder van bitcoin. Het is onbekend of het een persoon of een groep is. Satoshi schreef de whitepaper en programmeerde de eerste versie van de software. In 2011 verdween hij, waardoor er geen oprichter of baas van bitcoin is.
Satoshis / sats	Zoals een euro is opgedeeld in 100 centen, is een bitcoin opgedeeld in 100 miljoen satoshis, of sats in het kort. Het is de basiseenheid van de bitcoinblockchain. Op lagen erboven kunnen nog kleinere eenheden worden gebruikt, bijvoorbeeld voor micropayments.
SDR	Afkorting voor *special drawing rights*. Het is een munteenheid die een mandje met andere valuta's representeert en wordt beheerd door het IMF.

Smart contract	In de context van cryptovaluta's is het een computerprogramma dat is vastgelegd in een blockchain. De code is daardoor onveranderlijk en de werking door iedereen te verifiëren. Ze worden gebruikt om decentrale toepassingen te bouwen voor digitale eigendommen, zoals decentralized finance en NFT's.
Speltheorie	Deze tak van de wiskunde beschrijft hoe spelers (mensen, bedrijven, overheden, computers) kunnen beslissen in een situatie waarin het resultaat niet alleen van hun eigen beslissing afhangt, maar ook van de interactie met andere spelers.
Stablecoin	Digitaal geld dat ontworpen is om een stabiele waarde te houden ten opzichte van een externe referentie. Dat kan een andere munt zijn, zoals de dollar of de euro, maar ook een mandje valuta's, grondstoffen of producten.
Streaming payments	Het betalen van telkens een heel klein bedrag terwijl je een dienst gebruikt. Bijvoorbeeld per minuut tijdens het kijken van een video, per megabyte bij het gebruik van een VPN-dienst of per kilowattuur terwijl je auto wordt opgeladen.

UTXO	In bitcoinblockchain worden bedragen vast-gelegd, samen met de voorwaarden waaronder ze kunnen worden besteed. Een nog niet besteed bedrag is een unspent transaction output (UTXO).
Volatiliteit	De beweeglijkheid van een koers. Een hoge volatiliteit betekent dat de koers veel stijgt of daalt. En lage volatiliteit hoort bij stabiele prijzen. De hoge volatiliteit van de bitcoinkoers maakt het onaantrekkelijk om bitcoin naast een andere munt als rekeneenheid te gebruiken.
Wallet	De sleutels die je nodig hebt om transacties te ondertekenen bewaar je in een wallet. In veel gevallen is je wallet een app waarmee je meteen ook je saldo kunt zien en bitcoin kunt ontvangen en versturen.